中級
单词
TOPIK
30 天内完成
金周衍·文仙美·劉載著·李知昱·崔裕河

TOPIK 单词 30天内完成 – 中级

초판 인쇄   2012년 03월 16일
4쇄 발행   2016년 12월 20일

지은이   김주연, 문선미, 유재선, 이지욱, 최유하
펴낸이   박찬익
펴낸곳   도서출판 박이정
주소   서울시 동대문구 천호대로 16가길 4
전화   02)922-1192~3
전송   02)928-4683
홈페이지   www.pjbook.com
이메일   pijbook@naver.com
등록   1991년 3월 12일 제1-1182호

ISBN 978-89-6292-291-2(13710)

*책 값은 뒤표지에 있습니다.

其中收集了TOPIK考試中的基础問題分析以及出題頻率最高的2200余个詞匯

附带單詞手冊与 MP3

도서
출판 박이정

교재 집필자 약력

김주연

연세대학교 외국어로서의 한국어교육 석사,
건국대학교 국어국문학과 박사
현 | 건국대학교 국어국문학과 강사,
　　　건국대학교 언어교육원 한국어과정 강사
저서 | 『한국어 1』 건국대학교 출판부,
　　　『한국어 3』 건국대학교 출판부,
　　　『함께 배우는 건국 한국어 1』 건국대학교 출판부,
　　　『토픽Ⅱ 필수 문법 150 중급』 한글파크,
　　　『토픽Ⅰ 필수 문법 101 초급』 한글파크

문선미

연세대학교 외국어로서의 한국어교육 석사
현 | 일본 후쿠오카 진달래 한국어학교 강사
저서 | 『한국어 5』 건국대학교 출판부,
　　　『토픽Ⅱ 필수 문법 150 중급』 한글파크,
　　　『토픽Ⅰ 필수 문법 101 초급』 한글파크

유재선

연세대학교 외국어로서의 한국어교육 석사
현 | 서울대학교 언어교육원 한국어과정 강사
저서 | 『토픽Ⅱ 필수 문법 150 중급』 한글파크,
　　　『토픽Ⅰ 필수 문법 101 초급』 한글파크,
　　　『서울대 한국어 4급』 투판즈 출판사

이지욱

이화여자대학교 국어국문학과 석사,
이화여자대학교 국어국문학과 박사 수료
전 | 건국대학교 언어교육원 한국어과정 강사,
　　　한성대학교 언어교육원 한국어과정 강사
저서 | 『한국어 수업을 위한 문법활동집 초급』 한글파크,
　　　『토픽Ⅱ 필수 문법 150 중급』 한글파크,
　　　『토픽Ⅰ 필수 문법 101 초급』 한글파크

최유하

연세대학교 외국어로서의 한국어교육 석사
현 | 건국대학교 언어교육원 한국어과정 강사
저서 | 『한국어 5』 건국대학교 출판부,
　　　『토픽Ⅱ 필수 문법 150 중급』 한글파크,
　　　『토픽Ⅰ 필수 문법 101 초급』 한글파크

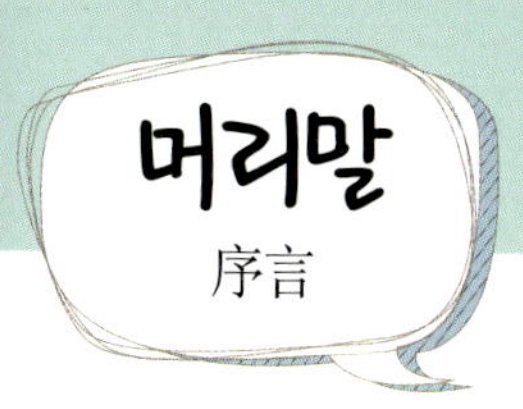

『TOPIK 单词 30天内完成 – 中级』，是为了正在准备中级TOPIK考试的外国人学习者准备的韩国语词汇准备册。特别这本书可以使学习者通过在30天短时间内学习考试中经常出现的词汇以及复习，可以确认自己的实力。

很多学生在准备考试的过程中遇到了很多的困难。理由一般是以下几点。首先，没有能够为了准备中级考试必须要知道的词汇目录，其次，没有一本能使学生自动自觉有效率的学习的词汇册。为了解决这些学习者的困难，选定了这本书为准备TOPIK考试时必备的词汇目录，为了学习者们能够很容易的学习，我们尽量简单的做了整理。

分析过至今为止的TOPIK考试题目，选定了经常出现的频率最高的词汇。然后为了让学习者们在30天以内最短的时间内全部都学习完成我们选定的词汇，我们按照30天的分量进行了分类。不仅如此，展示一个词汇的时候，和那个词汇有关的其他词汇也会一起展示，为了实际的考试更加能够好好的处理，构成了这本书。还有可以通过记录自己已经知道了的单词的角落以及词汇学习之后可以确认的角落，把书本中的词汇完全变成自己的知识。

希望正在准备考试的外国人学习者们能够通过30天内最短的时间内，有效率的准备考试，并且能够得到好的结果。

到这本书面市之前，所有为了TOPIK 准备册提供意见的外国人学生，以及用自己母语来进行翻译的外国人学生，以及帮助检验翻译结果的各位表示真诚的感谢。还有为了制作一本好的TOPIK准备册辛苦了的 박이정 出版社的各位也表示真诚的感谢。

2012. 2. 执笔人

정확한 발음 확인
正确的发音确认

제시어와 예문의 발음을 확인하고 익힐 수 있도록 한국인의 발음을 수록하였습니다. MP3형태로 www.pjbook.com 에서 직접 다운로드 받을 수 있습니다.

展示语以及例文的发音确认之后，为了能够熟练而收录了韩国人的发音。以MP3的形式在www.pjbook.com可以直接下载。

출제 빈도별 우선 순위 어휘
出题频度优先的顺序词汇

토픽에 출제된 어휘들을 빈도 순으로 엄선하고, 30일치 학습 분량으로 나눠 제시하였습니다. 빈도가 가장 높은 중요 단어들부터 제시함으로써 학습의 효율성을 높였습니다.

TOPIK考试中出现的词汇，以频度的顺序严格筛选，以30天为单位的分量分开展示。从出现频度最多以及最重要的单词开始展示，能够提高学习的效率性。

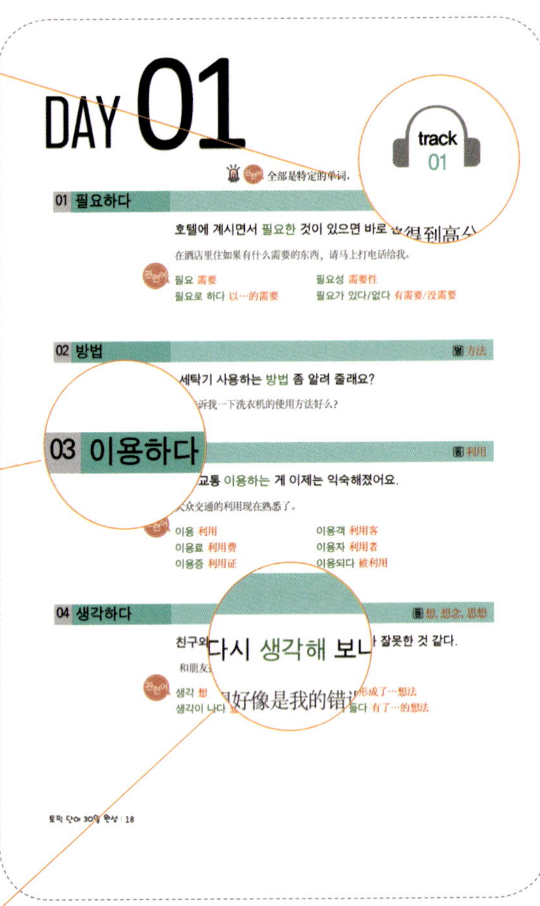

암기력을 높이는 예문
能够提高背诵能力的例文

제시어의 뜻을 가장 잘 드러낼 수 있는 예문을 해석과 함께 제시하였습니다. 제시어와 함께 예문을 외우면 실제 생활에서도 유용하게 쓸 수 있을 것입니다.

展示语的意思最大显露的例文分析回忆起展示。将例文和展示语一起背诵可以应用于实际生活中。

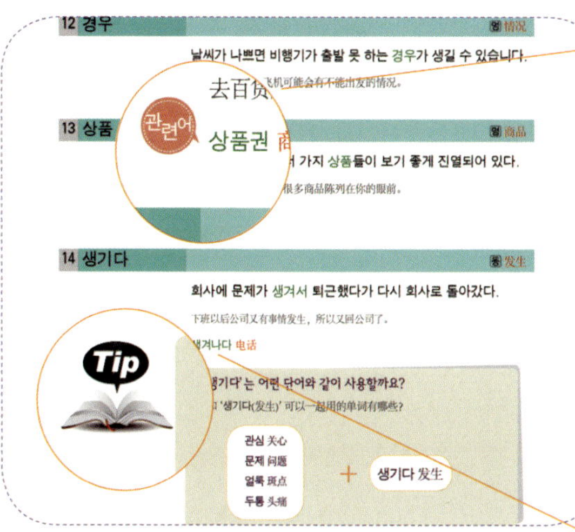

출제된 관련 어휘 / 出題中的关联词汇

제시어와 의미상 관련이 있거나 형태상 관련이 있는 어휘들입니다. 이 관련어 역시 토픽에 출제된 어휘들이므로 함께 꼭 외우면 토픽에서 고득점을 받을 수 있을 것입니다.

在意义上与展示语有联系或者形态上与展示语有关系的词汇。这些关联语也是要和TOPIK考试中出现的词汇一起一定要背过的词汇, 如果这些都背过那么在TOPIK考试中就能够取得较高的分数。

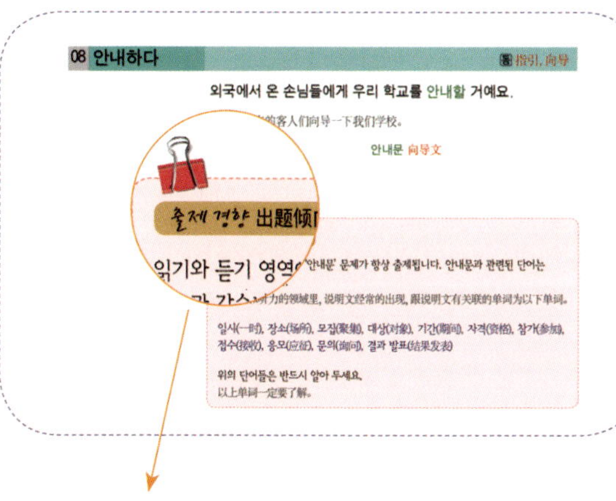

어휘 정보 / 词汇情报信息

제시어와 혼동하기 쉬운 어휘와의 비교, 제시어와 함께 쓰이는 어휘 제시, 제시어에 대한 더 자세한 정보 등을 실었습니다.

和展示语容易混淆的词汇进行比较, 展示与展示语一起使用的词汇, 关于展示语的信息等都有记录。

출제 경향 / 出題趋势

제시어가 토픽에서는 어떤 방식으로 출제되었는지 혹은 출제될 가능성이 있는지를 설명했습니다. 그리고 제시어가 토픽 지문에서 주제로 활용되었을 때 자주 사용되는 표현이나 문법을 제시했습니다.

展示语在TOPIK考试中以什么方式出现以及出现的可能性都进行了说明。还有展示语在TOPIK问题中以主题的方式活用时经常使用的表现文法也一起展示了。

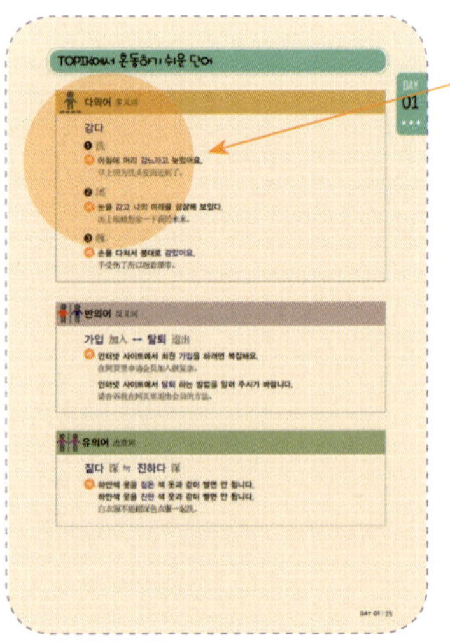

토픽에 출제된 유의어, 반의어, 다의어를 예문과 함께 제시해 설명했습니다.

TOPIK考试中出现的相似语, 反义语, 和例文一起展示并说明。

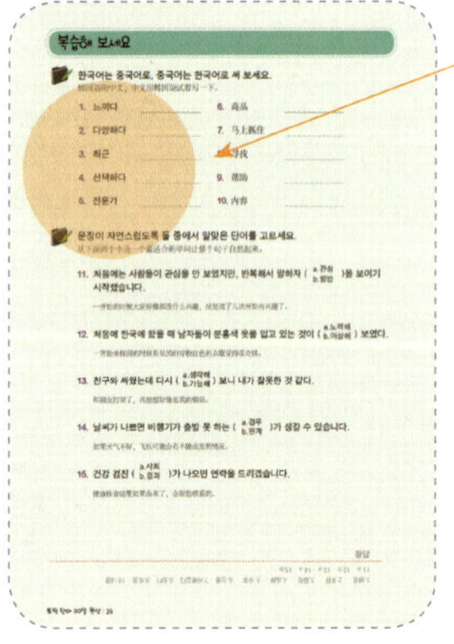

그 날 그 날 학습한 어휘를 학습자 스스로 확인할 수 있도록 구성된 복습입니다.

学习者自己对于当日学习的词汇可以马上确认。

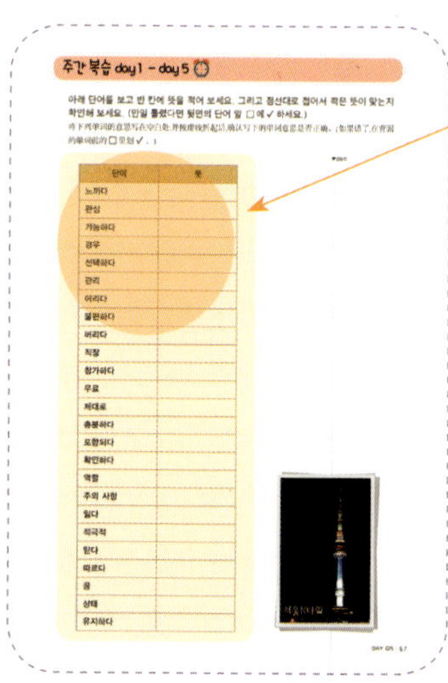

5일마다 제시되는 복습으로 그동안 학습한 어휘를 어느 정도 기억하는지 확인할 수 있도록 구성했습니다.

每5日为单位展示的复习部分，可以确认前段时间学习过的词汇有多少已被记住。

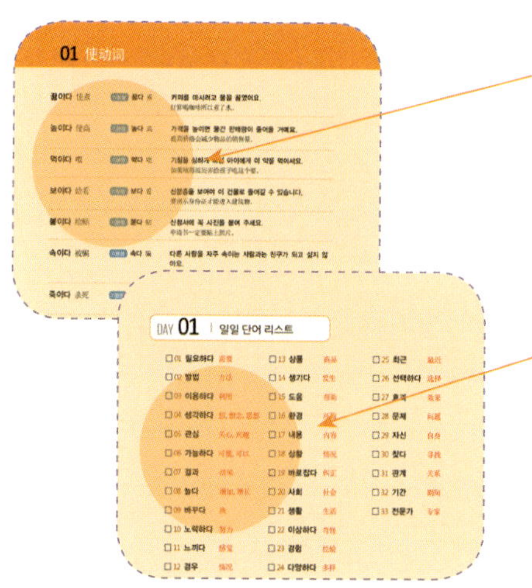

토픽에 자주 기출된 핵심 사동사, 피동사, 속담 및 관용표현으로 구성되었습니다.

由TOPIK考试中经常出现的核心使动词，被动词，使动词，被动词，谚语与惯用表现构成。

간단하게 잘라서 만들 수 있는 단어장입니다. 시험 전 간편하게 들고 다닐 수 있도록 만들어 보세요!

简单的剪下来制作的单词本。考试以前制造一本可以简单拿着的单词本。

차례
目录

DAY
21 - 30

부록

TOPIK 시험 안내

1. 시행시기

- 연간 총 4회 실시

시기		시행 지역	미주 · 유럽 · 아프리카	아시아 · 오세아니아	한국
상반기	1월경	국내	–	–	일요일
	4월경	국내 외	토요일	일요일	일요일
하반기	7월경	국내	–	–	일요일
	9월경	국내 외	토요일	일요일	일요일

2. 시험의 등급

- 시험 수준 : 초급, 중급, 고급
- 시험 등급 : 6개 등급(1급~6급)

시험 수준	초급		중급		고급	
시험 등급	1급	2급	3급	4급	5급	6급
등급 결정	시험 성적에 따라 응시한 시험 내에서 평가 등급 결정					

3. 문항 구성

- 영역별 구성

교시	제 1교시			제 2교시		계
영역	어휘 · 문법	쓰기		듣기	읽기	4영역
유형	선택형	국내 외	선택형	선택형	선택형	선택형 / 서답형
문항수	30	4~6	10	30	30	104~106
배점	100	60	40	100	100	400

- 연간 총 4회 실시

  - 선택형 문항(4지 택 1형)

  - 서답형 문항(쓰기 영역)

  - 문장/문단 완성하기, 문장/문단 쓰기 : 3~5문항

  - 작문(초급 150~300자, 중급 400~600자, 고급 700~800자) : 1문항

4. 합격 판정

- 전 영역(어휘 · 문법, 쓰기, 듣기, 읽기) 평균 점수가 급별 합격 점수에 도달하고, 평가 영역별 과락 점수가 없어야 함

급수	시험 등급	합격 점수	과락 점수
초급	1급	50점 이상	40점 미만
	2급	70점 초과	50점 미만
중급	3급	50점 이상	40점 미만
	4급	70점 초과	50점 미만
고급	5급	50점 이상	40점 미만
	6급	70점 초과	50점 미만

5. 결과 발표

- 발표 시기 : 응시원서 접수 시 안내, TOPIK 홈페이지 공지
- 발표 방법 : 토픽 홈페이지(www.topik.go.kr) 게재 및 개인별 성적통지표 발송
- 홈페이지에 접속하여 자기 성적을 확인할 경우 회차, 수험번호, 생년월일이 필요함

● 성적 통지표 발급

성적통지표는 합격 · 불합격 여부에 관계없이 응시자 전원에게 발급

- 응시수준, 평가영역별 점수, 총점, 평균점수 및 합격 여부 표기

● 연간 총 4회 실시

발송 대상		시험 응시자 전원
발송 지역	한국	개인별 우편 발송
	해외	해외 시행기관에 일괄 송부 후 시행기관별 배부

! 국외 응시자도 인터넷(www.topik.go.kr)을 통해 자기 성적 확인 가능

● 성적증명서 출력
- 대학, 기업 등 외부 기관에 제출하기 위한 성적증명서를 홈페이지 성적증명서 발급란을 통해 직접 출력 가능

! 한국과 인터넷 환경이 호환 가능하고, 온라인 결제가 가능하여야 함

TOPIK 考试介绍

1. 实行时期

- 每年共实行4次
  - 因时差, 各地区实行日期不同

时间		实行地区	美洲, 欧洲, 非洲	亚洲, 大洋洲	韩国
上半期	1月份	国内	–	–	星期日
	4月份	国内外	星期六	星期日	星期日
下半旗	7月份	国内	–	–	星期日
	9月份	国内外	星期六	星期日	星期日

2. 考试等级

- 考试区别: 初级, 中级, 高级
- 评价等级: 6个等级 (1级~6级)

考试区别	初级		中级		高级	
评价等级	1级	2级	3级	4级	5级	6级
等级决定	根据考试成绩, 在应试范围内决定评价等级					

3. 文章结构

- 各领域结构

课时	第一课			第二课		合计
领域	词汇, 语法	书写		听力	阅读	4领域
类型	选择题	书答型	选择性	选择性	选择性	选择性/书答型
试题数	30	5-7	10	30	30	105-107
分数	100	60	40	100	100	400

- 试题类型
  - 选择题 (四中选一)
  - 书答题 (书写领域)
  - 完成文章/文段, 书写文章/文段 4~6项
  - 作文 (初级150~300字, 中级400~600字, 高级700~800字) 1项

4. 各级别及格标准表

级数	评价等级	及格分数	不及格分数
初级	1级	50分以上	未满40分
初级	2级	超过70分	未满50分
中级	3级	50分以上	未满40分
中级	4级	超过70分	未满50分
高级	5级	50分以上	未满40分
高级	6级	超过70分	未满50分

5. 公布考试结果

- 公布时期：提交应试申请书时介绍, 在TOPIK官方网站公告
- 公布方法：登在TOPIK官方网站(www.topik.go.kr)与发送个人成绩单
- 登陆官方网站确认成绩时, 需要提供考试次数, 应试编号, 出生年月日。

- 发放成绩通知单
  不分及格与否, 向全体应试者发放成绩通知单
  - 应试等级, 各评价领域分数, 总分数, 平均分数与标记及格与否

- 发放成绩通知单

对象		全体考试应试者
发放	韩国	个人邮件发送
发放	国外	统一发放到国外执行机构后, 按照各实行部发送

！国外应试者也可以通过官方网站(www.topik.go.kr)确认成绩

- 打印成绩证明书
  - 提交于大学, 企业等外部机构的成绩证明书, 可以通过官方网站的成绩证明书发布栏直接打印。
  ！网站环境应该可以与韩国服务器交换, 也应可以网上缴付。

大家们，在韩国有这样一句话：千里之行始于足下。

不管多辛苦冷静下来一点一点的做，总有一天目标会实现的意思。

大家也都不要放弃，做好学习的计划，一天一天的按部就班的学习怎么样？

来，那么现在开始就按照下面的表格自己写上能够学习的日期吧。

不要把计划做得太勉强，太累了中间可能会放弃。

为了大家的TOPIK 中级努力吧！

월 일	월 일	월 일	월 일	월 일
DAY 01	DAY 02	DAY 03	DAY 04	DAY 05
월 일	월 일	월 일	월 일	월 일
DAY 06	DAY 07	DAY 08	DAY 09	DAY 10
월 일	월 일	월 일	월 일	월 일
DAY 11	DAY 12	DAY 13	DAY 14	DAY 15
월 일	월 일	월 일	월 일	월 일
DAY 16	DAY 17	DAY 18	DAY 19	DAY 20
월 일	월 일	월 일	월 일	월 일
DAY 21	DAY 22	DAY 23	DAY 24	DAY 25
월 일	월 일	월 일	월 일	월 일
DAY 26	DAY 27	DAY 28	DAY 29	DAY 30

확인해 보세요

빨간 시트지로 가리고 단어의 뜻을 알면, ☐ 에 ✓ 해 보세요.
用印纸将单词的意思遮挡后, 记住的单词在 ☐ 里划 ✓。

☐ 01	**필요하다**	需要	☐ 13	**상품**	商品	☐ 25	**최근**	最近
☐ 02	**방법**	方法	☐ 14	**생기다**	发生	☐ 26	**선택하다**	选择
☐ 03	**이용하다**	利用	☐ 15	**도움**	帮助	☐ 27	**효과**	效果
☐ 04	**생각하다**	想, 想念, 思想	☐ 16	**환경**	环境	☐ 28	**문제**	问题
☐ 05	**관심**	关心, 兴趣	☐ 17	**내용**	内容	☐ 29	**자신**	自身
☐ 06	**가능하다**	可能, 可以	☐ 18	**상황**	情况	☐ 30	**찾다**	寻找
☐ 07	**결과**	结果	☐ 19	**바로잡다**	纠正	☐ 31	**관계**	关系
☐ 08	**늘다**	增加, 增长	☐ 20	**사회**	社会	☐ 32	**기간**	期间
☐ 09	**바꾸다**	换	☐ 21	**생활**	生活	☐ 33	**전문가**	专家
☐ 10	**노력하다**	努力	☐ 22	**이상하다**	奇怪			
☐ 11	**느끼다**	感觉	☐ 23	**경험**	经验			
☐ 12	**경우**	情况	☐ 24	**다양하다**	多样			

DAY 01

 全部是特定的单词，一起学习的话能够得到高分。

01 필요하다　　　　　　　　　　　　　　형 需要

호텔에 계시면서 **필요한** 것이 있으면 바로 전화 주세요.

在酒店里住如果有什么需要的东西，请马上打电话给我。

관련어
필요 需要	필요성 需要性
필요로 하다 以…的需要	필요가 있다/없다 有需要/没需要

02 방법　　　　　　　　　　　　　　　명 方法

세탁기 사용하는 **방법** 좀 알려 줄래요?

请告诉我一下洗衣机的使用方法好么?

03 이용하다　　　　　　　　　　　　　동 利用

대중교통 **이용하는** 게 이제는 익숙해졌어요.

大众交通的利用现在熟悉了。

관련어
이용 利用	이용객 利用客
이용료 利用费	이용자 利用者
이용증 利用证	이용되다 被利用

04 생각하다　　　　　　　　　　　동 想, 想念, 思想

친구와 싸웠는데 다시 **생각해** 보니 내가 잘못한 것 같다.

和朋友打架了，再想想好像是我的错误。

관련어
생각 想	생각되다 形成了…想法
생각이 나다 想起来	생각이 들다 有了…的想法

05 관심　　　　　　　　　　　　　　　명 关心, 兴趣

처음에는 사람들이 관심을 안 보였지만, 반복해서 말하자 관심을 보이기 시작했습니다.

一开始的时候大家好像都没什么兴趣，反复说了几次开始有兴趣了。

관심을 갖다(가지다) 关心, 兴趣　관심이 있다 有兴趣
관심을 끌다 引起关心, 引起兴趣

06 가능하다　　　　　　　　　　　　형 可能, 可以

가능하면 그렇게 처리해 주십시오.

可以的话请那样处理。

가능 可能　　　　　　　　　가능성 可能性

07 결과　　　　　　　　　　　　　　　명 结果

건강 검진 결과가 나오면 연락을 드리겠습니다.

健康检查结果如果出来了，会跟您联系的。

08 늘다　　　　　　　　　　　　　　　동 增加, 增长

백화점 세일 덕분에 판매량이 30%정도 늘었다고 합니다.

托百货商店打折的福销售量上升了30%。

출제 경향 出題倾向

그래프 문제를 풀 때는 항상 나오는 단어입니다. 이 단어의 반대어인 '줄다'의 의미도 확인하세요.

解决图标问题的时候经常出现的单词，这个单词的反义词 '줄다(减少)' 的意思也要确认。

09 바꾸다　　　　　　　　　　　　　동 换

여기서 한국 돈을 일본 돈으로 바꿀 수 있어요?

在这里可以把韩币换成日元么？

10 노력하다  图努力

노력하면 안 되는 일이 어디 있겠어요?

只要努力就没有不行的事情。

노력 努力

11 느끼다 图感觉

그 영화를 보고 느낀 점을 말해 봅시다.

看了那个电影说一下你的感觉。

느낌 感觉

12 경우 图情况

날씨가 나쁘면 비행기가 출발하지 못 하는 경우가 있습니다.

如果天气不好，飞机可能会有不能出发的情况。

13 상품 图商品

백화점에 가면 여러 가지 상품들이 보기 좋게 진열되어 있다.

去百货店的话，会有很多商品陈列在你的眼前。

상품권 商品卷

14 생기다 图发生

회사에 문제가 생겨서 퇴근했다가 다시 회사로 돌아갔다.

下班以后公司又有事情发生，所以又回公司了。

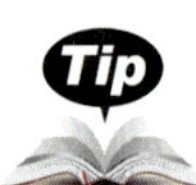

15 도움　　　　　　　　　　　　　　　　　　　　명 帮助

처음 미국에 갔을 때 그 친구에게 많은 **도움**을 받았습니다.

一开始刚去美国的时候，得到那位朋友很多的帮助。

 돕다 帮助　　　　　　　도우미 助手, 帮手

16 환경　　　　　　　　　　　　　　　　　　　　명 环境

우리의 **환경**을 지키기 위한 노력이 필요합니다.

为了守护好我们的环境，需要做一些努力。

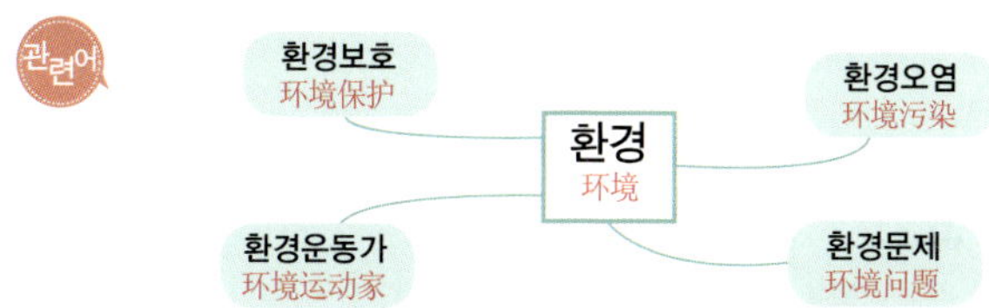

17 내용　　　　　　　　　　　　　　　　　　　　명 内容

이 책은 **내용**이 어려워서 이해하기 어렵다.

这本书的内容很难，所以很难理解。

18 상황　　　　　　　　　　　　　　　　　　　　명 情况

지진 피해 **상황**에 대한 뉴스가 계속 보도되고 있다.

关于地震灾害的情况，新闻里一直在报道。

19 바로잡다　　　　　　　　　　　　　　　　　　동 纠正

아이가 잘못을 하면 부모가 당연히 **바로잡아야** 한다.

小孩子放错误了的话，做父母的当然要马上纠正。

20 사회

우리 사회에는 좋은 일과 나쁜 일이 모두 존재한다.

在我们的社会里，好的事情不好的事情都存在着。

21 생활

유학 생활은 힘들지만 좋은 추억을 많이 만들 수 있다.

留学生活虽然很辛苦，但是可以制造很多好的回忆。

22 이상하다

처음에 한국에 왔을 때 남자들이 분홍색 옷을 입고 있는 것이 이상해 보였다.

一开始来韩国的时候看见男的穿粉红色的衣服觉得很奇怪。

23 경험

학력보다는 그 사람이 어떠한 경험을 했는가가 중요합니다.

比起学历那个人到底有多少的经验最重要。

 경험하다 经验　　　　　사회경험 社会经验

24 다양하다

형 多样

요즘 서점에서는 **다양한** 잡지를 접할 수 있습니다.

最近在书店里可以看到很多多种多样的杂志。

다양성 多样性

25 최근

명 最近

이 지역은 **최근** 3년 동안 많은 변화가 나타났습니다.

这个地区最近三年有了很大的变化。

26 선택하다

동 选择

전공은 오랫동안 고민한 후에 **선택해야** 후회가 없다.

专业的问题要考虑很久选择了以后才不会后悔。

선택 选择　　　　　　　　　선택되다 被选择

27 효과

명 效果

꾸준히 운동했더니 마침내 **효과**가 나타났어요.

坚持一直运动锻炼身体终于看见效果了。

효과적 效果的

28 문제

명 问题

문제가 좀 생겼는데 와서 도와줄래요?

有了点小问题，过来帮一下忙可以么?

문제점 问题　　　　　　　　　문젯거리 问题
문제가 되다 成为问题

29 자신   명 自身

자기 **자신**에 대한 사랑 없이 남을 사랑할 수 없다.

自己都不爱惜自己没办法爱别人。

30 찾다   동 寻找

외출해야 하는데 열쇠를 **찾을** 수가 없어요.

马上要出去但是找不到钥匙了。

찾아 오다 找来	찾아 가다 找去
찾아 내다 找出	찾아 보다 找找看
찾아 뵙다 拜见	찾아 다니다 四处搜寻

31 관계   명 关系

성공한 사람들은 대부분 인간 **관계**가 좋았다고 합니다.

成功的人大部分都说自己人际关系很好。

관계자 关系者	관계당국 关系当国
관계 없다 没关系	

32 기간   명 期间

A/S **기간**은 구입 후 1년입니다.

售后服务是自买入起后一年。

33 전문가   명 专家

이 분야의 **전문가**가 되고 싶습니다.

想成为这方面的专家。

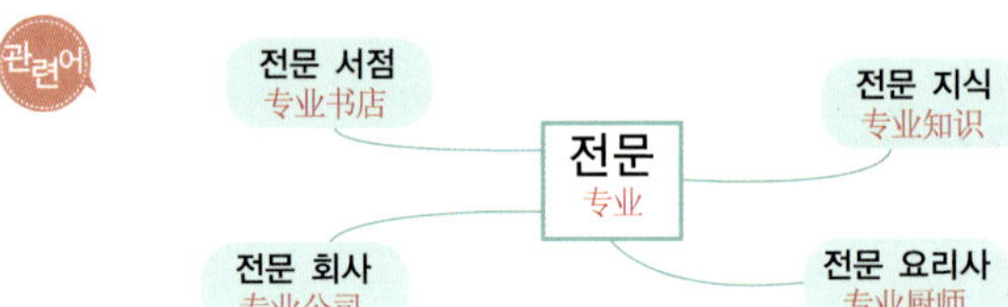

 **다의어** 多义词

감다

❶ 洗

예 아침에 머리 **감느라고** 늦었어요.
早上因为洗头发而迟到了。

❷ 闭

예 눈을 **감고** 나의 미래를 상상해 보았다.
闭上眼睛想象一下我的未来。

❸ 缠

예 손을 다쳐서 붕대로 **감았어요.**
手受伤了所以缠着绷带。

반의어 反义词

가입 加入 ↔ **탈퇴** 退出

예 인터넷 사이트에서 회원 **가입**을 하려면 복잡해요.
在网页里申请会员加入很复杂。

인터넷 사이트에서 **탈퇴** 하는 방법을 알려 주시기 바랍니다.
请告诉我在网页里退出会员的方法。

유의어 近意词

짙다 深 ≒ **진하다** 深

예 하얀색 옷을 **짙은** 색 옷과 같이 빨면 안 됩니다.
하얀색 옷을 **진한** 색 옷과 같이 빨면 안 됩니다.
白衣服不能跟深色衣服一起洗。

한국어는 중국어로, 중국어는 한국어로 써 보세요.
韩国语用中文，中文用韩国语试着写一下。

1. 느끼다 ____________
2. 다양하다 ____________
3. 최근 ____________
4. 선택하다 ____________
5. 전문가 ____________

6. 商品 ____________
7. 马上抓住 ____________
8. 寻找 ____________
9. 帮助 ____________
10. 内容 ____________

문장이 자연스럽도록 둘 중에서 알맞은 단어를 고르세요.
从下面两个中选一个最适合的单词让整个句子自然起来。

11. 처음에는 사람들이 관심을 안 보였지만, 반복해서 말하자 (a.관심 / b.방법)을 보이기 시작했습니다.

一开始的时候大家好像都没什么兴趣，反复说了几次开始有兴趣了。

12. 처음에 한국에 왔을 때 남자들이 분홍색 옷을 입고 있는 것이 (a.노력해 / b.이상해) 보였다.

一开始来韩国的时候看见男的穿粉红色的衣服觉得很奇怪。

13. 친구와 싸웠는데 다시 (a.생각해 / b.가능해) 보니 내가 잘못한 것 같다.

和朋友打架了，再想想好像是我的错误。

14. 날씨가 나쁘면 비행기가 출발하지 못 하는 (a.경우 / b.관계)가 있습니다.

如果天气不好，飞机可能会有不能出发的情况。

15. 건강 검진 (a.사회 / b.결과)가 나오면 연락을 드리겠습니다.

健康检查结果如果出来了，会跟您联系的。

확인해 보세요

빨간 시트지로 가리고 단어의 뜻을 알면, □ 에 ✓ 해 보세요.
用印纸将单词的意思遮挡后，记住的单词在 □ 里划 ✓。

□ 01	행사	活动	□ 13	편하다	舒服	□ 25 버리다	扔掉
□ 02	대상	对象	□ 14	성공하다	成功	□ 26 경력	经验
□ 03	설명하다	说明	□ 15	영향	影响	□ 27 계획	企划
□ 04	연구	研究	□ 16	걱정하다	担心	□ 28 끝나다	结束
□ 05	직접	直接	□ 17	교통	交通	□ 29 어리다	幼小的
□ 06	대부분	大部分	□ 18	모으다	存	□ 30 직원	职员
□ 07	물건	物品	□ 19	세계	世界	□ 31 관리	管理
□ 08	안내하다	指引, 向导	□ 20	신청	申请	□ 32 사실	其实, 事实
□ 09	직장	职场	□ 21	오히려	反而	□ 33 불편하다	不便
□ 10	참여하다	参与	□ 22	지역	地方, 地域		
□ 11	시작하다	开始	□ 23	판매하다	销售		
□ 12	변화	变化	□ 24	계속	继续		

DAY 02

  全部是特定的单词，一起学习的话能够得到高分。

01 행사　　　　　　　　　　　　　　　　　　　　　　　　명 活动

비가 와서 행사가 취소되었습니다.

因为下雨了所以活动取消了。

관련어　행사장 活动卖场

02 대상　　　　　　　　　　　　　　　　　　　　　　　　명 对象

대학생들을 대상으로 취직에 관한 설문조사를 실시했습니다.

一大学生们为对象就业的问题做了一次问卷调查。

03 설명하다　　　　　　　　　　　　　　　　　　　　　　동 说明

이 문제가 이해가 잘 안 되는데 다시 한번 설명해 주세요.

这个问题理解不了请再说明一次。

관련어　설명 说明　　　　　　　　　설명서 说明书
설명회 说明会

04 연구　　　　　　　　　　　　　　　　　　　　　　　　명 研究

암에 대한 연구가 활발히 진행되고 있습니다.

正在活跃的进行着关于癌症的研究。

관련어　연구원 研究员　　　　　　　연구소 研究所
연구 결과 研究结果　　　　　연구하다 研究

05 직접

명 直接

그런 일은 네가 **직접** 말하는 것이 좋겠어.

这种事情你自己直接亲口说比较好。

관련어 직접적 直接的

06 대부분

명 大部分

책의 내용이 너무 어려워서 **대부분** 이해가 안 돼요.

书的内容很难所以大部分都理解不了。

07 물건

명 物品

이 **물건**은 어디에 사용하는 거예요?

这个东西是用在哪里的?

08 안내하다

동 指引, 向导

외국에서 온 손님들에게 우리 학교를 **안내할** 거예요.

对从外国来的客人们向导一下我们学校。

관련어 안내 向导　　　　　　안내문 向导文
안내소 向导所

 출제 경향 **出题倾向**

읽기와 듣기 영역에 '안내문' 문제가 항상 출제됩니다. 안내문과 관련된 단어는
다음과 같습니다.
在阅读和听力的领域里, 说明文经常的出现, 跟说明文有关联的单词为以下单词。

일시(一时), 장소(场所), 모집(聚集), 대상(对象), 기간(期间), 자격(资格), 참가(参加),
접수(接收), 응모(应征), 문의(询问), 결과 발표(结果发表)

위의 단어들은 반드시 알아 두세요.
以上单词一定要了解。

09 직장

지영 씨가 드디어 좋은 직장을 구했대요.

志颖终于找到好的工作了。

직장인 职场人	직장 생활 职场生活
직장 상사 职场上司	일자리 职位

10 참여하다

모든 일에 적극적으로 참여하는 태도가 필요합니다.

任何事情都需要积极的参加的态度，这个很重要。

참여 参加, 参与

11 시작하다

수업을 시작하기 전에 출석을 먼저 부르겠어요.

开始上课之前先点名。

시작 开始	시작되다 开始了

12 변화

나이가 많은 사람들은 젊은 사람들보다 변화에 적응하기 어렵다.

年纪大的人没有年纪轻的人那么快适应变化。

변화하다 变化	변화시키다 使变化

13 편하다

이 신발은 정말 편하네요.

这双鞋真的很舒服。

'편하다'와 '편리하다'는 어떤 차이가 있을까요?

'편하다(舒服)'和'편리하다(便利)'有什么区别？

'편하다'는 주로 몸과 마음이 안정된 상태에 많이 사용하고 '편리하다'는 기술의 발달로 생활이 좋아졌을 때 사용합니다.

'舒服'主要用在身体还有心理安定的状态，'便利'主要用在技术的发达以及生活的好转的时候。

14 성공하다　　　　　　　　　　　　동 成功

여러 번의 실패를 거듭한 후 드디어 그 실험에 **성공했다**.

经过了无数次的失败，那个实验终于成功了。

 성공 成功　　　　　　성공적 成功的

15 영향　　　　　　　　　　　　　　명 影响

화가이신 어머니의 **영향**으로 일찍부터 그림을 배우기 시작했어요.

受到画家妈妈的影响，很早便开始学习画画了。

 영향을 받다 受到影响　　　영향을 주다 施加影响
영향을 미치다 严重影响

16 걱정하다　　　　　　　　　　　　동 担心

그 문제는 잘 해결될 테니까 너무 **걱정하지** 마세요.

那个问题会很好的解决的，不用担心。

 걱정 担心　　　　　　걱정거리 心的事担
걱정스럽다 担心的

17 교통　　　　　　　　　　　　　　명 交通

우리 학교는 다 좋지만 **교통**이 불편해요.

我们学校什么都好就是交通太不方便了。

 교통비 交通费　　　　　교통문제 交通问题
교통질서 交通秩序　　　교통수단 交通手段

18 모으다　　　　　　　　　　　　　동 存

세계 여행을 하기 위해서 돈을 **모으고** 있어요.

为了环球旅行正在存钱。

 모임 聚会　　　　　　모이다 聚集

19 세계　　　　　　　　　　　　　　　　　　　　　　명 世界

세계 여러 나라 선수들이 한자리에 모였다.

这次奥林匹克汇集了世界各国的选手。

관련어　세계화 世界化　　　　　　　　세계적 世界的

20 신청　　　　　　　　　　　　　　　　　　　　　　명 申请

다음 학기 신청은 이번주까지예요.

下个学期的申请到这个周截至。

관련어　신청서 申请书　　　　　　　신청 기간 申请期间
　　　　신청 방법 申请方法　　　　　신청하다 申请

21 오히려　　　　　　　　　　　　　　　　　　　　　부 反而

약속 시간에 늦은 친구가 오히려 나에게 화를 냈다.

迟到了的人反而对我生气了。

22 지역　　　　　　　　　　　　　　　　　　　　명 地方, 地域

지역의 특성에 맞는 개발이 필요합니다.

需要适合这个地方特性的开发。

관련어　지역성 地域性　　　　　　　지역문제 地域问题

23 판매하다　　　　　　　　　　　　　　　　　　　　동 销售

현재 약국에서 판매하는 약을 앞으로 편의점에서 판매할 거라
고 해요.

现在在药房销售的药将来在便利店里也会销售。

관련어　판매 销售　　　　　　　　판매량 销售量
　　　　판매원 销售员

24 계속　　　　　　　　　　　　　　　명 继续

계속 한국에서 살기로 결정했습니다.

决定继续在韩国生活。

계속적 继续的　　　　　　　　계속되다 继续成为
계속하다 继续做

25 버리다　　　　　　　　　　　　　동 扔掉

이 가방은 아직 쓸 만하니까 버리지 마세요.

这个包还能用别扔了。

26 경력　　　　　　　　　　　　　　명 经验

교육 경력이 5년 이상 되시는 분들만 지원할 수 있습니다.

只有有5年以上教育经验的人才能支援。

27 계획　　　　　　　　　　　　　　명 计划

아무리 계획을 세워도 지키지 않으면 소용이 없겠지요.

不管怎么做计划，不遵守的话什么用都没有。

계획적 计划的　　　　　　　　계획하다 计划

28 끝나다　　　　　　　　　　　　동 结束

수리가 끝났으니까 찾아가시기 바랍니다.

希望都修理完了结束以后取走。

끝 尾　　　　　　　　　　　끝내 最终
끝내다 结束　　　　　　　　끝맺다 结尾
끝없이 没完　　　　　　　　끝으로 以结尾

29 어리다 형 幼小的

그 사람은 어린 나이에 이 분야에서 성공했다.

这个人虽然年龄不大，但是在这个领域里确已经很成功了。

어린이 小孩 어린시절 儿童时期
어린아이 小朋友

30 직원 명 职员

다음 달에 직원을 새로 뽑으려고 합니다.

下个月会招聘新职员。

직원 교육 职员教育 직원 채용 职员采用

31 관리 명 管理

가죽 옷은 멋있기는 하지만 관리가 힘들어요.

皮衣穿起来是很帅，但是管理起来很累。

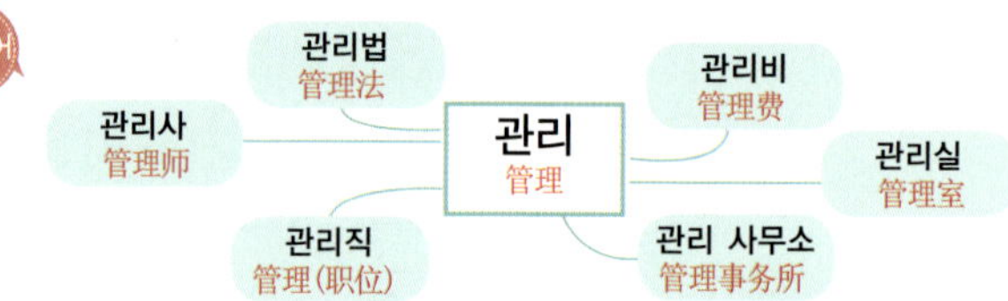

32 사실 명 其实, 事实

더 이상 숨기지 말고 사실을 말해 주세요.

别再隐瞒了跟我说实话吧。

사실적 事实的

33 불편하다 형 不便

엘리베이터가 고장나서 불편했다.

电梯坏了很不方便。

불편 不便 불편을 겪다 经受不便
불편을 느끼다 感到不便

DAY
02
★★★

다의어 多义词

걸다

❶ 挂

예 겉옷은 옷걸이에 걸어서 장롱 안에 넣으시면 됩니다.
外衣用衣架挂起来放到橱子里就行。

❷ 打

예 안 그래도 전화를 걸려던 참이었어.
即使不是那样我也刚好想打电话给你。

❸ 搭讪

예 저 여자에게 말을 걸어 보고 싶은데 용기가 안 나.
没有勇气跟那个女孩搭讪。

반의어 反义词

감소하다 减少 ↔ 증가하다 增加

예 매년 출산율이 감소하는데 원인이 무엇일까요?
出产率每年都在减少的原因是什么。

싱글족이 증가함에 따라서 1인용 물건이 잘 팔린다고 합니다.
由于单身族的增加，一人用的物品卖的很好。

유의어 近意词

게다가 而且 ≒ 더구나 尤其再加上

예 안 그래도 길이 복잡한데 교통사고가 났다. 게다가 공사까지 해서 하루종일 차가 막혔다.
안 그래도 길이 복잡한데 교통사고가 났다. 더구나 공사까지 해서 하루종일 차가 막혔다.
即使不是那样道路这么拥挤交通事故一定会发生，而且加上最近还在施工，车可以堵一天。

 한국어와 중국어를 알맞게 연결해 보세요.
试着将韩国语与中文合适的联系在一起。

1. 관리	•	•	a. 世界
2. 어리다	•	•	b. 管理
3. 세계	•	•	c. 扔掉
4. 연구	•	•	d. 研究
5. 불편하다	•	•	e. 职场
6. 버리다	•	•	f. 幼小的
7. 직장	•	•	g. 不便

다음 빈 칸에 알맞은 단어를 〈보기〉에서 골라 쓰세요.
像<例子>一样给下面空的地方选一个合适的单词。

〈보기〉

a. 대부분　b. 행사가　c. 모으고　d. 오히려

8. 비가 와서 (　　　) 취소되었습니다.
因为下雨了所以活动取消了。

9. 책의 내용이 너무 어려워서 (　　　) 이해가 안 돼요.
书的内容很难所以大部分都理解不了。

10. 세계 여행을 하기 위해서 돈을 (　　　) 있어요.
为了环球旅行正在存钱。

11. 약속 시간에 늦은 친구가 (　　　) 나에게 화를 냈다.
迟到了的人反而对我生气了。

정답

1.b 2.f 3.a 4.d 5.g 6.c 7.e 8.b 9.a 10.c 11.d

DAY 03

확인해 보세요

빨간 시트지로 가리고 단어의 뜻을 알면, □에 ✓해 보세요.
用印纸将单词的意思遮挡后, 记住的单词在 □ 里划 ✓。

□ 01 **소비** 消费	□ 13 **통하다** 通过	□ 25 **기회** 机会
□ 02 **실제로** 实际上	□ 14 **참가하다** 参加	□ 26 **무료** 免费
□ 03 **충분하다** 充分	□ 15 **문화** 文化	□ 27 **상대방** 对方
□ 04 **표현하다** 表现, 表达	□ 16 **받다** 收到	□ 28 **색** 颜色
□ 05 **해결하다** 解决	□ 17 **발생** 发生	□ 29 **알려주다** 告诉, 通知
□ 06 **개인** 个人	□ 18 **심하다** 严重	□ 30 **포함되다** 包含
□ 07 **경제** 经济	□ 19 **장소** 场所	□ 31 **힘** 力气
□ 08 **늦다** 晚的	□ 20 **제대로** 应当的	□ 32 **대회** 大会
□ 09 **따라하다** 跟着	□ 21 **개발하다** 开发	□ 33 **발표** 发表
□ 10 **인기** 人气	□ 22 **구입하다** 买入	
□ 11 **장단점** 优缺点	□ 23 **기분** 心情	
□ 12 **지키다** 遵守	□ 24 **기억** 记忆	

DAY 03

관련어 全部是特定的单词，一起学习的话能够得到高分。

01 소비   명 消费

날씨가 더워지면서 아이스크림의 소비가 증가했다.

天气变得热了，冰淇淋的消费也增加了。

관련어   소비량 消费量   소비자 消费者
       소비하다 消费

02 실제로   부 实际上

그 법을 실제로 지키는 사람은 거의 없다.

实际上遵守这条法律的人几乎没有。

관련어   실제 实际   실제적 实际上的

03 충분하다   형 充分

이 정도면 5명이 먹기에 충분합니다.

这基本上5个人吃充分够了。

 관련어   충분히 充分的

04 표현하다   동 表现, 表达

그 사람은 자기의 감정을 잘 표현하는 편이에요.

那个人很善于表达自己的感情。

 관련어   표현 表达

05 해결하다　〔동〕解决

그건 내가 **해결할** 수 있는 문제가 아니네요.

这个不是我能解决的问题。

해결 解决　　　　　　해결되다 得到解决

06 개인　〔명〕个人

개인 정보가 유출되지 않도록 주의해 주십시오.

请注意不要流出自己的个人信息。

개개인 个个人　　　　　　개인적 个人的
개인 공간 个人空间

07 경제　〔명〕经济

세계 **경제** 위기가 심각한 수준에 이르렀습니다.

世界经济危机已经到了很严重的阶段。

경제계 经济界　　　　　　경제력 经济力
경제적 经济的　　　　　　경제학 经济学
경제 회복 经济恢复

08 늦다　〔동〕晚的

아무리 **늦어도** 12시까지는 보내 드리겠습니다.

再晚也会在12点以前发给你。

늦추다 推迟　　　　　　늦어지다 晚了

09 따라하다　〔동〕跟着

그 가수의 춤은 보기에는 쉬운데 **따라하면** 어려워요.

看歌手跳舞那么简单，但是跟着做的时候很难。

따라오다 跟着来　　　　　　따라가다 跟着去

10 인기 명 人气

요즘 인기 있는 노래가 뭐예요?

最近的人气歌是什么歌?

 인기요인 人气要人　　　　인기를 끌다 引发人气

11 장단점 명 优缺点

자기 자신의 장단점에 대해 말해 줄 수 있어요?

可以关于自己的优缺点谈谈么?

 장점 优点　　　　단점 缺点

12 지키다 동 遵守

사업을 할 때 약속을 지키는 것이 가장 중요하다.

做生意最重要的就是遵守承若。

13 통하다 동 通过

유학원을 통해서 이 학교에 오게 되었습니다.

通过留学院来的这间学校。

14 참가하다 동 参加

참가하는 인원을 정확하게 알려 주세요.

确定了参加的人员以后请告诉我。

 참가 参加　　　　참가비 参加费
참가자 参加者　　　　참가 신청 参加申请

출제 경향 出題傾向

'참가하다, 참여하다, 참석하다' 는 토픽에 자주 나오는 단어들이니까 꼭 기억하세요!
'참가하다(参加)', '참여하다(参与)', '참석하다(出席)' 是经常出现在TOPIK考试中的单词, 所以一定要记住。

15 문화　　　　　　　　　　　명 文化

각 나라마다 독특한 문화가 있다.

每个国家都有自己独有的文化。

 문화재 文化才

16 받다　　　　　　　　　　　동 收到

이번에 개봉한 전쟁 영화는 많은 사람들의 주목을 받고 있다.

这次上映的战争电影深受大家的瞩目。

 받아들이다 接受

17 발생　　　　　　　　　　　명 发生

휴가철이 되면서 교통 사고 발생 건수가 증가하고 있다.

一到放假的时候交通事故的发生数就会曾加。

관련어 발생률 发生率　　　　　　　　발생하다 发生

18 심하다　　　　　　　　　　형 严重

감기가 심해서 집에서 쉬어야겠어요.

感冒太严重了要在家休息一下了。

19 장소　　　　　　　　　　　명 场所

이번 모임 장소는 한국 호텔입니다.

这次聚会的场所在酒店。

20 제대로　　　　　　　　　　부 应当的

이번 일을 제대로 처리하지 못해 죄송합니다.

这次的事情没有处理好所以对不起。

21 개발하다 동 开发

새로운 기술을 개발하기 위하여 노력하고 있습니다.

为了开发新技术正在努力着。

개발 开发　　　　　　　　개발자 开发者
개발되다 得到开发

22 구입하다 동 买入

며칠 전에 스마트폰을 구입했습니다.

几天前买了智能手机。

구입 购买

23 기분 명 心情

그 노래를 들으면 기분이 좋아집니다.

听那首歌心情就变好了。

기분전환 心情转换

24 기억 명 记忆

어릴 때 같이 놀던 기억이 납니다.

记起了小时候一起玩过的记忆。

기억력 记忆力　　　　　　　기억나다 记起
기억하다 记忆

25 기회 명 机会

이번 기회를 놓치지 마십시오.

不要错过这次机会。

26 무료   명 免费

만 4세 이하는 무료 입장입니다.

4岁以下的孩子免费入场。

27 상대방   명 对方

대화를 잘 하려면 상대방의 말을 잘 들어줘야 한다.

想要好好的对话就要好好的听对方讲的话。

 상대 对方

28 색   명 颜色

나에게는 이 색이 잘 어울린다.

这个颜色很适合我。

 색깔 颜色   색상 颜色

색다르다 与众不同

29 알려주다   동 告诉, 通知

약속 시간이 정해지면 저에게도 알려주세요.

定了约会时间就告诉我。

 알림 公告   알리다 告诉

알려지다 被知道   알려드리다 告知

30 포함되다   동 包含

기숙사비에 전기세가 포함되나요?

宿舍费包括了电费么?

 포함 包含   포함하다 包含

31 힘  명 力气

목소리에 힘이 없는 걸 보니 불합격했나 봐요.

听声音没什么力气，看来是没合格。

힘쓰다 用力气　　　　　　힘이 되다 成了力量

32 대회 명 大会

이번 수영 대회는 부산에서 열릴 예정입니다.

这次游泳大会将会在釜山召开。

33 발표 명 发表

다음 주에 발표가 있어서 좀 바빠요.

下个周有发表所以会有点忙。

발표자 发表人　　　　　　발표되다 发了表
발표하다 发表

DAY
03
★★★

다의어 多义词

구하다

❶ 找(房子或者找工作)

예) 오후 내내 방을 구하러 다녔지만 마음에 드는 방이 없었다.
下午找房子找了一下午都没有找到和我心意的房子。

❷ 救(命)

예) 친구의 도움으로 목숨을 구할 수 있었다.
通过朋友的帮助救了命。

❸ 咨询

예) 대학 생활에 대해 선배에게 조언을 구해야겠다.
关于大学生活我向前辈咨询了意见。

반의어 反义词

감추다 隐藏 ↔ 드러내다 出现

예) 본심을 감추고 상대방을 대하면 친구가 될 수 없다.
对对方隐瞒自己不能可能做朋友。

그 사람은 속마음을 좀처럼 드러내지 않는 편이에요.
那个人是不喜欢表露自己内心的人。

유의어 近意词

마련하다 准备 ≒ 준비하다 准备

예) 더 추워지기 전에 겨울옷을 빨리 마련해야겠다.
더 추워지기 전에 겨울옷을 빨리 준비해야겠다.
在天气变得更冷以前要准备好衣服。

한국어는 중국어로, 중국어는 한국어로 써 보세요.
韩国语用中文，中文用韩国语试着写一下。

1. 참가하다 ____________

2. 따라하다 ____________

3. 무료 ____________

4. 실제로 ____________

5. 충분하다 ____________

6. 买入 ____________

7. 力气 ____________

8. 应当的 ____________

9. 发生 ____________

10. 严重 ____________

문장이 자연스럽도록 둘 중에서 알맞은 단어를 고르세요.
从下面两个中选一个最适合的单词让整个句子自然起来。

11. 그 사람은 자기의 감정을 잘 (a.표현하는 / b.해결하는) 편이에요.

   那个人很善于表达自己的感情。

12. 사업을 할 때 약속을 (a.지키는 / b.통하는) 것이 가장 중요하다.

   做生意最重要的就是遵守承若。

13. 어릴 때 같이 놀던 (a.기분 / b.기억)이 납니다.

   记起了小时候一起玩过的记忆。

14. 이번 수영 (a.문화 / b.대회)는 부산에서 열릴 예정입니다.

   这次游泳大会将会在釜山召开。

15. 기숙사비에 전기세가 (a.알려주나요 / b.포함되나요)?

   宿舍费包括了电费么?

정답

1.参加 2.跟着 3.免费 4.实际上 5.充分 6.구입하다 7.힘 8.제대로 9.발생 10.심하다
11.a 12.a 13.b 14.b 15.b

DAY 04

확인해 보세요

빨간 시트지로 가리고 단어의 뜻을 알면, □ 에 ✓ 해 보세요.
用印纸将单词的意思遮挡后, 记住的单词在 □ 里划 ✓。

□ 01 **소개하다**	介绍	□ 13 **들어오다**	进来	□ 25 **차이**	差异
□ 02 **역할**	角色	□ 14 **사고**	事故	□ 26 **책임**	责任
□ 03 **일반적**	一般型	□ 15 **소리**	声音	□ 27 **행동하다**	行动
□ 04 **입장**	入场	□ 16 **연락하다**	联系	□ 28 **확인하다**	确认
□ 05 **자료**	材料	□ 17 **모습**	样子	□ 29 **광고**	广告
□ 06 **제품**	产品	□ 18 **오래되다**	很久了	□ 30 **급하다**	着急
□ 07 **주변**	周边	□ 19 **원인**	原因	□ 31 **실시하다**	实施
□ 08 **주의 사항**	注意事项	□ 20 **인간**	人类	□ 32 **작품**	作品
□ 09 **피해**	被害	□ 21 **잃다**	丢失	□ 33 **적극적**	积极的
□ 10 **부탁**	拜托	□ 22 **자리**	位置		
□ 11 **고르다**	挑选	□ 23 **조사하다**	调查		
□ 12 **돌아가다**	回去	□ 24 **주민**	居民		

DAY 04

 全部是特定的单词，一起学习的话能够得到高分。

01 소개하다　　　　　　　　　　　　　　　　　　　동 介绍

여러분께 이번에 새로 나온 상품을 소개하도록 하겠습니다.

现在开始为大家介绍一下这次新出的商品。

관련어 소개 介绍　　　　　　　　소개되다 被介绍
소개받다 接受介绍

02 역할　　　　　　　　　　　　　　　　　　　　　명 角色

어떤 역할을 맡고 있든지 최선을 다해야 한다고 생각합니다.

我觉得不管担任什么角色都要尽最大努力。

03 일반적　　　　　　　　　　　　　　　　　　　　명 一般型

일반적으로 남성보다 여성의 수명이 길다고 한다.

一般情况来说女性会比男性的寿命长。

관련어 일반인 一般人　　　　　　　일반화 一般化

04 입장　　　　　　　　　　　　　　　　　　　　　명 入场

콘서트장 입장 시간이 거의 다 되었네요.

演奏会入场时间已经差不多了。

관련어 입장권 入场卷　　　　　　　입장료 入场费
입장하다 入场

05 자료　　　　　　　　　　　　　　　　　　　　　명 材料

리포트 자료를 찾기 위해 도서관에 가요.

为了找报告书的材料去了图书馆。

06 제품　　　　　　　　　　　　　　　　　　　　　명 产品

제품의 홍보는 인터넷을 활용하는 것이 좋겠습니다.

产品的宣传最好是运用网络。

07 주변　　　　　　　　　　　　　　　　　　　　　명 周边

학교 주변에 있는 맛있는 식당을 소개해 주세요.

学校附近好吃的饭店介绍一下。

주변 환경　周边环境

08 주의 사항　　　　　　　　　　　　　　　　　　　명 注意事项

이번 대회 참가자들은 주의 사항을 잘 확인해 주세요.

这次大会的参加者门请注意确认注意事项。

주의 注意　　　　　　　　주의력 注意力
주의하다 注意　　　　　　주의할 점 注意点
주의를 주다 给注意　　　주의를 기울이다 集中注意

09 피해　　　　　　　　　　　　　　　　　　　　　명 被害

다른 사람에게 피해를 주지 않기 위해 노력해야 합니다.

要努力不给别人带来被害。

피해자 被害者

출제 경향 出題傾向

토픽에는 재난에 관한 기사가 자주 출제됩니다. 다음 표현들을 '피해'와 함께 공부해 보세요.
TOPIK中经常出现跟灾难有关的报道，下面的表现一定要和 피해(被害) 一起学习。

사고(事故), __ 모 씨(某人), __ 시경(点左右), 목격자(目击者),
신고(申报), 부상(负伤), 치료(治疗)

발생하다(发生), 구조하다(构成), 밝혀지다(变亮),
정도가 심하다(程度变严重), N에 따르면(根据N…)

10 부탁 명 拜托

아이의 부탁대로 맛있는 케이크를 사서 집에 돌아왔다.

按照孩子们的拜托回家的时候买了好吃的蛋糕。

 부탁하다 拜托

11 고르다 동 挑选

친구 선물을 고르느라고 하루종일 명동을 돌아다녔습니다.

为了给朋友挑选礼物一整天都在明洞转来转去。

12 돌아가다 동 回去

다음 달 말에 고향에 돌아갈 예정이에요.

下个月月底打算回老家。

 돌아오다 回来

13 들어오다 동 进来

오늘 집에 들어올 때 사과 좀 사 와.

今天回来的时候买点苹果回来。

 들어가다 进去   들어서다 进入

14 사고 명 事故

집에 오는 길에 교통 사고가 나서 병원에 갔다.

回家的路上发生交通事故所以去了医院。

 사고 경위 事故警卫   사고가 나다 发生事故

15 소리　　명 声音

밤에 밖에서 갑자기 이상한 소리가 들려서 깜짝 놀랐다.

晚上在外面突然听见奇怪的声音吓了一跳。

관련어
소리치다 大喊　　　　소리가 나다 发出声音
소리를 지르다 大吼大叫

16 연락하다　　동 联系

고향에 계신 부모님께 자주 연락해요?

经常跟家乡的父母们联系么?

관련어
연락 联系　　　　연락처 联系方式
연락(이) 오다 来了联系　　연락(을) 주다 给联系

17 모습　　명 样子

아이가 자는 모습을 보면 그렇게 예쁠 수가 없어요.

看着孩子睡觉的样子真的很漂亮。

'모습'과 '모양'은 어떤 차이가 있을까요?
'모습(样子)'和'모양(模样)'有什么区别?

'모습'은 사람이나 자연에 대해서 주로 사용해요.
'모습(样子)'主要是用在人还有自然的方面。

예　아버지의 뒷 모습, 어린 아이의 우는 모습
　　爸爸后面的样子, 小孩子哭的样子

반면에, '모양'은 주로 비교적 작은 사물에 대해서 사용해요.
相反'모양(模样)'主要用在相对比较小的事物。

예　강아지 모양 필통, 세모 모양 지우개
　　狗的样子笔筒, 三角形模样的橡皮擦

18 오래되다 형 很久了

오래된 물건을 버리지말고 재활용합시다.

很久的东西不要扔了要再运用。

오래 很久   오래가다 过了很久
오랫동안 很久

19 원인 명 原因

요즘 이혼율이 높아지는 원인이 무엇입니까?

最近的离婚率上升的原因是什么?

20 인간 명 人类

인간은 사회적 동물이다.

人类是社会性动物。

인간적 人类的   인간관계 人际关系

21 잃다 동 丢失

건강을 잃지 않으려면 꾸준한 운동을 해야 한다.

不想失去健康就要坚持运动。

22 자리 명 位置

실례지만, 자리 좀 바꿔 주실 수 있나요?

不好意思，可以给我换一下位置么?

자리가 있다/없다 有位置/没有位置   자리를 바꾸다 换位置

23 조사하다 동 调查

경찰은 이번 사건을 오늘에서야 조사하기 시작했다.

警察对于这次事件今天必须开始展开调查。

조사 调查　　　　　　　　조사되다 被调查
조사 결과 调查结果

24 주민 명 居民

우리 아파트는 주민들의 편의를 위해 노력하고 있습니다.

我们公寓为了居民的便利在努力着。

주민등록증 居民登陆证

25 차이 명 差异

쌍둥이도 많은 면에서 차이가 있는 것으로 나타났다.

就算是双胞胎也是会有差异的。

차이점 差异点

26 책임 명 责任

이 일의 책임을 맡은 사람이 누구지요?

负责这件事的人是哪一位?

책임감 责任感　　　　　　　책임지다 负责人
책임을 묻다 询问责任　　　　책임을 다하다 尽到责任

27 행동하다 동 行动

생각한 것을 행동할 수 있는 용기가 필요해요.

需要把自己的想法付诸于行动的勇气。

행동 行动

28 확인하다 동 确认

공지 사항은 미리 **확인해** 주십시오.

请提前确认一下机场事项。

29 광고 명 广告

텔레비전 **광고**를 보고 찾아오는 손님들이 늘었습니다.

看了电视上的广告找来的客人增多了。

30 급하다 형 着急

급하게 해결해야 할 일이 있어요.

有着急要解决的事情。

 급히 着急　　　　　　성격이 급하다 性格很急

31 실시하다 동 实施

몇 년 전부터 초등학교에서 무료 급식을 **실시하고** 있어요.

很多年以前在小学实施过绝食。

 실시되다 实施了

32 작품 명 作品

이 **작품**은 최고의 걸작으로 평가 받는다.

这个作品被评为杰作。

33 적극적 명 积极的

그 문제를 해결하기 위해 **적극적**인 태도를 취하고 있다.

为了解决这个问题应持有积极的态度。

 소극적 消极

TOPIK에서 혼동하기 쉬운 단어

 **다의어** 多义词

나가다

❶ 出赛

> 예 이번 올림픽에 나가게 되었습니다.
> 这次奥林匹克会出赛。

❷ 出去

> 예 우리 아이는 밖에 나가서 노는 걸 좋아하는 편이에요.
> 我们孩子喜欢出去玩。

❸ 卖出(东西)

> 예 여러 사이트에서 물건이 나가다보니 확인이 어렵습니다.
> 通过不同网页卖出去的物品确认起来很困难。

❹ 离开(公司)

> 예 그런 일로 회사를 나간다니요!
> 因为那种事情离开了公司。

반의어 反义词

거절하다 拒绝 ↔ 승낙하다 答应, 承诺

> 예 다른 사람의 부탁을 잘 거절하지 못하는 성격이다.
> 不能够拒绝别人请求的性格。
>
> 그 사람과의 결혼을 승낙해 주십시오.
> 请同意我跟那个人结婚。

유의어 近意词

사용하다 使用 ≒ 이용하다 利用

> 예 사람처럼 도구를 사용하는 동물도 있습니다.
> 사람처럼 도구를 이용하는 동물도 있습니다.
> 也有别的像人类一样使用工具的动物。

한국어와 중국어를 알맞게 연결해 보세요.
试着将韩国语与中文合适的联系在一起。

1. 확인하다 •		• a. 人类
2. 자료 •		• b. 实施
3. 실시하다 •		• c. 确认
4. 작품 •		• d. 材料
5. 인간 •		• e. 积极的
6. 적극적 •		• f. 作品
7. 잃다 •		• g. 丢失

다음 빈 칸에 알맞은 단어를 〈보기〉에서 골라 쓰세요.
像<例子>一样给下面空的地方选一个合适的单词。

〈보기〉

a. 소리가   b. 급하게   c. 역할을   d. 주의 사항을

8. 이번 대회 참가자들은 (　　　　　) 잘 확인해 주세요.

这次大会的参加者门请注意确认注意事项。

9. 밤에 밖에서 갑자기 이상한 (　　　　　) 들려서 깜짝 놀랐다.

晚上在外面突然听见奇怪的声音吓了一跳。

10. (　　　　　) 해결해야 할 일이 있어요.

有着急要解决的事情。

11. 어떤 (　　　　　) 맡고 있든지 최선을 다해야 한다고 생각합니다.

我觉得不管担任什么角色都要尽最大努力。

정답

DAY 05

확인해 보세요

빨간 시트지로 가리고 단어의 뜻을 알면, □ 에 ✓ 해 보세요.
用印纸将单词的意思遮挡后, 记住的单词在 □ 里划 ✓。

□ 01 **정보** 情报	□ 13 **따르다** 跟随	□ 25 **이해하다** 理解
□ 02 **할인되다** 打折	□ 14 **모집** 招揽	□ 26 **정리하다** 整理
□ 03 **활용하다** 活用	□ 15 **믿다** 相信	□ 27 **방식** 方式
□ 04 **꿈** 梦	□ 16 **부족하다** 不足	□ 28 **감정** 感情
□ 05 **노인** 老人	□ 17 **상태** 状态	□ 29 **과학** 科学
□ 06 **반면** 反面	□ 18 **시민** 市民	□ 30 **나타나다** 出现
□ 07 **자기** 自己	□ 19 **공연** 公演	□ 31 **따로** 另外
□ 08 **키우다** 调大(声音)	□ 20 **여성** 女性	□ 32 **밝히다** 发现
□ 09 **해외** 海外	□ 21 **역사** 历史	□ 33 **벌써** 已经
□ 10 **각종** 各种	□ 22 **예전** 以前	
□ 11 **고민** 苦闷	□ 23 **원하다** 想要	
□ 12 **글** 文章	□ 24 **유지하다** 维持	

DAY 05

 全部是特定的单词，一起学习的话能够得到高分。

01 정보　　　　　　　　　　　　　　　명 情报

많은 정보보다 올바른 정보를 갖는 것이 중요하다.

比起情报多，正确的情报更重要。

 정보실 情报室　　　　　　　정보화 사회 情报化社会

02 할인되다　　　　　　　　　　　　동 打折

혹시 이 식당에서 할인되는 카드를 가지고 있어?

请问在这家饭店有打折卡么？

 할인 打折　　　　　　　　할인율 打折率
할인받다 接受打折　　　　할인제도 打折制度
할인하다 打折

03 활용하다　　　　　　　　　　　　동 活用

인터넷을 활용한 수업을 진행 중입니다.

现在正在进行运用网络的课程。

 활용도 活用度

04 꿈　　　　　　　　　　　　　　　명 梦

꿈이 없는 사람은 불행한 사람이다.

没有梦想的人是不幸的人。

 꿈을 꾸다 做梦　　　　　　꿈을 버리다 扔掉梦想
꿈을 이루다 实现梦想

05 노인　　　　　　　　　　　　　명 老人

노인들을 위한 시설을 더 늘려야겠습니다.

为了老人门要多安装一些设施。

노인 회관　老人会馆

06 반면　　　　　　　　　　　　　명 反面

어디나 좋은 사람도 있는 반면에 나쁜 사람도 있다.

不管在哪里都有好人还有坏人。

07 자기　　　　　　　　　　　　　명 自己

그 사람은 자기 스스로에 대한 자부심이 강한 사람이다.

那个人对自己自负心很强。

자기 개발　自我开发　　　　　　자기 소개서　自我介绍书

08 키우다　　　　　　　　　　　동 调大(声音)

라디오 소리가 너무 작아요. 좀 키워 주세요.

收音机声音太小了，请调大一点。

09 해외　　　　　　　　　　　　　명 海外

이번 연휴에 해외로 출국하는 사람들이 작년보다 늘어났대요.

这次休息打算去海外的人比去年增多了。

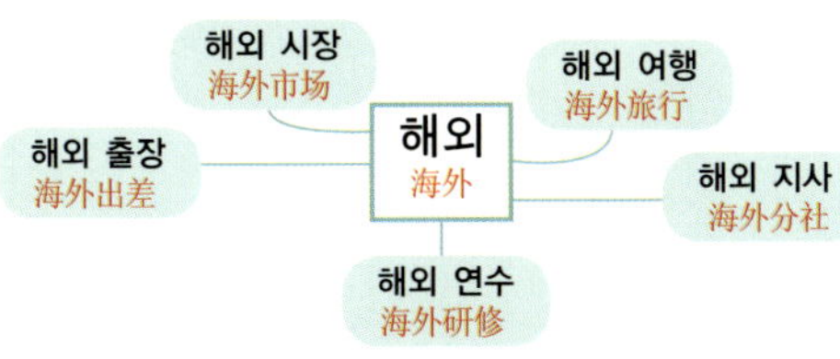

10 각종

각종 여행 상품을 한 자리에 모았습니다.

各种旅行商品汇集到了一起。

각각 各个	각자 各自
각국 各国	각기 各自
각지 各地	

11 고민

밤에 잠을 못 자는 걸 보니 고민이 생겼나 봐요.

晚上睡不着觉看来是有很多苦闷。

고민하다 苦闷

12 글

잘 쓰여진 글은 사람들에게 감동을 줍니다.

写得好的文章会给人们感动。

13 따르다

수영 실력으로는 우리 학교에서 내 동생을 따를 사람이 없어요.

我们学校游泳实力没有能够跟得上我弟弟的人。

14 모집

우리 회사는 능력 있는 직원을 모집 중입니다.

我们公司正在招收有能力的职员。

모집하다 召集

15 믿다　　　　　　　　　　　　　　　　　　　　동 相信

그 친구는 정말 믿을 만한 사람이에요.

那个朋友真的是可以相信的朋友。

 믿음 信任

16 부족하다　　　　　　　　　　　　　　　　　형 不足

시험 볼 때 시간이 너무 부족했어요.

考试的时候时间不够。

 부족 不足

17 상태　　　　　　　　　　　　　　　　　　　명 状态

수술 후 그 사람의 상태는 더 안 좋아졌다.

手术以后那个人的状态更不好了。

18 시민　　　　　　　　　　　　　　　　　　　명 市民

서울시에서는 정책에 시민들의 의견을 반영하고 있다.

在首尔，政策反应了市民的意见。

19 공연　　　　　　　　　　　　　　　　　　　명 公演

예술의 전당에서는 다양한 공연을 개최하고 있습니다.

正在艺术的殿堂召开多样的公演。

 공연장 公演场　　　　　　　공연되다 公演
공연하다 公演

출제 경향 出題傾向

읽기 영역에서 뮤지컬, 콘서트, 연극, 오페라 등의 포스터를 자주 볼 수 있어요.
포스터의 내용을 확인하는 문제로 많이 출제됩니다.

在阅读领域中，音乐会，歌会，演剧，歌剧等的宣传画经常能看得见。
经常会用来出确认宣传画的内容的题目。

20 여성　명 女性

많은 백화점에서는 여성 고객을 잡기 위해 여러가지 이벤트를 한다.

很多百货店为了抓住女性消费者都在搞很多活动。

여성운동가 女性运动家　　　　남성 男性

21 역사　명 历史

한국의 역사를 알고 싶은데 어떤 책이 좋을까요?

想知道韩国的历史哪一本书比较好？

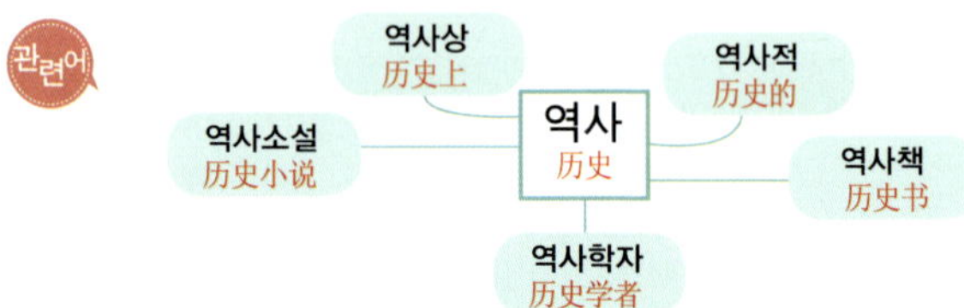

22 예전　명 以前

예전에는 지구가 평평하다고 생각했다.

很久以前人们觉得地球是平的。

23 원하다　동 想要

원하는 일을 하고 있다는 것만으로 행복합니다.

做自己想做的事是很幸福的。

24 유지하다　동 维持

다이어트 후에도 요요현상을 막기 위해 운동량을 유지하고 있다.

减肥以后为了维持效果所以一直保持运动量。

유지 维持　　　　　　　　유지되다 维持了
유지시키다 保持

25 이해하다　동 理解

입장을 바꿔 생각해 보면 상대방을 더 잘 **이해할** 수 있을 거예요.

换个立场想一下，就能比较好的理解那个人了。

이해 理解	이해력 理解力
이해심 理解心	이해되다 理解了
이해시키다 让理解	

26 정리하다　동 整理

고향으로 가기 위해 짐을 **정리하고** 있어요.

为了回家乡在整理行李。

| 정리 整理 | 정리되다 整理了 |

27 방식　명 方式

김 대리와 저는 일하는 **방식**이 서로 달라서 가끔 마찰이 있어요.

我跟金代理的工作方式不一样所以有时候会有摩擦。

28 감정　명 感情

평소에 자신의 생각이나 **감정**을 잘 표현하는 연습이 필요합니다.

平时需要练习表现自己的想法或者感情。

| 감정 조절 感情调节 | 감정적 感情的 |

29 과학　명 科学

과학의 발달로 생활이 편리해졌다.

科学的发达是生活变得便利了许多。

| 과학자 科学者 | 과학적 科学的 |

30 나타나다

동 出现

최근 서울시 산 근처 도로에 맷돼지가 나타났다고 합니다.

最近首尔市附近的道路出现了野猪。

 나타내다 表现

31 따로

부 另外

저는 부모님과 따로 살고 있어요.

我跟父母分开住。

32 밝히다

동 发现

강이 오염된 원인이 밝혀졌다고 합니다.

江水被污染的原因被发现了。

33 벌써

부 已经

벌써 10시네요. 이제 그만 집에 가야겠어요.

已经10点了，要回家了。

다의어 多义词

나다

❶ 出现(传闻)

예 본인도 모르게 소문이 났던 것 같아요. 本人都不知道的传闻就这么穿出来了。

❷ 流出(鼻水或者咳嗽)

예 아침부터 기침도 나고 콧물도 났어요. 从早上开始又咳嗽又流鼻水的。

❸ 发(火)

예 아무리 화가 나도 참아야지요. 不管怎么生气都要忍。

❹ 出现(故障)

예 핸드폰이 고장 나서 서비스센터에 다녀왔어요. 手机故障了所以去了售后中心。

❺ 出(声音)

예 저쪽에서 무슨 소리가 나는 것 같지 않아요? 你没听见那边有什么声音?

❻ 起(火)

예 어제 옆동에서 불이 나서 사람이 죽었대요. 昨天在东边起火了死了人了。

❼ 有(味道)

예 아까부터 이상한 냄새가 나는걸요. 刚才开始就一直有奇怪的味道。

반의어 反义词

게으르다 懒的 ↔ 부지런하다 勤快

예 게으른 사람은 성공할 수 없다.
懒惰的人是成功不了的。

부지런하게 일하다 보면 너에게도 기회가 생길 것이다.
勤快点工作对你可能会有别的机会。

유의어 近意词

상의하다 商议 ≒ 의논하다 议论

예 유학을 갈지 안 갈지 부모님과 상의한 후에 결정할 거예요.
유학을 갈지 안 갈지 부모님과 의논한 후에 결정할 거예요.
留学是去还是不去跟父母商议后再决定。

한국어는 중국어로, 중국어는 한국어로 써 보세요.
国语用中文，中文用韩国语试着写一下。

1. 과학	__________	**6.** 梦	__________
2. 믿다	__________	**7.** 活用	__________
3. 따르다	__________	**8.** 方式	__________
4. 이해하다	__________	**9.** 以前	__________
5. 부족하다	__________	**10.** 已经	__________

문장이 자연스럽도록 둘 중에서 알맞은 단어를 고르세요.
从下面两个中选一个最适合的单词让整个句子自然起来。

11. 다이어트 후에도 요요현상을 막기 위해 운동량을 (a.정리하고 / b.유지하고) 있다.

减肥以后为了维持效果所以一直保持运动量。

12. 수술 후 그 사람의 (a.정보 / b.상태)는 더 안 좋아졌다.

手术以后那个人的状态更不好了。

13. 강이 오염된 원인이 (a.밝혀졌다고 / b.키워졌다고) 합니다.

江水被污染的原因被发现了。

14. (a.원하는 / b.나타나는) 일을 하고 있다는 것만으로 행복합니다.

做自己想做的事是很幸福的。

15. 밤에 잠을 못 자는 걸 보니 (a.감정 / b.고민)이 생겼나 봐요.

晚上睡不着觉看来是有很多苦闷。

정답

1.科学　2.相信　3.跟随　4.理解　5.不足　6.꿈　7.활용하다　8.방식　9.예전　10.벌써
11.b　12.b　13.a　14.a　15.b

아래 단어를 보고 빈 칸에 뜻을 적어 보세요. 그리고 점선대로 접어서 적은 뜻이 맞는지
확인해 보세요. (만일 틀렸다면 뒷면의 단어 앞 ☐ 에 ✓ 하세요.)
将下列单词的意思写在空白处。并按虚线折起后，确认写下的单词意思是否正确。(如果错了，在
背面的单词前的 ☐ 里划 ✓ 。)

▼접는선

단어	뜻
느끼다	
관심	
가능하다	
경우	
선택하다	
관리	
어리다	
불편하다	
버리다	
직장	
참가하다	
무료	
제대로	
충분하다	
포함되다	
확인하다	
역할	
주의 사항	
잃다	
적극적	
믿다	
따르다	
꿈	
상태	
유지하다	

빈 칸에 한국어 단어를 3번 적고 다시 외워 봅시다.

将韩语单词写在空格处，重复三次并背诵。

◀접는선

뜻
☐ 感觉
☐ 关心, 兴趣
☐ 可能, 可以
☐ 情况
☐ 选择
☐ 管理
☐ 幼小的
☐ 不便
☐ 扔掉
☐ 职场
☐ 参加
☐ 免费
☐ 应当的
☐ 充分
☐ 包含
☐ 确认
☐ 角色
☐ 注意事项
☐ 丢失
☐ 积极的
☐ 相信
☐ 跟随
☐ 梦
☐ 状态
☐ 维持

단어		

DAY 06

확인해 보세요

빨간 시트지로 가리고 단어의 뜻을 알면, ☐ 에 ✓ 해 보세요.
用印纸将单词的意思遮挡后, 记住的单词在 ☐ 里划 ✓。

☐ 01	**삶**	人生	☐ 13	**기능**	技能	☐ 25	**동료**	同僚
☐ 02	**성격**	性格	☐ 14	**꾸준히**	一直的	☐ 26	**떠나다**	离开
☐ 03	**습관**	习惯	☐ 15	**맛**	味道	☐ 27	**그만두다**	停止不做了
☐ 04	**업무**	业务	☐ 16	**신경**	神经	☐ 28	**무조건**	无条件
☐ 05	**위험하다**	危险	☐ 17	**심각하다**	严重	☐ 29	**물론**	当然
☐ 06	**자녀**	子女	☐ 18	**인정하다**	认证	☐ 30	**바라다**	希望
☐ 07	**자연스럽다**	自然的	☐ 19	**진행되다**	进行	☐ 31	**발명되다**	发明
☐ 08	**치료하다**	治疗	☐ 20	**하루**	一天	☐ 32	**방문**	访问
☐ 09	**함께**	一起	☐ 21	**행복하다**	幸福	☐ 33	**방송**	放松
☐ 10	**혼자**	自己	☐ 22	**적당하다**	适当			
☐ 11	**등등**	等等	☐ 23	**정부**	政府			
☐ 12	**국내**	国内	☐ 24	**내리다**	下			

DAY 06

 全部是特定的单词，一起学习的话能够得到高分。

01 삶   명 人生

우리 삶에서 제일 중요한 것이 무엇인지 잘 생각해 봐야 한다.

我们需要好好的想一想在我们的人生中什么是最重要的。

 살다 生活

02 성격   명 性格

그 사람은 성격이 좋아서 친구가 많은 편이다.

那个人的性格很好所以朋友很多。

관련어 성격에 맞다 性格合适

03 습관   명 习惯

어릴 때부터 좋은 습관을 키우는 것은 매우 중요하다.

从小养成好习惯很重要。

04 업무   명 业务

요즘 그 사람은 회사 업무 때문에 정신없이 바쁘다.

最近那个人因为公司业务忙得焦头烂额。

관련어 업무내용 业务内容   업무시간 业务时间

05 위험하다   형 危险

이 곳은 깊어서 어린 아이가 수영하기에 위험합니다.

这里很深所以小孩子在这里游泳会很危险。

 위험 危险   위험성 危险性

06 자녀

명 子女

자녀에 대한 부모의 큰 기대가 오히려 자녀를 망칠 수 있다.

对于子女父母的过大的期待反而容易毁掉子女。

출제 경향 出題倾向

교육과 관련된 주제의 문제가 자주 나옵니다. 예를 들면, 자녀의 교육 문제, 입시 문제, 청소년 비행 문제 등이 나오고 주로 중심생각을 묻거나 글쓴이의 태도를 묻는 질문이 많은 편입니다.

经常会出跟教育有关系的主题的问题, 比如, 子女的教育问题, 入学考试问题, 青少年叛逆问题等, 主要问一些中心思想或者是作者的态度的问题。

07 자연스럽다

형 自然的

외국어를 배울 때는 자연스럽게 말하는 연습이 필요합니다.

学习外语的时候需要自然的说话练习。

 자연적 自然的　　　　　　　자연현상 自然现象

08 치료하다

동 治疗

이는 조금 썩었을 때 빨리 치료해야 합니다.

牙齿烂了一点就要马上去治疗。

 치료 治疗

09 함께

부 一起

친구들과 함께 극장에 갔습니다.

和朋友们一起去了剧场。

10 혼자

명 自己

혼자 밥을 먹으면 맛이 없어요.

自己吃饭没有味道。

 혼자서 自己　　　　　　　둘이서 两个人
셋이서 三个人

11 등등 명 等等

한국의 환경, 경제, 산업 기타 등등에 대해 정리한 자료를 보내
드리겠습니다.

关于韩国的环境，经济，产业其他等等整理好之后会发给你。

12 국내 명 国内

추천할 만한 국내 여행지는 어디일까요?

推荐几个国内的旅行地是哪里？

국내외 国内外

13 기능 명 技能

이 컴퓨터에는 새로운 기능이 추가되었다고 합니다.

这个电脑里追加了新的技能。

14 꾸준히 부 一直的

꾸준히 노력하면 언젠가는 합격할 거예요.

一直努力的话一定会合格的。

꾸준하다 一直

15 맛 명 味道

국이 다 됐는데, 맛 좀 볼래?

汤都做好了尝尝味道？

맛에는 또 뭐가 있을까요?
还有什么味道？

단맛(甜), 매운 맛(辣), 신맛(酸), 쓴맛(苦), 짠맛(咸) 등이 있어요.

16 신경　명 神经

요즘 너무 바빠서 가족들을 신경 쓸 정신이 없어요.

最近很忙所以没有精力为家人费神。

 신경을 쓰다　费神

17 심각하다　형 严重

환경 오염이 점점 심각해지고 있다.

环境污染在慢慢变严重。

18 인정하다　동 认证

그 사람의 그림을 직접 본다면 실력을 인정할 수밖에 없다.

如果直接看见那个人的画就一定会认证那个人的实力。

 인정받다　得到认证

19 진행되다　동 进行

아침 9시부터 오후 6시까지 진행된 행사에 많은 사람들이 참여했습니다.

早上九点开始到下午六点进行的活动有很多人参与。

 진행　进行　　　　진행자　进行者
진행하다　进行

20 하루　명 一天

하루에 물을 7잔 마시면 좋대요.

一天要喝7杯水对身体好。

 하루종일　一整天

21 행복하다

형 幸福

사람들은 모두 **행복한** 삶을 살고 싶어합니다.

每个人都想幸福的生活。

행복 幸福	불행 不幸
행복감 幸福感	불행하다 不幸

22 적당하다

형 适当

적당한 실내 온도는 20도라고 한다.

最适当的室内温度是20度。

적당히 适当的

23 정부

명 政府

이번 **정부**는 국민들로부터 많은 지지를 받고 있다.

这次政府从国民那里到了很多的支持。

24 내리다

동 下

주사를 맞자 열이 **내렸어요.**

打针以后热退下来了。

25 동료

명 同僚

직장 **동료**들과 좋은 관계를 유지하고 있다.

要与职场同僚维持友好关系。

26 떠나다

동 离开

최근 고향을 **떠나는** 사람들이 많아지고 있다.

最近离开家乡的人在慢慢变多。

27 그만두다　　　　　동 停止不做了

다음 달부터 아르바이트를 그만두려고요.

从下个月开始打算不做打工了。

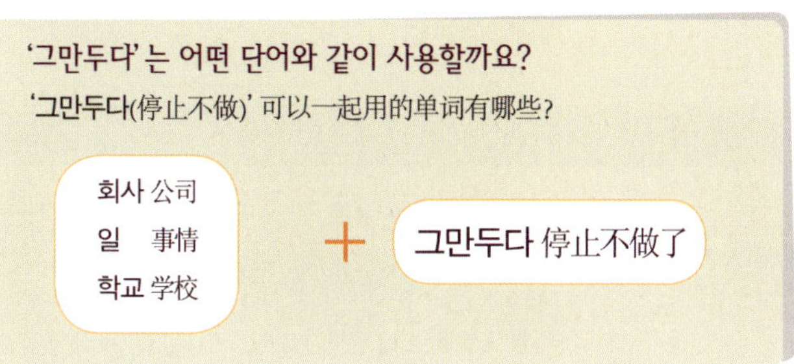

28 무조건　　　　　부 无条件

무조건 아이를 야단치치 말고 왜 그런 행동을 했는지 물어 보세요.

不要无条件的批评孩子，要问清楚为什么那么做。

29 물론　　　　　부 当然

그 사람은 영어는 물론 한국어도 잘해요.

那个人的英语很好当然韩国语也很好。

30 바라다　　　　　동 希望

건강하고 행복하게 지내기를 바랍니다.

希望健康幸福的生活。

 바람 希望

31 발명되다　　　　　동 发明

최근에 전기로 가는 자동차가 발명되었다.

最近发明了用电发动的汽车。

 발명 发明　　　　　발명가 发明家
발명품 发明品

오늘 오후 3시에 방문이 가능할까요?

今天下午3点可以去访问么?

 방문객 访问客　　　　　방문하다 访问

어제 라디오 방송에 제 사연이 소개됐어요.

昨天收音机里介绍了我的事情。

 방송국 放送局　　　　　방송사 放送社
방송인 放送人　　　　　방송되다 放送了

다의어 多义词

나오다

❶ 推出(新产品)
예 새 모델이 곧 나온다고 하니까 조금 더 기다렸다가 사요.
新模特马上就要推出，请在等一下。

❷ 出现(广告)
예 영화가 시작되기 전에는 항상 광고가 나옵니다.
电影开始以前经常会出现广告。

❸ 参加(聚会)
예 동창회에 빠지지 않고 나오는 사람은 10명도 안 돼요.
校友会每次都参加不缺席的人连十个人都不到。

❹ 发出(声音)
예 요즘 무리를 했더니 어제부터 목소리가 나오지 않아요.
最近太勉强了所以从昨天开始就不能发声了。

❺ 放射(电磁波)
예 전자파가 나오니까 전자레인지 앞에 서 있지 마세요.
会有电磁波所以不要在微波炉旁边站着。

반의어 反义词

귀하다 宝贵的 ↔ 흔하다 有的是

예 내 자식이 귀하면 남의 자식도 귀한 법이다.
珍惜自己的孩子才会珍惜别人的孩子。

1975년에 가장 흔한 여자 이름은 '미영' 이었다.
1975年叫得最多的名字就是 '美英' 。

유의어 近意词

마침내 终于 ≒ 드디어 终于

예 마침내 기다리고 기다리던 대학교 시험 결과가 발표되었다.
드디어 기다리고 기다리던 대학교 시험 결과가 발표되었다.
等来等去大学考试结果终于发表了。

한국어와 중국어를 알맞게 연결해 보세요.
试着将韩国语与中文合适的联系在一起。

정답

1. 자녀	•	•	a. 性格
2. 내리다	•	•	b. 味道
3. 맛	•	•	c. 子女
4. 적당하다	•	•	d. 神经
5. 자연스럽다	•	•	e. 下
6. 신경	•	•	f. 自然的
7. 성격	•	•	g. 适当

다음 빈 칸에 알맞은 단어를 〈보기〉에서 골라 쓰세요.
像<例子>一样给下面空的地方选一个合适的单词。

> 〈보기〉
>
> a. 치료해야   b. 꾸준히   c. 행복한   d. 정부는

8. (   ) 노력하면 언젠가는 합격할 거예요.
一直努力的话一定会合格的。

9. 이는 조금 썩었을 때 빨리 (   ) 합니다.
牙齿烂了一点就要马上去治疗。

10. 사람들은 모두 (   ) 삶을 살고 싶어합니다.
每个人都想幸福的生活。

11. 이번 (   ) 국민들로부터 많은 지지를 받고 있다.
这次政府从国民那里到了很多的支持。

정답

1.c 2.e 3.b 4.g 5.f 6.d 7.a 8.b 9.a 10.c 11.d

DAY 07

확인해 보세요

빨간 시트지로 가리고 단어의 뜻을 알면, ☐ 에 ✓ 해 보세요.
用印纸将单词的意思遮挡后, 记住的单词在 ☐ 里划 ✓。

☐ 01 붙다	贴着	☐ 13 조건	条件	☐ 25 거의	几乎
☐ 02 비슷하다	相似的	☐ 14 조심하다	小心	☐ 26 결국	结果
☐ 03 상담하다	商谈	☐ 15 즐기다	享受	☐ 27 공공장소	公共场所
☐ 04 시설	设施	☐ 16 증가하다	曾加	☐ 28 관광객	观光客
☐ 05 실수	失误	☐ 17 취업하다	就业	☐ 29 기대하다	期待
☐ 06 안전하다	安全的	☐ 18 팔다	卖	☐ 30 대신하다	代替
☐ 07 없애다	消灭	☐ 19 프로그램	项目, 栏目	☐ 31 대중교통	大众交通
☐ 08 자격	资格	☐ 20 피하다	避开	☐ 32 미리	预先, 提前
☐ 09 작가	作家	☐ 21 넘다	超过	☐ 33 반응	反映
☐ 10 전하다	转	☐ 22 발길	脚步		
☐ 11 제공하다	提供	☐ 23 가득하다	充满		
☐ 12 제시하다	出示	☐ 24 가지다(=갖다)	带着, 拥有		

 관련어 全部是特定的单词，一起学习的话能够得到高分。

01 붙다 　　　　　　　　　　　　　　　　　　　　　　동 贴着

옷에 껌이 붙었는데 어떻게 해야 할지 모르겠다.

衣服黏上口香糖了不知道应该怎么处理。

02 비슷하다 　　　　　　　　　　　　　　　　　　　형 相似的

나와 우리 언니는 성격이 비슷하다.

我个姐姐的性格差不多。

03 상담하다 　　　　　　　　　　　　　　　　　　　동 商谈

공부 방법에 대해서 선생님께 상담하러 갈 것이다.

关于学习的方法去跟老师商谈以下。

관련어
상담 商谈　　　　　　　상담 전문가 商谈专家
상담 창구 商谈窗口　　상담소 商谈所
상담원 商谈员

04 시설 　　　　　　　　　　　　　　　　　　　　　명 设施

우리 병원은 국내 최고의 시설을 자랑합니다.

我们医院拥有国内最先进的仪器。

관련어
시설물 仪器设施

05 실수 　　　　　　　　　　　　　　　　　　　　　명 失误

실수를 무서워하면 큰 일을 할 수 없어요.

害怕失误干不了大事。

관련어
실수하다 失误

06 안전하다 [형] 安全的

운전할 때는 휴대전화를 사용하지 않는 것이 안전하다.

开车的时候安全起见不要使用手机。

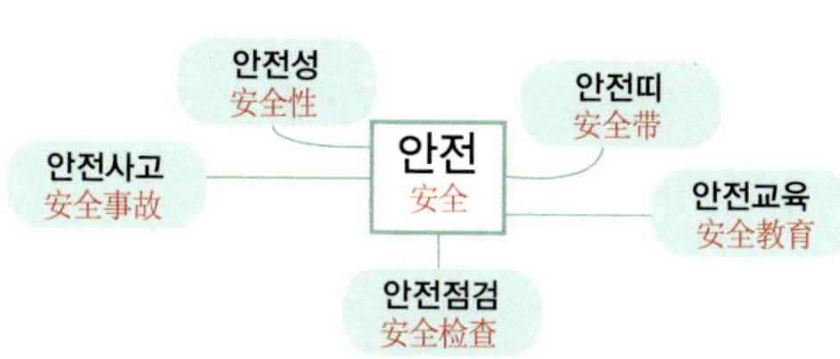

07 없애다 [동] 消灭

남녀 차별을 없애기 위해 많은 사람들이 노력해야 한다.

为了消除男女差别很多人在努力着。

08 자격 [명] 资格

입사 지원 자격이 어떻게 되나요?

入社资格怎么样?

자격증 资格证

출제 경향 出題傾向

'자격'은 공고문에 항상 나오는 단어입니다. 다음 단어의 의미를 꼭 확인하세요.
'资格'是公告文里最经常出现的单词, 下面单词的意义一定要好好确认。

참가자격(参加资格), 응모자격(应征资格), 출전자격(出展资格), 자격요건(资格条件)

09 작가 [명] 作家

헤리포터를 쓴 작가가 한국을 방문할 것이라고 한다.

哈利波特的作者要来访问韩国。

글쓴이 作家

10 전하다 동 转

지현 씨에게 안부 좀 전해 주세요.

请转问智贤最近好么。

11 제공하다 동 提供

대회 참가자에게는 도시락과 물을 제공해 드립니다.

给参加大会的人提供盒饭和水。

 제공 提供　　　　　　　　제공되다 提供了

12 제시하다 동 出示

이 문제는 해결책을 제시하기가 힘들다.

这个问题很难出示解决策略。

 제시되다 出示了

13 조건 명 条件

이 회사에 지원하려면 어떤 조건을 갖춰야합니까?

想要支援这个公司需要具备什么条件?

14 조심하다 동 小心

길이 미끄러우니 조심해서 걸어야 합니다.

路很滑请注意小心行走。

15 즐기다 동 享受

이 운동은 남녀노소 누구나 즐길 수 있어요.

这个运动不管男女老少都很享受。

16 증가하다 동 增加

최근 이혼율이 증가하는 원인이 무엇입니까?

最近离婚率增加的原因是什么?

관련어 증가 增加 　　　　증가폭 增加幅

출제 경향 出題倾向

읽기와 쓰기에서는 그래프 문제가 자주 출제됩니다. 그래프 문제를 풀기 위해서는
在阅读还有写作中图标问题中经常出现。为了解决图标问题,

이상(以上), 이하(一下), 경향(趋势), 비중(比重), 비율(比率), 수치(数值),
대상(对象), N별(지역별, 성별)(N别(地方别, 性别)), 증가하다(增加), 감사하다(感谢)

등의 단어를 공부해야 합니다.
等的单词要一起学习。

17 취업하다 동 就业

요즘 대학을 졸업해도 취업하기가 쉽지 않습니다.

最近即使是大学毕业也很难就业。

관련어

취업 就业 　　　　　　실업 失业

취업생 就业生 　　　　실업자 失业者
취업률 就业率 　　　　실업률 失业率
여성취업 女性就业 　　청년실업 青年失业

18 팔다 동 卖

컴퓨터 부품을 파는 데가 어디에 있어요?

哪里有卖电脑配件的?

19 프로그램 명 项目, 栏目

이번 주말에 볼 수 있는 TV 프로그램을 확인해 보세요.

确认一下这个周末能够看得电视剧栏目。

20 피하다 동 避开

자전거를 피하려다가 넘어졌어요.

为了避开自行车摔倒了。

21 넘다 동 超过

6시가 넘으면 우체국은 문을 닫아요.

超过6点以后邮电局就关门了。

22 발길 명 脚步

제주도를 찾는 사람들의 발길이 이어지고 있습니다.

找济州岛的人们的脚步一个接一个。

 발걸음 脚步

23 가득하다 형 充满

웃음이 가득한 집에는 행복이 찾아온다.

充满笑声的家幸福会找来。

 가득 充满　　　　　　가득히 充满的

24 가지다(=갖다) 동 带着, 拥有

꿈을 가지고 도전해 보세요.

带着梦想试着挑战一下。

'가지다'는 어떤 단어와 같이 사용할까요?

和'가지다(带着, 拥有)'可以一起用的单词有哪些?

꿈 梦想
희망 希望
관심 关心
자신감 自信感

+　　가지다 带着, 拥有

25 거의 뷔几乎

거의 한 달 내내 비가 오는 것 같다.

几乎是一个月下一次雨。

26 결국 뷔结果

무리하게 일을 하다가 결국 병에 걸렸습니다.

过度的工作结果生病了。

27 공공장소 명公共场所

공공장소에서는 담배를 피울 수 없습니다.

在公共场合不能吸烟。

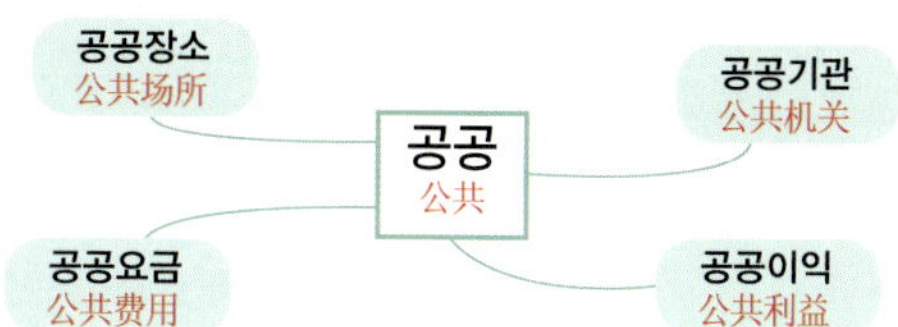

28 관광객 명观光客

한국을 찾는 외국인 관광객이 늘었다고 합니다.

来韩国观光的客人增加了。

관광지 观光地   관광 명소 观光名所

29 기대하다 동期待

이번 시험에 합격하기를 기대하겠습니다.

期待这次考试的合格。

기대 期待   기대치 期待值

30 대신하다 동 代替

누구도 다른 사람의 인생을 대신해서 살아 줄 수는 없어요.

谁都不能代替别人生活。

 대신 代替

31 대중교통 명 大众交通

더욱 편리하게 대중교통을 이용할 수 있도록 정부에서 노력을 기울이고 있다.

为了能够使用到更便利的交通政府在竭尽全力。

 대중 大众 　　　　　　대중적 大众的
대중매체 大众媒体

32 미리 부 预先, 提前

시험까지 아직 시간이 많이 남았지만 미리 준비해 놓으세요.

虽然离考试还有很多时间但是预先做好准备。

33 반응 명 反映

이번 사건에 대한 사람들의 반응은 다 다르다.

这次与事件有关的人的反映都不一样。

 반응하다 反映

 **다의어** 多义词

낫다

❶ 病好了
예 할머니의 병이 나아서 다행이에요.
奶奶的病恢复了真是太好了。

❷ 比别人好
예 부모님에게 하는 것을 보면 동생이 나보다 나을 때가 있어요.
在对父母方面妹妹有时候比我强。

반의어 反义词

긍정적 肯定的 ↔ 부정적 否定的

예 이번 일에 대해서는 긍정적으로 검토해 보겠습니다.
这次的事情会抱有积极的态度检查的。

부정적인 사고 방식으로는 성공할 수 없습니다.
想事情总是持有否定的态度是不会成功的。

유의어 近意词

결심하다 决心 ≒ 마음먹다 下决心

예 이제부터 열심히 공부하기로 결심했습니다.
이제부터 열심히 공부하기로 마음먹었습니다.
现在开始说好了好好学习。

한국어는 중국어로, 중국어는 한국어로 써 보세요.
韩国语用中文，中文用韩国语试着写一下。

1. 비슷하다	_______	6. 失误	_______
2. 상담하다	_______	7. 作家	_______
3. 증가하다	_______	8. 就业	_______
4. 공공장소	_______	9. 反映	_______
5. 대중교통	_______	10. 提供	_______

문장이 자연스럽도록 둘 중에서 알맞은 단어를 고르세요.
从下面两个中选一个最适合的单词让整个句子自然起来。

11. 우리 병원은 국내 최고의 (a.시설을 / b.발길을) 자랑합니다.

我们医院拥有国内最先进的仪器。

12. 이 회사에 지원하려면 어떤 (a.관계를 / b.조건을) 갖춰야 합니까?

想要支援这个公司需要具备什么条件?

13. 운전할 때는 휴대전화를 사용하지 않는 것이 (a.안전하다 / b.불편하다).

开车的时候安全起见不要使用手机。

14. 자전거를 (a.피하려다가 / b.제시하려다가) 넘어졌어요.

为了避开自行车摔倒了。

15. 이번 시험에 합격하기를 (a.대신하겠습니다 / b.기대하겠습니다).

期待这次考试的合格。

정답

1.相似的　2.商谈　3.增加　4.公共场所　5.大众交通　6.실수　7.작가　8.취업하다　9.반응　10.제공하다
11.a　12.b　13.a　14.a　15.b

DAY 08

확인해 보세요

빨간 시트지로 가리고 단어의 뜻을 알면, □에 ✓ 해 보세요.
用印纸将单词的意思遮挡后, 记住的单词在 □ 里划 ✓。

□	01	**봉사하다**	奉献	□	13	**지나치다**	过分的	
□	02	**서비스**	服务	□	14	**지원하다**	志愿	
□	03	**스트레스**	压力	□	15	**청소년**	青少年	

□ 01 **봉사하다** 奉献　　□ 13 **지나치다** 过分的　　□ 25 **담다** 盛, 装

□ 02 **서비스** 服务　　□ 14 **지원하다** 志愿　　□ 26 **도시** 城市

□ 03 **스트레스** 压力　　□ 15 **청소년** 青少年　　□ 27 **뛰다** 跑

□ 04 **시청** 视听　　□ 16 **추억** 回忆　　□ 28 **분위기** 氛围, 气氛

□ 05 **신문** 新闻　　□ 17 **현재** 现在　　□ 29 **빛** 光

□ 06 **움직이다** 活动, 移动　　□ 18 **활동하다** 活动　　□ 30 **생명** 生命

□ 07 **가격** 价格　　□ 19 **희망하다** 希望　　□ 31 **세탁하다** 洗(衣服)

□ 08 **전통** 传统　　□ 20 **관람하다** 参观　　□ 32 **안정** 安定

□ 09 **젊다** 年轻　　□ 21 **기준** 基准　　□ 33 **어울리다** 合适

□ 10 **점** 点　　□ 22 **감상하다** 感想

□ 11 **정확하다** 正确　　□ 23 **경쟁** 竞争

□ 12 **주문하다** 点菜　　□ 24 **공기** 空气

DAY 08

全部是特定的单词，一起学习的话能够得到高分。

01 봉사하다   동 奉献

이번 방학 때는 농촌에 가서 **봉사하려고** 해요.

这次假期的时候打算去农村参加奉献活动。

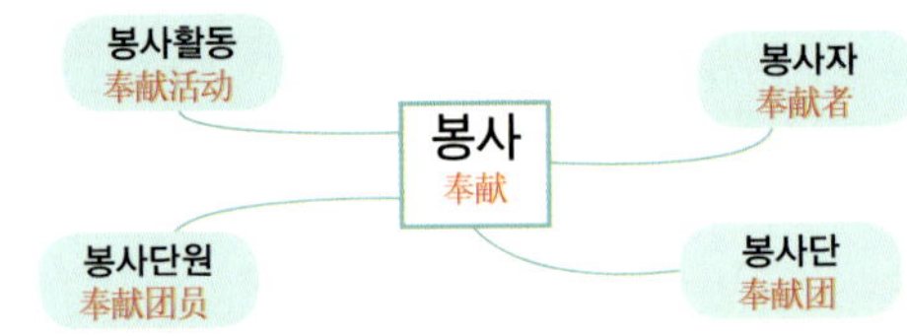

02 서비스   명 服务

백화점은 시장보다 물건값이 비싸기는 하지만 더 좋은 **서비스**를 받을 수 있다.

百货店虽然比市场的价格高但是可以得到很好的服务。

03 스트레스   명 压力

요즘에 **스트레스**를 너무 많이 받아서 밤에 잠이 잘 안 온다.

最近压力很大晚上常常失眠。

04 시청   명 视听

하루에 한 시간 이상의 TV **시청**은 시력에 좋지 않다고 한다.

一天看电视机超过一小时对视力不好。

시청률 收视率   시청자 视听者

05 신문 명 报纸

매일 **신문**을 읽으면 요즘 어떤 일이 있는지 잘 알 수 있어요.

每天读报纸能够知道很多最近的事情。

 **신문지** 报纸　　　　　　　　**신문기사** 新闻报道

06 움직이다 동 活动, 移动

다리를 다쳐서 **움직이는** 것이 힘들어요.

腿受伤了所以动起来很困难。

 **움직임** 活动

07 가격 명 价格

최근 서울의 아파트 **가격**이 떨어졌습니다.

最近首尔公寓的价格落了很多。

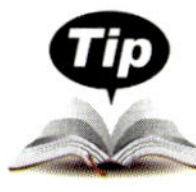

'가격'과 비슷한 뜻을 가진 단어는 뭐가 있을까요?

和'가격(价格)'相似的意思的单词有哪些?

단어	예
금액 价格	계약 금액, 보험 금액 预约价格, 保护价格
비용 费用	수술 비용, 이사 비용 手术费用, 搬家费用
N값 N价	기름값, 커피값 油价, 咖啡价
요금 资费	핸드폰 요금, 전기 요금, 수도 요금 手机资费, 电费, 水费
N료 N费	전기료, 수도료, 도시가스료 电费, 水费, 煤气费, 手术费
N비 N费	버스비, 목욕비 大巴费, 沐浴费

08 전통

명 传统

나라마다 전통을 지키고자 많은 노력을 하고 있다.

每个国家都在为了能够遵守传统而努力着。

전통적 传统的　　　　　　　전통 악기 传统乐器
전통 문화 传统文化　　　　　전통 연구소 传统研究所

09 젊다

형 年轻

나이보다 정말 젊어 보이시네요.

看上去比实际年龄要年轻很多。

젊음 年轻　　　　　　　　　젊은이 小伙子
젊은 사람 年轻人　　　　　　젊은 시절 年轻时期

10 점

명 点, 地方

궁금한 점이 있으면 언제든지 연락해 주시기 바랍니다.

有不懂的地方随时跟我联系。

11 정확하다

동 正确

정확하고 자세한 설명 부탁드립니다.

请给我正确的详细的解释。

정확 正确　　　　　　　　　정확히 正确的

12 주문하다

동 点菜

손님, 주문하신 음료 나왔습니다.

顾客您点的饮料来了。

주문 点菜

13 지나치다

동 过分的

이 물건이 좋기는 하지만 지나치게 비싸지 않아요?

这个东西是很好但是不会过分太贵了么?

14 지원하다　　　　　　　　　　　　　　　　　　동 志愿

그 대학교에 **지원하려면** 뭐가 필요합니까?

我的志愿是去那个学校需要什么?

 지원 志愿　　　　　　　　지원서 志愿书
지원자 志愿者

15 청소년　　　　　　　　　　　　　　　　　　　명 青少年

청소년들을 대상으로 하는 음악회가 열립니다.

专门为青少年开展的音乐会。

출제 경향 出題傾向

청소년 관련 문제는 최근에 한국에서 일어나는 여러 문제들에 대한 내용이 많습니다.
跟青少年有关的问题, 是最近在韩国发生的各种问题中内容最多的问题。

폭력(暴力), 흡연(吸烟), 집단 따돌림(群架), 교사의 체벌 논란(教师的体罚) 등에 대한 주제가 나오고 있습니다.

16 추억　　　　　　　　　　　　　　　　　　　　명 回忆

사진을 보니 학교 다닐 때 **추억**이 떠오른다.

看了照片浮现起来上学时候的回忆。

17 현재　　　　　　　　　　　　　　　　　　　　명 现在

현재 상영되는 영화 중에 뭐가 제일 인기 있어요?

现在上映的电影中人气最高的是哪一个?

18 활동하다　　　　　　　　　　　　　　　　　　동 活动

고양이는 주로 밤에 **활동하는** 동물입니다.

猫主要是晚上起来活动的动物。

 활동 活动　　　　　　　　활동량 活动量
활동내용 活动内容

19 희망하다　　　　　　　　　　　　　　　　　　　　　　동 希望

이 회사에 입사하기를 **희망하고** 있습니다.

希望能够进那间公司。

희망 希望　　　　　　　　　　희망자 希望者

20 관람하다　　　　　　　　　　　　　　　　　　　　　　동 参观

공연을 **관람하려는** 사람들이 길게 늘어서 있다.

想要参观那个公演人们排了很长的队。

관람객 观众　　　　　　　　　　관람권 入场券

21 기준　　　　　　　　　　　　　　　　　　　　　　　　명 基准

신입 사원을 뽑는 **기준**을 알려 주세요.

请告诉我公司招聘新人的条件。

22 감상하다　　　　　　　　　　　　　　　　　　　　　　동 感想

이 수업은 한국의 현대시를 이해하고 **감상하는** 수업입니다.

这个课是理解韩国的现代史然后进行感想的课程。

감상 感想　　　　　　　　　　감상문 感想文
감상평 感想篇

23 경쟁　　　　　　　　　　　　　　　　　　　　　　　　명 竞争

매년 입시 **경쟁**이 심해지고 있습니다.

每年的入学考试竞争都很大。

경쟁력 竞争力

24 공기　　　　　　　　　　　　　　　　　　　　　　　　명 空气

실내의 **공기**를 바꾸었더니 머리가 아프지 않습니다.

换了室内的空气头就不疼了。

25 담다　　　　　　　　　　　　　　　　　　　　　동 盛, 装

이 소설은 젊은 세대의 여러 가지 고민을 **담고** 있습니다.

这个小说承载了年轻时候的很多苦闷。

26 도시　　　　　　　　　　　　　　　　　　　　　명 城市

도시 생활에 지쳐서 시골로 내려가는 사람들이 증가하는 추세다.

城市生活太累而去农村生活的人有增长的趋势。

 도심 城市中心　　　　시골 乡村

27 뛰다　　　　　　　　　　　　　　　　　　　　　동 跑

학교에 늦을 것 같은데 우리 **뛸까**?

要迟到了我们跑跑吧。

뛰어가다 跑过去　　　　뛰어오다 跑过来
뛰어내리다 跑下来　　　뛰어다니다 跑着走
뛰어나가다 跑出去

28 분위기　　　　　　　　　　　　　　　　　　　　명 氛围, 气氛

이 식당의 **분위기**가 마음에 들어서 자주 온다.

喜欢这个饭店的气氛所以经常去。

29 빛　　　　　　　　　　　　　　　　　　　　　　명 光

길을 잃었지만 멀리 보이는 **빛**을 보고 다시 길을 찾을 수 있었다.

虽然迷路了但是看着远处的光也能找到路。

 빛나다 发光

30 생명　　　　　　　　　　　　　　　　　　　　　명 生命

그 의사는 환자의 **생명**을 살리기 위해 노력했다.

那个医生在为了抢救病人的生命而努力着。

 생명력 生命力

31 세탁하다

동 洗(衣服)

옷에 김치가 묻었을 때 빨리 세탁하면 없앨 수 있어요.

衣服上沾上了泡菜的时候马上洗就可以消除了。

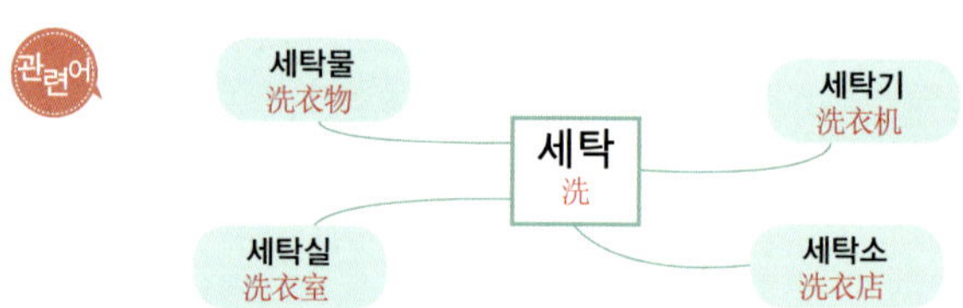

32 안정

명 安定

정부는 물가 안정을 위해서 노력하고 있다.

政府为了让物价安定在做努力。

관련어

안정성 安定性　　　　　안정적 安定的
안정되다 得以安定　　　　안정시키다 使安定

33 어울리다

동 合适

이 옷은 이 신발과 전혀 어울리지 않아요.

这件衣服跟鞋子一点都不合适。

 **다의어** 多义词

두다

❶ 有 / 生(孩子)

예 요즘은 아이를 셋 **둔** 집이 많이 는 것 같아요.
最近生三个孩子的家庭越来越多了。

❷ 加入(比重)

예 이번 신입사원 면접에서는 인성에 비중을 **두었습니다**.
这次在职员的面试中加入了人性的比重。

❸ (家庭教师/保镖)安置在身边

예 유명한 연예인들은 모두 보디가드를 **두고** 있어요.
有名的明星演员都放保镖在身边。

반의어 反义词

낯설다 陌生 ↔ 익숙하다 熟悉

예 처음에는 **낯선** 곳에 와서 많이 힘들었습니다.
一开始去一个陌生的地方会觉得很辛苦。

한국에서의 생활도 점점 **익숙**해지고 있습니다.
韩国的生活也渐渐的熟悉了。

유의어 近意词

모자라다 不足 ≒ 부족하다 不足

예 음식이 **모자라면** 곤란하니까 넉넉하게 준비하세요.
음식이 **부족하면** 곤란하니까 넉넉하게 준비하세요.
食物如果不够的话会很困难所以准备得充足一点。

한국어와 중국어를 알맞게 연결해 보세요.
试着将韩国语与中文合适的联系在一起。

1. 봉사하다 •   • a. 过分的
2. 시청 •   • b. 奉献
3. 지나치다 •   • c. 感想
4. 추억 •   • d. 视听
5. 경쟁 •   • e. 生命
6. 생명 •   • f. 回忆
7. 감상하다 •   • g. 竞争

다음 빈 칸에 알맞은 단어를 〈보기〉에서 골라 쓰세요.
像<例子>一样给下面空的地方选一个合适的单词。

〈보기〉

a. 활동하는   b. 전통을   c. 지원하려면   d. 안정을

8. 나라마다 (　　　　　) 지키고자 많은 노력을 하고 있다.
每个国家都在为了能够遵守传统而努力着。

9. 그 대학교에 (　　　　　) 뭐가 필요합니까?
我的志愿是去那个学校需要什么么?

10. 고양이는 밤에 주로 (　　　　　) 동물입니다.
猫主要是晚上起来活动的动物。

11. 정부는 물가 (　　　　　) 위해서 노력하고 있다.
政府为了让物价安定在做努力。

정답

1.b 2.d 3.a 4.f 5.g 6.e 7.c 8.b 9.c 10.a 11.d

DAY 09

확인해 보세요

빨간 시트지로 가리고 단어의 뜻을 알면, □ 에 ✓ 해 보세요.
用印纸将单词的意思遮挡后, 记住的单词在 □ 里划 ✓。

□ 01 **연장하다** 延长	□ 13 **다치다** 受伤	□ 25 **음식** 食物
□ 02 **옮기다** 移动	□ 14 **마침** 正好	□ 26 **의미** 意义
□ 03 **유행하다** 流行	□ 15 **물질** 物质	□ 27 **일시적** 一时的
□ 04 **일부** 一部	□ 16 **미래** 未来	□ 28 **일으키다** 引起
□ 05 **전시회** 展示会	□ 17 **미술** 美术	□ 29 **자신감** 自信感
□ 06 **처리하다** 处理	□ 18 **별로** 不是很	□ 30 **재산** 财产
□ 07 **처음** 第一次	□ 19 **분석하다** 分析	□ 31 **정신** 精力
□ 08 **선배** 前辈	□ 20 **비교하다** 比较	□ 32 **얻다** 得到
□ 09 **고생** 辛苦	□ 21 **사무실** 办公室	□ 33 **제도** 制度
□ 10 **구매하다** 购买	□ 22 **살펴보다** 观察	
□ 11 **기업** 企业	□ 23 **어른** 大人	
□ 12 **남** 别人	□ 24 **예방하다** 预防	

DAY 09

 全部是特定的单词，一起学习的话能够得到高分。

01 연장하다

동 延长

비자를 연장하기 위해서는 어떤 서류가 필요합니까?

延签证需要什么材料?

연장 延长   연장되다 得以延长
연장 신청 延长申请

02 옮기다

동 移动

한국에서 직장을 자주 옮기는 것은 사회성에 문제가 있어 보일 수 있다.

在韩国如果经常换工作的话说明对社会的认识有问题。

03 유행하다

동 流行

요즘은 짧은 머리에 짧은 치마가 유행한대요.

最近流行短发短裙。

유행 流行   유행을 따르다 跟着流行

04 일부

명 一部

생존자들 가운데 일부는 사고의 충격으로 정신과 치료가 필요하다.

生存者中一部分人因为受到事故的冲击所以需要精神科的治疗。

05 전시회

명 展示会

시간 있으면 주말에 전시회에 같이 갈래?

有时间的话周末一起去看展示会?

전시장 展示场   전시되다 展示了
전시하다 展示

06 처리하다　　　동 处理

밀린 일을 다 **처리하느라고** 퇴근이 늦었어요.

把推迟的事情都处理完了以后下班已经很晚了。

 처리 处理

07 처음　　　명 第一次

처음 듣는 노래인데 왠지 익숙하네요.

第一次听的歌不知道为什么已经很熟悉了。

08 선배　　　명 前辈

퇴근 후에 대학교 **선배**를 만나서 같이 식사하기로 했다.

下班以后约了大学前辈一起吃饭。

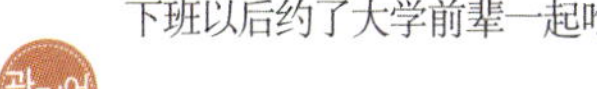 선배님 前辈　　　　후배 后辈

09 고생　　　명 辛苦

부모님께서는 저희들 때문에 **고생**을 많이 하셨습니다.

父母因为我们吃了很多苦。

10 구매하다　　　동 购买

사치품을 **구매하려는** 사람들이 점점 늘어나고 있다.

购买奢侈品的人在渐渐增多。

 구매 购买

11 기업　　　명 企业

삼성은 한국을 대표하는 **기업**입니다.

三星是韩国的代表企业。

관련어 기업인 企业人

12 남 명 别人

남들 앞에만 서면 얼굴이 빨개져서 큰일이에요.

一站到很多人面前就脸红真的很麻烦。

13 다치다 동 受伤

다리를 다쳐서 걸을 수가 없어요.

腿受伤了走不了。

14 마침 부 正好

친구에게 전화하려고 했는데 마침 전화가 왔어요.

想给朋友打电话的时候正好朋友给我打电话了。

15 물질 명 物质

인스턴트 음식에는 몸에 좋지 않은 물질이 들어 있으니까 먹지 마세요.

快餐里面有对身体很不好的物质所以不要吃。

16 미래 명 未来

아이의 미래를 생각해서 유학을 보내기로 했어요.

想到孩子的未来所以送他出国。

 미래가 없다 没有未来

17 미술 명 美术

미술을 공부하기 위해서 프랑스로 유학가게 되었습니다.

为了学习美术去了法国留学。

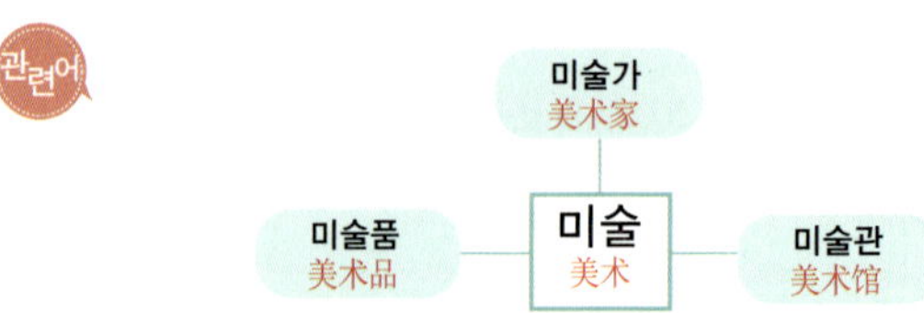

18 별로

고기는 **별로** 좋아하지 않는 편이에요.

不是太喜欢肉。

19 분석하다

그 연구원은 설문 조사를 **분석해서** 그 결과를 발표했다.

研究院分析了问卷调查之后发表了结果。

분석되다 分析了

20 비교하다

좋은 물건을 사려면 여러 물건을 **비교한** 후에 사야 한다.

想买到好东西要比较以后再买。

비교 比较   비교적 比较的

21 사무실

어려운 문제가 생기면 **사무실**에 와서 이야기하세요.

大家要是有什么问题就来办公室说。

22 살펴보다

중고 물건을 살 때는 문제가 없는지 잘 **살펴보고** 사야 한다.

买二手东西的时候要仔细观察清楚有没有问题。

23 어른

어린 아이들은 **어른**들의 행동을 쉽게 따라한다.

小孩子很容易学大人的行动。

24 예방하다 동 预防

손을 자주 씻는 것만으로도 많은 질병을 예방할 수 있다.

只是每天多洗几次手也能够预防疾病。

 예방 预防

25 음식 명 食物

한국 음식 중에서 불고기는 외국인들에게 인기가 많아요.

韩国食物中烤肉在外国人那里是最有人气的。

 음식점 食物店　　　　　음식물 食物
음식물 쓰레기 食物垃圾

26 의미 명 意义

비싸지 않아도 의미가 있는 선물을 하고 싶어요.

即使不是很贵也希望是一份有意义的礼物。

27 일시적 명 一时的

일시적인 문제이니 곧 해결될 것입니다.

只是一时的问题所以很快会解决的。

28 일으키다 동 引起

그 사람의 무례한 말이 싸움을 일으켰다.

那个人无礼的话会引起争吵的。

29 자신감 명 自信感

무슨 일이든 자신감을 갖고 일하는 것이 중요하다.

不管做什么事自信心最重要。

30 재산 명 财产

그 사업가는 자신의 재산을 모두 사회에 환원했다.

那个企业家把自己的财产全部还原给了社会。

 재산피해 财产被害

31 정신 명 精力

너무 정신이 없어서 밥 먹는 것조차 잊었네요.

太忙了连吃饭都忘记了。

 정신적 精神的　　　　　　　　정신차리다 打起精神

32 얻다 동 得到

인터넷을 통해 많은 정보를 얻을 수 있다.

通过网络得到很多的情报。

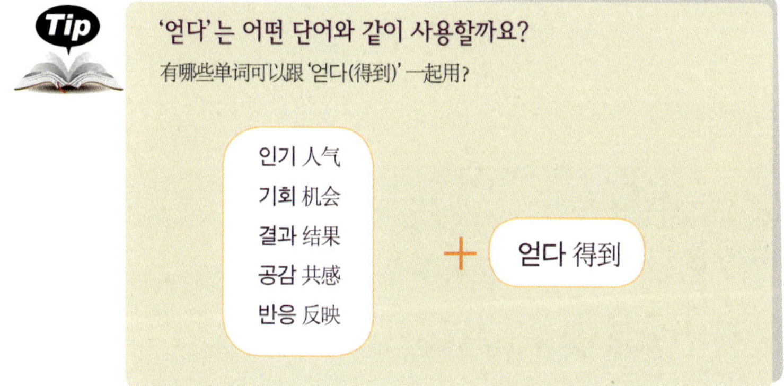

33 제도 명 制度

어려운 이웃을 위한 다양한 제도가 필요하다.

为了困难的邻居，需要多样的制度。

 **다의어** 多义词

뜨다

❶ (太阳)升起

예 새해에는 해가 **뜨는** 것을 같이 보고 싶습니다.
想一起看新年的日出。

❷ 织

예 크리스마스 선물로 장갑이랑 목도리를 **떴어요.**
作为圣诞礼物为你织了手套还有围巾。

반의어 反义词

드물다 稀少稀有 ↔ 흔하다 多的是

예 그렇게 정직한 사람은 **드문** 편이에요.
那样正直的人是很稀少的。

제주도에는 돌이 가장 **흔합니다.**
济州岛石头到处都是。

유의어 近意词

갑자기 突然 ≒ 문득 突然

예 산책을 하다가 **갑자기** 고등학교 때 친구가 보고 싶어졌다.
산책을 하다가 **문득** 고등학교 때 친구가 보고 싶어졌다.
散着散着步突然想起了高中时候的朋友。

복습해 보세요

한국어는 중국어로, 중국어는 한국어로 써 보세요.
韩国语用中文，中文用韩国语试着写一下。

1. 유행하다 _______________
2. 전시회 _______________
3. 기업 _______________
4. 분석하다 _______________
5. 비교하다 _______________

6. 处理 _______________
7. 自信感 _______________
8. 购买 _______________
9. 观察 _______________
10. 财产 _______________

문장이 자연스럽도록 둘 중에서 알맞은 단어를 고르세요.
从下面两个中选一个最适合的单词让整个句子自然起来。

11. 비자를 (a.살펴보기 / b.연장하기) 위해서는 어떤 서류가 필요합니까?

　　延签证需要什么材料？

12. 퇴근 후에 대학교 (a.선배를 / b.건물을) 만나서 같이 식사하기로 했다.

　　下班以后约了大学前辈一起吃饭。

13. (a.노력을 / b.미술을) 공부하기 위해서 프랑스로 유학가게 되었습니다.

　　为了学习美术去了法国留学。

14. 손을 자주 씻는 것만으로도 많은 질병을 (a.예방할 / b.활동할) 수 있다.

　　即使不是很贵也希望是一份有意义的礼物。

15. 인스턴트 음식에는 몸에 좋지 않은 (a.물질이 / b.물건이) 들어 있으니까 먹지 마세요.

　　快餐里面有对身体很不好的物质所以不要吃。

정답

1.流行 2.展览会 3.企业 4.分析 5.比较 6.처리하다 7.자신감 8.사다(구입하다) 9.관찰하다 10.재산
11.b 12.a 13.b 14.a 15.a

한국의 행정구역 韩国的行政区

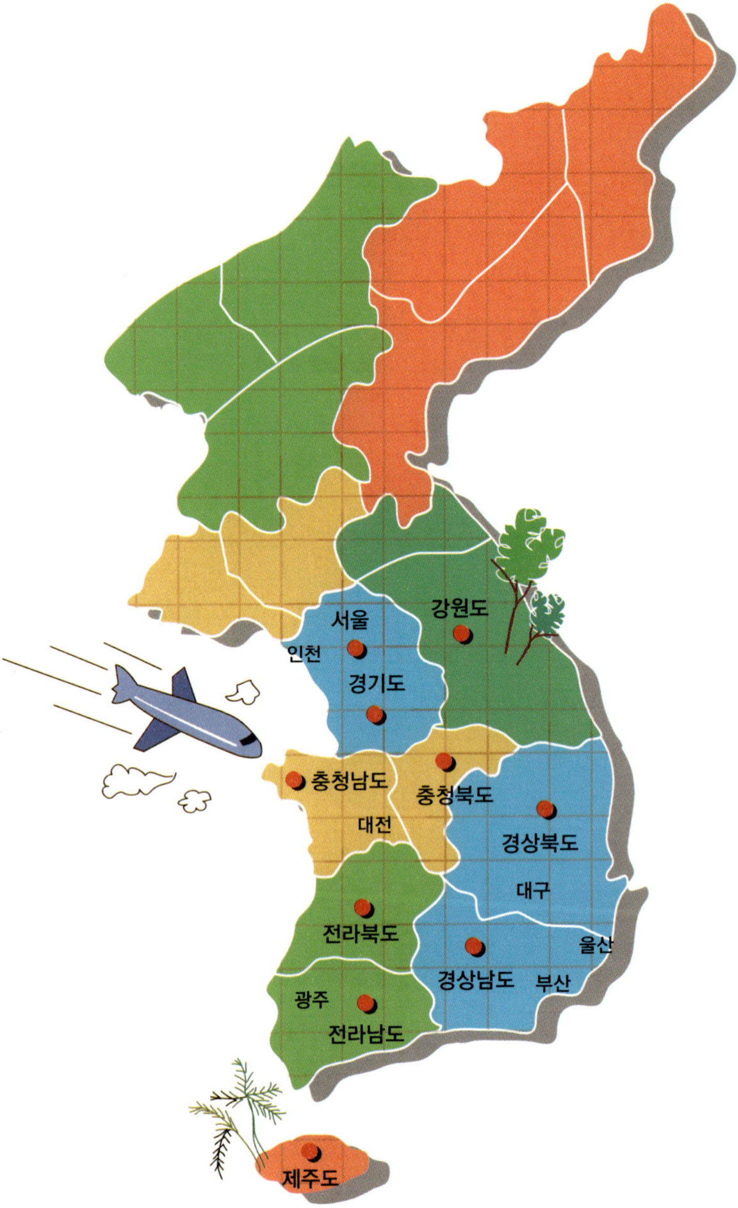

강원도
서울
인천
경기도
충청남도
충청북도
대전
경상북도
대구
전라북도
울산
경상남도
부산
광주
전라남도
제주도

확인해 보세요

빨간 시트지로 가리고 단어의 뜻을 알면, ☐ 에 ✓ 해 보세요.
用印纸将单词的意思遮挡后, 记住的单词在 ☐ 里划 ✓。

☐ 01	**제출하다**	交出	☐ 13	**기술**	技术	☐ 25	**실패하다** 失败
☐ 02	**지속되다**	继续	☐ 14	**나중에**	以后	☐ 26	**실험** 实验
☐ 03	**집중하다**	集中	☐ 15	**드러내다**	露出	☐ 27	**아무리** 不论如何
☐ 04	**체험하다**	体验	☐ 16	**디자인**	设计	☐ 28	**아이디어** 想法
☐ 05	**최선**	最大的努力	☐ 17	**마찬가지**	一样	☐ 29	**안타깝다** 可惜
☐ 06	**평소**	平时	☐ 18	**초대하다**	招待	☐ 30	**알아보다** 了解, 认出来
☐ 07	**학습하다**	学习	☐ 19	**목표**	目标	☐ 31	**연결되다** 连接
☐ 08	**고객**	顾客	☐ 20	**방해하다**	妨碍	☐ 32	**예** 例子
☐ 09	**고려하다**	考虑	☐ 21	**보내다**	寄, 送	☐ 33	**변하다** 变化
☐ 10	**고장나다**	故障	☐ 22	**빌리다**	借		
☐ 11	**교환**	交换	☐ 23	**설문조사**	问卷调查		
☐ 12	**그냥**	就那样	☐ 24	**사건**	事情		

DAY 10

 全部是特定的单词，一起学习的话能够得到高分。

01 제출하다 동 交出

입학 관련 서류를 내일까지 제출해 주세요.

关于入学的资料明天截至。

 제출 提交　　　　　제출시기 提交时期

02 지속되다 동 继续

당분간 장마가 지속될 것 같네요.

眼下梅雨季节会继续。

지속 继续　　　　　지속적 继续的

03 집중하다 동 集中

짧은 시간이라도 집중해서 공부하는 것이 효과적입니다.

即使是很短的时间集中学习会很有效率。

 집중력 集中力　　　　　집중되다 得以集中

04 체험하다 동 体验

한국의 전통 시골집을 체험하신 기분이 어떠세요?

体验了韩国的传统乡村房子的各位觉得怎么样?

 체험 体验　　　　　체험비 体验费
체험학습 体验学习

05 최선

명 最大的努力

우리가 할 수 있는 **최선**을 다하겠습니다.

我们会尽我们最大的努力。

06 평소

부 平时

오늘은 차가 많아서 **평소**보다 시간이 더 걸렸어요.

今天车太多了所以比平时多花了点时间。

07 학습하다

동 学习

한국의 문화를 **학습하고자** 박물관에 갔습니다.

一起学习韩国的文化所以去了博物馆。

관련어

학습 学习　　　　　　　학습능력 学习能力
학습자 学习者

08 고객

명 顾客

고객의 입장에서 다시 한번 생각해 주십시오.

站在顾客的立场再好好想一想。

관련어

고객센터 顾客中心

09 고려하다

동 考虑

여러 가지로 **고려했어야** 했는데 그렇게 못해서 죄송합니다.

我应该考虑到更多的方面，但是没做到很抱歉

10 고장나다

동 故障

컴퓨터가 **고장나서** 자료를 모두 날렸어요.

电脑故障了，资料都不见了。

11 교환 명 交换

교환 학생들을 위한 다양한 프로그램이 필요합니다.

为了交换生需要开展多一点的项目。

 교환하다 交换　　　　　환불 退货

12 그냥 부 就那样

주말에 특별한 일이 없어서 그냥 집에 있었어요.

周末没什么特别的事情就在家里了。

13 기술 명 技术

한국은 IT 기술이 발달된 나라입니다.

韩国是IT技术很发达的国家。

 기술적 技术型

14 나중에 부 以后

나중에 자세히 말씀드릴게요.

以后再仔细的讲给你听。

15 드러내다 동 露出

민호 씨는 자신의 감정을 드러내는 경우가 별로 없는 것 같아요.

民浩不太轻易表露自己的感情。

 드러나다 表露

16 디자인 명 设计

전자제품을 살 때 기능만큼이나 디자인도 많이 봐요.

买电子产品的时候不仅是技能还很注重设计。

17 마찬가지　　　　　　　　　　명 一样

어머니와 마찬가지로 아버지의 역할도 중요합니다.

跟妈妈一样爸爸的角色也很重要。

18 초대하다　　　　　　　　　　동 招待

결혼식에 초대할 사람들은 결정했어요?

决定好了结婚宴的时候招待的人了？

초대 招待　　　　　　　　초대장 请帖

19 목표　　　　　　　　　　　　명 目标

저는 금메달을 목표로 이 올림픽에 참가했습니다.

我这次参加奥林匹克的目标是金牌。

목표를 세우다 建立目标

20 방해하다　　　　　　　　　　동 妨碍

공부를 하려고 하는데 동생이 방해했다.

原本打算学习，弟弟一直妨碍。

방해 妨碍　　　　　　　　방해가 되다 成为妨碍

21 보내다　　　　　　　　　　　동 寄, 送

제가 부탁한 자료를 내일까지 이메일로 보내 주세요.

我拜托给你的材料明天之前用邮件发给我。

22 빌리다　　　　　　　　　　　동 借

도서관에서 빌린 책을 오늘까지 갖다 줘야 한다.

图书馆借的书今天要归还。

빌려 주다 借给

23 설문조사명 问卷调查

기업 선호도에 대한 설문조사를 실시하였다.

实施了关于企业喜好度的问卷调查。

 설문 问卷

출제 경향 出題倾向

쓰기 영역에서는 '설문조사'의 결과를 서술하는 문제가 항상 출제되고 있습니다. 이때 자주 사용되는 문법 항목은 다음과 같습니다.

在写作中, 叙述 '설문조사' (问卷调查)的结果的问题经常的出现。
这个时候经常采用的方法以及语法的项目与下相同。

N을/를 대상으로(以N为对象)
N을/를 조사하다(调查N)
N(으)로 나타나다(以N出现)
N율(독서율, 저축률, 흡연율 등) (N率(阅读率, 出勤率, 吸烟率等))

24 사건명 事情

올해는 나에게 여러 가지 사건이 일어나서 정신이 없다.

今年我发生了很多的事情没有精力了。

25 실패하다동 失败

이번 실험에서 또 실패했지만 절대로 포기하지 않을 거예요.

虽然这次试验又失败了但是绝不会放弃。

 실패 失败

26 실험명 实验

이번 실험은 위험해서 안전에 대한 준비를 많이 해야 한다.

这次实验很危险所以要做好安全准备。

 실험실 实验室　　　　　실험하다 实验

27 아무리　　　　　　　　　　　　　　부 不论如何

아무리 힘들어도 나는 끝까지 이 일을 할 것이다.

不管有多累我都会坚持做完这件事。

28 아이디어　　　　　　　　　　　　명 想法

새로운 상품 광고에 대한 좋은 아이디어가 있으면 말씀해 주세요.

关于新商品的广告有什么好想法记得告诉我。

29 안타깝다　　　　　　　　　　　　형 可惜

그 친구는 열심히 노력하지만 항상 실패해서 참 안타까워요.

那个朋友虽然很努力但是因为经常失败所以真可惜。

30 알아보다　　　　　　　　　　　동 了解, 认出来

오랜만에 친구를 만났는데 많이 달라져서 처음에는 못 알아봤다.

好久没见朋友了，变了好多一开始都没认出来。

관련어

알아내다 了解到　　　　　　　알아듣다 听懂
알아차리다 明白过来

31 연결되다　　　　　　　　　　　　동 连接

컴퓨터 선이 잘 연결되어 있나요?

电脑的线连接好了么？

관련어

연결 连接　　　　　　　　연결하다 连接
연결시키다 使连接

32 예　　　　　　　　　　　　　　　명 例子

잘 이해가 안 되니까 예를 들어 설명해 주세요.

因为理解不了所以举个例子。

5년 만에 대학교 때 친구를 만났는데 모습이 많이 변했더라고요.

5年没见的朋友们再见面，样子变了好多。

 변함없이 不变的　　　　　　　　변함이 없다 没有变化

'변함없이'와 '그대로'는 어떤 차이가 있을까요?

'변함없이(不变的)'与'그대로(照那个样子)'有什么差别?

'변함없이'는 긴 시간 동안에 변화가 없을 때 사용하고 '그대로'는 보다 짧은 시간 동안 변화가 없을 때 사용해요.

'변함없이(不变的)'只要是长时间没有变化的时候是用, '그대로(照那个样子)'指的是一段短的时间以内没有变化的时候。

예 이런 전통은 300년을 변함없이 이어져 내려오고 있다.

这样的传统300年扁扁的一直传承下来。

이제 사진을 찍을 거니까 그대로 있어요.

现在开始照照片了，照那个样子不要动。

DAY 10 ★★★

 다의어 多义词

맞다

❶ 淋(雨)

> **예** 1시간 정도 비를 맞고 감기에 걸렸다.
>
> 淋了一个小时的雨感冒了。

❷ 适合(自己的职性以及兴趣等)

> **예** 저는 적성에 맞는 직업을 찾고 싶습니다.
>
> 我想找合适我的职性的工作。

❸ (想法，意见，性格等)相符合

> **예** 저랑 민호 씨는 서로 의견이 잘 안 맞을 때가 많아요.
>
> 我和敏浩有时候意见不合的时候很多。

반의어 反义词

마중하다 迎接 ↔ 배웅하다 送行

> **예** 해외 여행을 다녀오시는 부모님을 마중하러 공항에 가는 길이에요.
> 为了接从海外旅行回来的父母再去机场的路上。
>
> 집에 놀러 왔다가 돌아가는 친구들을 큰 도로까지 배웅해 주었다.
> 把来我家玩的朋友送到了最大的那条路上。

유의어 近意词

기르다 养活 ≒ 키우다 养育

> **예** 애완동물을 기르는 것이 치매 예방에 좋습니다.
> 애완동물을 키우는 것이 치매 예방에 좋습니다.
> 养宠物可以防痴呆。

 한국어와 중국어를 알맞게 연결해 보세요.

试着将韩国语与中文合适的联系在一起。

1. 지속되다 •	• a. 顾客
2. 체험하다 •	• b. 交换
3. 고객 •	• c. 妨碍
4. 교환 •	• d. 继续
5. 방해하다 •	• e. 实验
6. 실험 •	• f. 体验
7. 연결되다 •	• g. 连接

다음 빈 칸에 알맞은 단어를 〈보기〉에서 골라 쓰세요.

像<例子>一样给下面空的地方选一个合适的单词。

〈보기〉

a. 실패했지만   b. 아이디어가   c. 집중해서   d. 목표로

8. 짧은 시간이라도 (   ) 공부하는 것이 효과적입니다.

即使是很短的时间集中学习会很有效率。

9. 이번 실험에서 또 (   ) 절대로 포기하지 않을 거예요.

虽然这次试验又失败了但是绝不会放弃。

10. 새로운 상품 광고에 대한 좋은 (   ) 있으면 말씀해 주세요.

关于新商品的广告有什么好想法记得告诉我。

11. 저는 금메달을 (   ) 이 올림픽에 참가했습니다.

我这次参加奥林匹克的目标是金牌。

정답

아래 단어를 보고 빈 칸에 뜻을 적어 보세요. 그리고 점선대로 접어서 적은 뜻이 맞는지 확인해 보세요. (만일 틀렸다면 뒷면의 단어 앞 □ 에 ✓ 하세요.)
将下列单词的意思写在空白处。并按虚线折起后，确认写下的单词意思是否正确。(如果错了，在背面的单词前的 □ 里划 ✓。)

▼접는선

단어	뜻
신경	
내리다	
자연스럽다	
적당하다	
정부	
증가하다	
제공하다	
시설	
조건	
봉사하다	
연장하다	
생명	
활동하다	
안정	
지나치다	
전시회	
비교하다	
구매하다	
물질	
예방하다	
체험하다	
방해하다	
실패하다	
집중하다	
목표	

빈 칸에 한국어 단어를 3번 적고 다시 외워 봅시다.

将韩语单词写在空格处，重复三次并背诵。

◀ 접는선

뜻
☐ 神经
☐ 下
☐ 自然的
☐ 适当
☐ 政府
☐ 曾加
☐ 提供
☐ 设施
☐ 条件
☐ 奉献
☐ 延长
☐ 生命
☐ 活动
☐ 安定
☐ 过分
☐ 展示会
☐ 比较
☐ 购买
☐ 物质
☐ 预防
☐ 体验
☐ 妨碍
☐ 失败
☐ 集中
☐ 目标

단어		

DAY 11

확인해 보세요

빨간 시트지로 가리고 단어의 뜻을 알면, ☐ 에 ✓ 해 보세요.
用印纸将单词的意思遮挡后, 记住的单词在 ☐ 里划 ✓。

☐ 01 **운전** 驾驶	☐ 13 **현장** 现场	☐ 25 **능력** 能力
☐ 02 **이미** 已经	☐ 14 **홈페이지** 网页	☐ 26 **단** 只
☐ 03 **조용하다** 安静	☐ 15 **환영하다** 欢迎	☐ 27 **안심하다** 安心
☐ 04 **주로** 主要	☐ 16 **양** 量	☐ 28 **대형** 大型
☐ 05 **주차장** 停车场	☐ 17 **걸리다** 得病	☐ 29 **대화** 对话
☐ 06 **직업** 职业	☐ 18 **경기** 竞技	☐ 30 **도로** 返回, 还给
☐ 07 **특징** 特征	☐ 19 **기타** 其他	☐ 31 **떠오르다** 浮现
☐ 08 **평균** 平均	☐ 20 **긴장** 紧张	☐ 32 **만족하다** 满足
☐ 09 **끌다** 吸引	☐ 21 **깊다** 深	☐ 33 **멀리하다** 疏远
☐ 10 **포기하다** 放弃	☐ 22 **낭비하다** 浪费	
☐ 11 **현상** 现象	☐ 23 **낮잠** 午觉	
☐ 12 **현실** 现实	☐ 24 **농사** 农事	

DAY 11

관련어 全部是特定的单词，一起学习的话能够得到高分。

01 운전

명 驾驶

그 교통 사고는 운전자의 졸음 운전으로 일어났다.

这起交通事故是由于驾驶者的困乏引起的。

운전석 驾驶座　　　　　운전자 驾驶人
운전 면허 驾照　　　　　음주운전 酒后驾车

02 이미

부 已经

내가 역에 도착했을 때 기차는 이미 떠나고 없었다.

我到车站的时候过车已经离开没有了。

벌써 已经

03 조용하다

형 安静

방학이 되면 학교가 조용하다.

一放假学校就安静了。

조용히 安静的

04 주로

부 主要

평일에는 주로 이 식당에서 밥을 먹어요.

平时主要在这个饭店吃饭。

보통 普通

05 주차장

명 停车场

공연장 근처에 주차장이 있지만 가능하면 대중교통을 이용해 주세요.

公演场附近虽然有停车场，但是可以的话请使用大众交通。

관련어 주차 停车　　　　　주차난 停车难
주차비 停车费　　　　　주차하다 停车

06 직업

사람마다 **직업**을 선택하는 기준이 다르다.

每个人选择工作的标准不一样。

07 특징

이 제품의 **특징**은 무엇입니까?

请说一下这个产品的特征。

08 평균

이번 중간 시험 **평균**이 높지 않습니다.

期中考试的平均分不高。

09 끌다

이번 전시회에서는 아이디어 제품들이 눈길을 **끌었다**.

这次展示会创意产品吸引了人们的视线。

10 포기하다

아무리 힘들어도 **포기하**지 마세요.

不管多辛苦都不要放弃。

<table><tr><td>**11 현상**</td><td>명 现象</td></tr></table>

요즘 고령화 현상이 큰 문제가 되고 있어요.

最近老龄化现象变成了最大的问题。

시험에 'N 현상'이 주제가 되는 경우가 많습니다.
考试中…的 'N 현상(N现象)' 为主体的情况很多。
예를 들면 온난화 현상, 고령화 현상 등이 있습니다.
比如 : 温暖化现象, 老龄化现象等。
이런 현상의 원인 및 이로 인한 피해 등에 대한 지식이 있다면 문제를 풀기 쉽겠지요?
拥有有关这种现象的原因以及因此导致的害有关的知识比较容易解题。

<table><tr><td>**12 현실**</td><td>명 现实</td></tr></table>

드라마와 현실은 다릅니다.

电视剧跟现实不一样。

현실성 现实性　　　　　　현실적 现实的

<table><tr><td>**13 현장**</td><td>명 现场</td></tr></table>

사고 현장에 경찰이 바로 왔어요.

警察马上来到了事故现场。

<table><tr><td>**14 홈페이지**</td><td>명 网页</td></tr></table>

학교 홈페이지에 자세한 정보가 있습니다.

学校网页有详细的情报。

<table><tr><td>**15 환영하다**</td><td>동 欢迎</td></tr></table>

이 곳에 오신 모든 분들을 환영합니다.

欢迎所有来这里的人。

환영 欢迎　　　　　　환영식 欢迎式

16 양　　　　　　　　　　　　　　　　　　　　　　명 量

시간이 지날수록 내리는 눈의 양이 점점 많아졌다.

时间越久雪下的量越大。

 질 质　　　　　　　　질량 质量
수량 数量

17 걸리다　　　　　　　　　　　　　　　　　　동 得病

언니가 여름에 독감에 걸려서 고생을 하고 있다.

姐姐夏天得了重感冒很辛苦。

18 경기　　　　　　　　　　　　　　　　　　　명 竞技

축구 경기 규칙을 알아 둘 걸 그랬어요.

早知道就了解了解足球的比赛规则了。

19 기타　　　　　　　　　　　　　　　　　　　명 其他

기타 문의사항이 있으신 분들은 아래로 연락해 주시기 바랍니다.

如果有其他询问事项请联系以下的联系方式。

20 긴장　　　　　　　　　　　　　　　　　　　명 紧张

차라도 한 잔 드시면서 긴장을 풀어 보세요.

喝杯茶缓解一下紧张。

긴장감 紧张感　　　　　　　긴장하다 紧张
긴장을 풀다 舒缓紧张　　　긴장을 줄이다 减少紧张

21 깊다　　　　　　　　　　　　　　　　　　　형 深

수심이 깊어서 수영할 수 없습니다.

水太深了不能游泳。

시간을 낭비하면 나중에 후회하게 됩니다.

浪费时间将来一定会后悔。

 낭비 浪费

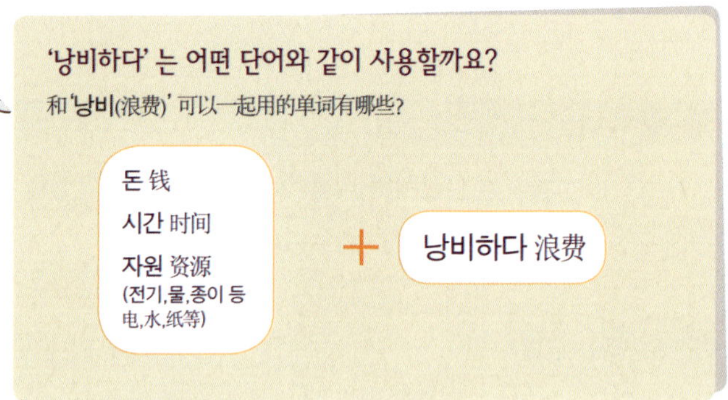

낮잠을 많이 잤더니 밤에 잠이 안 오네요.

午觉睡得太多了晚上睡不着了。

 늦잠 起晚了

도시 생활을 그만두고 시골로 가서 농사를 짓는 사람들이 늘어
나고 있다.

结束了城市生活去乡下做农事的人变多了。

농촌 农村	농업 农业
농사철 农作时节	농산물 农产物
농작물 农作物	농어촌 农村和渔村
농수산업 农水产业	

25 능력　　　　　　　　　　　　　　　　　　　명 能力

학력보다 능력을 중요하게 생각하는 분위기가 확산되고 있어요.

认为能力比学历重要的氛围在慢慢扩散。

26 단　　　　　　　　　　　　　　　　　　　　부 只

단 한번 만났을 뿐인데 금방 알아보시네요!

只是见了一次面就已经都熟悉了。

27 안심하다　　　　　　　　　　　　　　　　　동 安心

경찰이 도착했으니까 안심하세요.

警察来了 请安心。

28 대형　　　　　　　　　　　　　　　　　　　명 大型

어제 고속도로에서 대형 교통사고가 나서 많은 사람들이 죽었습니다.

昨天在高速公路上发生了大型交通事故死了很多人。

소형 小型　　　　　　　　　중형 中型

대형 사고 大型事故　　　　대형 마트 大型马特

29 대화　　　　　　　　　　　　　　　　　　　명 对话

마음이 맞는 친구들과의 대화는 언제나 즐겁다.

跟和自己心意的朋友对话任何时候都很开心。

대화하다 对话

30 도로　　　　　　　　　　　　　　　　명 返回, 还给

이런 비싼 선물은 받을 수 없으니까 도로 가지고 가세요.

这么贵的礼物不能收所以请收回。

형 浮現

여행을 하다가 좋은 아이디어가 떠올랐다.

旅行的时候浮现了好的想法。

떠올리다 浮現

동 满足

이 식당의 서비스에 손님들이 모두 만족해했습니다.

所有客人都很满意这个饭店的服务。

만족감 满足感　　　　　　　만족도 满足度
만족시키다 使满足

동 疏远

나쁜 친구는 멀리하는 것이 좋아요.

不好的朋友最好是疏远。

멀리 很远　　　　　　　멀리서 从很远

다의어 多义词

맞추다

❶ 符合

예 나이에 **맞춰서** 옷을 입어야 가장 자연스럽고 아름답다.
配合自己的年龄穿衣服最自然最好看。

❷ 答对

예 시험이 끝나고 친구들이랑 정답을 **맞춰** 봤다.
考试结束以后跟朋友对答案。

❸ 校对

예 망원경의 초점을 잘 **맞춰야** 제대로 볼 수 있어요.
要对好望远镜的焦点才能够看的正确。

반의어 反义词

맡기다 托付 ↔ 찾다 找

예 출근하는 길에 세탁소에 옷을 **맡겼다**.
上班的路上把衣服托付给洗衣房。

공항에서 짐을 **찾기** 위해 기다리는 중이다.
为了找行李在机场等到中。

유의어 近意词

반드시 一定 ≒ 틀림없이 确定

예 지금까지 열심히 공부했으니까 **반드시** 대학교에 합격할 거야.
지금까지 열심히 공부했으니까 **틀림없이** 대학교에 합격할 거야.
到今天位置认真的学习大学一定会合格的。

한국어는 중국어로, 중국어는 한국어로 써 보세요.
韩国语用中文，中文用韩国语试着写一下。

1.	안심하다	_______	6.	停车场	_______
2.	평균	_______	7.	紧张	_______
3.	현장	_______	8.	驾驶	_______
4.	포기하다	_______	9.	大型	_______
5.	낮잠	_______	10.	农事	_______

문장이 자연스럽도록 둘 중에서 알맞은 단어를 고르세요.
从下面两个中选一个最适合的单词让整个句子自然起来。

11. 요즘 고령화 (a.유행이 / b.현상이) 큰 문제가 되고 있어요.

最近老龄化现象变成了最大的问题。

12. 시간을 (a.안전하면 / b.낭비하면) 나중에 후회하게 됩니다.

浪费时间将来一定会后悔。

13. 이 제품의 (a.특징은 / b.가격은) 무엇입니까?

请说一下这个产品的特征。

14. 평일에는 (a.주로 / b.평균) 이 식당에서 밥을 먹어요.

平时主要在这个饭店吃饭。

15. 이 식당의 서비스에 손님들이 모두 (a.멀리했습니다 / b.만족해했습니다).

所有客人都很满意这个饭店的服务。

정답

1.安心 2.平均 3.现场 4.放弃 5.午觉 6.주차장 7.긴장 8.운전 9.대형 10.농사
11.b 12.b 13.a 14.a 15.b

DAY 12

확인해 보세요

빨간 시트지로 가리고 단어의 뜻을 알면, □에 ✓ 해 보세요.
用印纸将单词的意思遮挡后, 记住的单词在 □ 里划 ✓。

□ 01	**목적**	目的	□ 13	**설득하다**	说服	□ 25 **전달하다**	传达, 转达
□ 02	**문의**	问询	□ 14	**본**	本	□ 26 **점점**	渐渐
□ 03	**및**	与	□ 15	**성장하다**	成长	□ 27 **정기적**	定期的
□ 04	**바라보다**	看	□ 16	**소중하다**	重要, 珍贵	□ 28 **정작**	说真的
□ 05	**발견하다**	发现	□ 17	**숲**	林	□ 29 **정치**	政治
□ 06	**보고서**	报告书	□ 18	**시각**	视觉	□ 30 **즐겁다**	快乐, 愉快
□ 07	**부담**	负担	□ 19	**영양**	营养	□ 31 **진정하다**	冷静
□ 08	**부분**	部分	□ 20	**옛**	以前	□ 32 **집안일**	家务事
□ 09	**분야**	领域	□ 21	**운동**	运动	□ 33 **축제**	庆典
□ 10	**상상력**	想象力	□ 22	**일정하다**	固定		
□ 11	**서두르다**	着急	□ 23	**자원봉사**	自愿奉献		
□ 12	**서류**	文件	□ 24	**재료**	材料		

DAY 12

 全部是特定的单词，一起学习的话能够得到高分。

01 목적 명 目的

한국어를 공부하는 **목적**이 뭐예요?

学习韩国语的目的是什么。

 목적지 目的地

02 문의 명 问询

드라마 주인공이 입었던 옷에 대한 **문의** 전화가 많이 왔다.

关于电视剧里主人公穿过的衣服，很多人打电话来询问。

 문의처 问讯处　　　　　　　문의하다 问询

03 및 부 与

이 자료에는 각각의 보험에 대한 설명 **및** 비교 내용이 들어 있습니다.

这份材料里包括了各自有关保险与比较的内容。

> **출제 경향 出題傾向**
>
> 이 단어는 모집 공고문이나 안내문 등에 주로 쓰입니다.
> 这个然次主要用在召集公告文以及介绍指南等。
> 단어의 뜻을 정확하게 알아야 정답을 맞출 수 있겠지요?
> 要正确的知道单词的意义才可以找到正确的答案。
> 'N 및 N'으로 제시되면 두 가지 모두 포함된다는 것을 꼭 기억하세요.
> 一定要记住 '및(N 与 N)' 是两个全部包含。

04 바라보다 동 看

그 사람은 말없이 바다를 **바라보고** 있었다.

那个人什么话不说只是看着大海。

05 발견하다 동 发现

이번에 병원에서 검사를 받으면서 암을 발견했어요.

这次在医院检查身体发现了癌症。

발견되다 被发现

06 보고서 명 报告书

보고서를 쓰려고 지금 자료를 모으고 있어요.

打算写报告书，现在正在收集材料中。

보고 报告　　　　　　　　보고하다 报告
논문 论文　　　　　　　　리포트 报告书

07 부담 명 负担

부모님이 너무 기대하시고 계시니까 정말 부담이 커요.

父母的期望太大了真的很负担。

부담감 负担感　　　　　　부담스럽다 负担的

08 부분 명 部分

소설의 앞 부분은 별로 재미가 없는데 뒤로 가면서 아주 재미있어진다.

小说的前部分没什么意思，后面部分很有意思。

09 분야 명 领域

그 사람은 이 분야에서 가장 유명한 전문가다.

那个人是这个领域里最有名的专业人士。

10 상상력 명 想象力

그 사람은 상상력이 풍부해서 재미있는 이야기를 잘 만들어낸다.

那个人的想象力很丰富，所以很会制造有意思的故事。

상상 想象　　　　　　상상하기 어렵다 很难想像

11 서두르다동 着急

비행기를 놓치지 않으려면 빨리 서두르세요.

不想错过飞机就要着急点了。

12 서류명 文件

요즘 대학원 입학에 필요한 서류를 준비하느라 바쁘다.

最近要准备大学院的入学材料所以很忙。

 서류 심사 材料审查

13 설득하다동 说服

반대 의견을 갖고 있던 사람을 설득하는데 성공했다.

成功的说服了原本持有反对意见的人。

 설득 说服　　　　　　설득시키다 使说服

14 본관 本

본 제품은 치료를 위한 것이 아니라 영양 보충을 위한 것입니다.

这个产品不是为了治疗的是为了营养补充的。

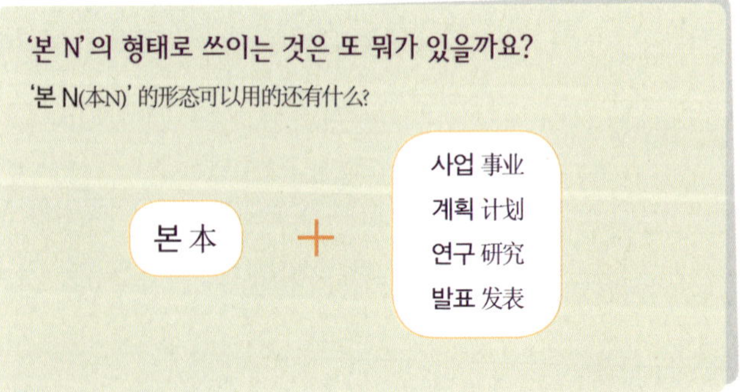

15 성장하다 동 成长

우리 나라 경제가 빠르게 성장하고 있다.

我们国家的经济在迅速成长。

 성장 成长　　　　　성장률 成长率

16 소중하다 형 重要, 珍贵

나에게는 무엇보다 어머니가 써 주신 편지가 소중하다.

对我来说没有什么比妈妈写给我的信还珍贵了。

17 숲 명 林

숲 속에서 산책을 하면 마음이 편안해진다.

在树林里散步心情很安逸。

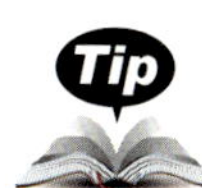 숲길 林路

18 시각 명 视觉

큰 사고로 그 사람은 시각을 잃었다.

因为很重大的事故他失去了视觉。

> **Tip**
> 다른 감각에는 또 뭐가 있을까요?
>
> 感觉的种类有哪些?
>
> 미각(味觉), 청각(听觉), 촉각(触觉), 후각(嗅觉) 등이 있어요.

19 영양 명 营养

성장기에 영양을 골고루 섭취하는 것이 중요합니다.

成长期均匀的摄取营养很重要。

 영양소 营养所

20 옛 부以前

남대문의 **옛** 모습을 복원하기 위해 여러 분야의 전문가들이 노력하고 있다.

为了恢复南大门以前的样子，很多领域的专家们都在努力。

옛날 以前　　　　**옛말** 以前的话

21 운동 명运动

환경의 날을 맞이하여 환경 보호 **운동**이 전국에서 일어났다.

在全国开展了环境保护运动来迎接环境日。

캠페인 运动

22 일정하다 동固定

수입이 **일정하**지 않아서 살기가 힘들어요.

因为收入不固定所以很辛苦。

23 자원봉사 명自愿奉献

이번 여름 방학 때에는 **자원봉사**를 하기로 했다.

这个暑假的时候我决定参加自愿奉献活动。

자원봉사자 自愿奉献者

24 재료 명材料

이 요리의 **재료**는 주변에서 쉽게 살 수 없는 것이군요.

这个料理的材料在附近不容易买到。

재료비 材料费

25 전달하다 图 传达, 转达

이 소포를 룸메이트에게 **전달해** 주세요.

把这个包裹转达给你的室友。

 전달 转达　　　　　　　　전달되다 转达了

26 점점 图 渐渐

그 사람이 **점점** 좋아지기 시작했다.

开始慢慢的喜欢上那个人。

27 정기적 图 定期的

정기적인 모임을 갖기 위해 노력해 봅시다.

一起努力定期聚会。

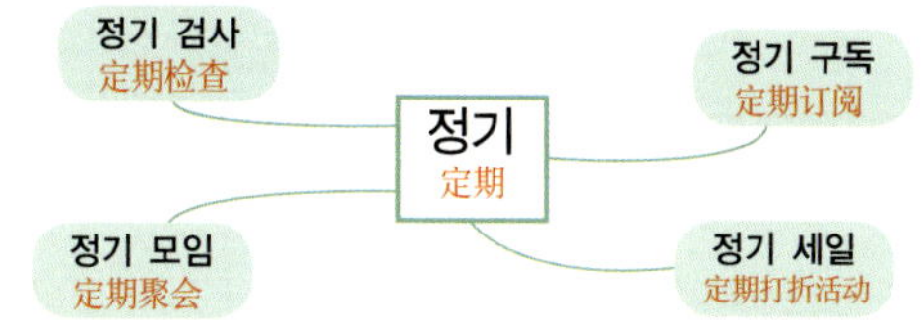

28 정작 图 说真的

정작 사과해야 할 사람은 바로 나다.

说真的要道歉的那个人是我。

29 정치 图 政治

국민들은 **정치**에 대한 관심을 가져야 합니다.

国民们应该对政治问题有兴趣。

정치가 政治家　　　　　　　　정치인 政治人
정치학 政治学

30 즐겁다 동 快乐, 愉快

여가 생활을 즐겁게 보내기 위해 필요한 것은 무엇일까?

为了开心的度过悠闲生活最需要什么?

31 진정하다 동 冷静

그렇게 화만 내지 말고 좀 진정하세요.

不要那样只知道发火请冷静一下。

32 집안일 명 家务事

남편이 집안일을 많이 도와주는 편이에요?

丈夫是经常帮忙做家务事的那一类人么?

33 축제 명 庆典

한국 대학들은 보통 5월에 축제를 한다.

韩国大学普通5月份搞庆典。

다의어 多义词

맡다

❶ 占(座位)

예 시험 기간이라서 도서관 자리 **맡기**가 쉽지 않다.
因为是考试周所以图书馆很难占位置。

❷ 闻(味道)

예 감기에 걸려서 냄새를 잘 **맡을** 수가 없어요.
因为感冒了所以闻不到味道。

❸ 托付(东西或者人)

예 아이를 **맡아** 줄 시설이 많아지면 좋겠다.
可以托付孩子的设施多一点就好了。

DAY
12
★★

반의어 反义词

반대하다 反对 ↔ **찬성하다** 赞成

예 민호 씨 의견에 **반대하시는** 분 계십니까?
有反对民浩的意见的人么?

그 의견에 모두 **찬성하는** 것은 불가능합니다.
不可能每个人都赞成他的意见。

유의어 近意词

참을성 忍耐性 ≒ **인내심** 忍耐心

예 운동을 통해 아이들에게 **참을성**을 길러주는 것이 필요합니다.
운동을 통해 아이들에게 **인내심**을 길러주는 것이 필요합니다.
有需要通过运动来锻炼孩子的忍耐性。

한국어와 중국어를 알맞게 연결해 보세요.
试着将韩国语与中文合适的联系在一起。

1. 목적 •   • **a.** 报告书
2. 보고서 •   • **b.** 目的
3. 분야 •   • **c.** 领域
4. 서류 •   • **d.** 成长
5. 성장하다 •   • **e.** 文件
6. 영양 •   • **f.** 营养
7. 정기적 •   • **g.** 定期的

다음 빈 칸에 알맞은 단어를 〈보기〉에서 골라 쓰세요.
像<例子>一样给下面空的地方选一个合适的单词。

〈보기〉

　　a. 발견했어요　　b. 자원봉사를　　c. 부담이　　d. 설득하는

8. 이번에 병원에서 검사를 받으면서 암을 (　　　).

　　这次在医院检查身体发现了癌症。

9. 부모님이 너무 기대하시고 계시니까 정말 (　　　) 커요.

　　父母的期望太大了真的很负担。

10. 반대 의견을 갖고 있던 사람을 (　　　) 데 성공했다.

　　成功的说服了原本持有反对意见的人。

11. 이번 여름 방학 때에는 (　　　) 하기로 했다.

　　这个暑假的时候我决定参加自愿奉献活动。

정답

1.b 2.a 3.c 4.e 5.d 6.f 7.g 8.a 9.c 10.d 11.b

DAY 13

확인해 보세요

빨간 시트지로 가리고 단어의 뜻을 알면, ☐ 에 ✓ 해 보세요.
用印纸将单词的意思遮挡后, 记住的单词在 ☐ 里划 ✓。

☐ 01 편 　　　篇	☐ 13 극복하다 　征服	☐ 25 무시하다 　无视
☐ 02 포장하다 　包装	☐ 14 기름 　　　油	☐ 26 바닷가 　　海边
☐ 03 품질 　　　品质	☐ 15 먹이 　　　食物	☐ 27 밤새우다 　通宵
☐ 04 화 　　　(发)火	☐ 16 기본 　　　基本	☐ 28 배달 　　　外卖
☐ 05 훌륭하다 　优秀	☐ 17 기사 　　　记事	☐ 29 벌다 　　　赚
☐ 06 이웃 　　　邻居	☐ 18 냄새 　　　味道	☐ 30 보관하다 　保管
☐ 07 고등학교 　高中	☐ 19 다가가다 　接近	☐ 31 부드럽다 　柔软
☐ 08 가장 　　　家长	☐ 20 담당하다 　担任	☐ 32 불러일으키다 引起
☐ 09 가져오다 　拿来	☐ 21 도전하다 　挑战	☐ 33 비율 　　　比率
☐ 10 간단하다 　简单	☐ 22 뛰어나다 　卓越	
☐ 11 거리 　　　距离	☐ 23 면접 　　　面试	
☐ 12 구체적 　　具体的	☐ 24 목소리 　　声音	

DAY 13

 관련어 全部是特定的单词，一起学习的话能够得到高分。

01 편   명 篇

재미있는 영화 한 편 보고 싶은데 시간이 없네요.

想看一篇有意思的电影可惜没时间。

Tip

'편'으로 셀 수 있는 것은 뭐가 있을까요?
和 '편(篇)' 可以一起用的单词有哪些?

시(诗), 영화(电影), 소설(小说) 등이 있어요.

02 포장하다   동 包装

이제 선물을 포장하기만 하면 되니까 조금만 기다리세요.

礼物只要包装一下就好了请等一下。

 관련어

포장 包装   포장지 包装纸

03 품질   명 品质

제품의 품질을 높이지 않으면 성공할 수 없어요.

如果不提高产品的质量不可能成功。

04 화   명 (发)火

친구의 심한 장난 때문에 화가 났어요.

因为朋友过分的开玩笑发火了。

 관련어

화가 나다 发火   화를 내다 生气
화를 풀다 消气   화가 풀리다 气消了

05 훌륭하다　　　　　　　　　　　　　　　　　　　　　　　형 优秀

우리 회사에는 **훌륭한** 인재가 많습니다.

我们公司里有很多优秀的人才。

06 이웃　　　　　　　　　　　　　　　　　　　　　　　명 邻居

아파트에 살다 보니 **이웃**에 누가 사는지조차 모르는 경우가 많아요.

在公寓住了以后连邻居是什么人都不知道的情况很多。

이웃집 邻居家　　　　　　　　이웃 사람 邻居人
이웃 사촌 近邻

출제 경향 出題倾向

읽기 영역에서 '불우 이웃 돕기'에 대한 주제로 문제가 출제된 적이 있어요.
阅读的领域里面关于 '불우 이웃 돕기(帮助有困难的人)' 这个主题出过题。
다른 사람을 돕는 것에 대한 문제는 꾸준히 나오고 있습니다.
关于帮助别人的这个问题肯定会出。
'불우 이웃' 이라는 단어를 기억하세요.
'불우 이웃(有困难的人)' 这个单词请牢记。

07 고등학교　　　　　　　　　　　　　　　　　　　　　　명 高中

이 친구는 **고등학교** 다닐 때 만난 친구예요.

这个朋友是高中时候认识的朋友。

유치원 幼儿园　　　　　　　　초등학교 小学
중학교 中学　　　　　　　　　대학교 大学
대학원 大学院

08 가장　　　　　　　　　　　　　　　　　　　　　　　명 家长

아버지로서 **가장**의 역할을 잘 해야 합니다.

作为爸爸要做好家长的角色。

09 가져오다 동 拿来

핸드폰의 발달은 우리 사회에 큰 변화를 가져왔습니다.

手机的发达给我们公司带来了很大的变化。

 가져가다 带走

10 간단하다 형 简单

사장님께서 간단한 식사를 준비해 달라고 하셨어요.

老板让我们简单的准备一下餐食。

 간단히 简单的

11 거리 명 距离

저희 회사는 지하철역 2번 출구로 나오시면 5분 거리에 있습니다.

我们公司在地铁站2号出口出来后5分钟的距离。

12 구체적 명 具体的

구체적인 방법을 알려 주십시오.

请告诉我具体的方法。

13 극복하다 동 征服

어려움을 극복하면 반드시 좋은 일이 있을 거예요.

克服困难就会有好的事情了。

14 기름 명 油

차에 기름 넣을 때가 된 것 같은데요.

是时候给车加油了。

 기름기 油腻

15 먹이 명 食物

동물원의 동물한테 아무 먹이나 주면 안 됩니다.

不能在动物园里随便给动物食物。

먹잇감 食物　　　　　　　　먹을거리 食物

'V-(으)ㄹ거리'의 형태로 쓰이는 것은 또 뭐가 있을까요?
'V-(으)ㄹ거리' 形态可以用的还有什么?

읽을거리(读物), 볼거리(看物), 놀거리(玩物),
마실거리(喝的东西) 등이 있어요.

16 기본 명 基本

언어를 배우기 위해서는 단어 공부가 기본이 된다고 생각합니다.

学语言最基本的是单词。

기본적 基本的　　　　　　　　기본 요금 基本价格

17 기사 명 记事

오늘 아침 신문에 난 기사 보셨어요?

今天早上新闻上出现的记事看见了么?

기자 记者　　　　　　　　보도 기사 报道记事

18 냄새 명 味道

이상한 냄새가 나는 것 같아요.

好像有奇怪的味道。

19 다가가다 동 接近

누군가와 친해지고 싶으면 마음을 열고 먼저 다가가세요.

想和谁亲近就要先打开心首先靠近。

다가오다 来临

20 담당하다

동 担任

저는 은행에서 주로 환전 업무를 담당하고 있어요.

我在银行主要担任换钱的任务。

 담당자 负责人　　　　담당 기관 负责机关

21 도전하다

동 挑战

그 선수는 이번 대회에서 세계 신기록에 도전합니다.

那个选手在这次大会里要挑战新的世界纪录。

 도전 挑战

22 뛰어나다

형 卓越

우리 회사는 외국어 실력이 뛰어난 사람을 찾고 있습니다.

我们公司在找外国语能力卓越的人。

23 면접

명 面试

면접을 볼 때 긴장하지 않으려면 어떻게 해야 할까요?

想要面试的时候不紧张应该怎么办?

 면접관 面试官

24 목소리

명 声音

그 사람의 노래하는 목소리는 다른 사람들에게 감동을 준다.

那个人唱歌的声音给别人感动。

25 무시하다

동 无视

나이가 어리다고 무시하지 마세요.

不要觉得年纪小就无视。

26 바닷가  명 海边

바닷가에 가서 수영도 하고 사진도 찍자.

去海边游泳还有拍照。

관련어 바다 大海　　　　　　　　바닷물 海水

> 'N가'의 형태로 쓰이는 것은 또 뭐가 있을까요?
>
> 'N가(N边)' 形态可以用的还有什么?
>
> 강가(江边), 길가(路边), 물가(水边), 창가(窗口) 등이 있어요.

DAY
13
★★

27 밤새우다 동 通宵

내일이 휴일이라서 오늘은 밤새워 영화를 볼 생각이에요.

明天休息所以今天打算通宵看电影。

관련어 밤새 整夜, 通宵　　　　　　밤늦게 晚上很晚
밤새도록 通宵的

28 배달  명 外卖

지금 음식 배달이 가능한가요?

现在送外卖么?

관련어 배달비 快递费　　　　　　배달되다 运送了
배달하다 运送

29 벌다  명 赚

나는 요즘 아르바이트로 돈을 벌고 있다.

我最近打工赚钱。

30 보관하다　　　　　　　　　　　　　　　　　　　　동 保管

근처에 짐을 보관할 만한 장소가 있을까요?

这附近可以保管行李的地方有么?

 보관함 保管箱

31 부드럽다　　　　　　　　　　　　　　　　　　　　형 柔软

화장품을 바꿨더니 피부가 부드러워졌어요.

换了化妆品皮肤变柔软了。

32 불러일으키다　　　　　　　　　　　　　　　　　　동 引起

그런 수상한 행동은 다른 사람들의 오해를 불러일으킬 수 있으니까 조심하세요.

那些异常的行为容易引起别人的误会所以请小心。

33 비율　　　　　　　　　　　　　　　　　　　　　　명 比率

매년 태어나는 아기들 중에서 남자 아기가 차지하는 비율이 높아지고 있다.

每年出生的男孩中男孩占有的比率正在升高。

출제 경향 出題傾向

그래프 정보 읽기 문제에서 'N에 따른 비율'의 형태로 많이 출제가 됩니다.
图表信息阅读问题里经常以'根据…的比率'的形态出题。

 지역에 따른 비율　根据地方的比率
계층에 따른 비율　根据阶层的比率
성별에 따른 비율　根据性别的比率
연령에 따른 비율　根据年龄的比率

다의어 多义词

바르다

❶ 擦

예 세수를 하고 얼굴에 화장품을 **발랐다**.
洗脸之后在脸上涂化妆品。

❷ 公道

예 **바른** 자세로 앉아서 컴퓨터를 해야 한다.
要以端正的姿势坐着玩电脑。

반의어 反义词

사라지다 消失 ↔ 나타나다 显露

예 아까 의자 옆에 두었던 가방이 **사라졌어요**.
刚才放在椅子旁边的书包不见了。

하늘에 갑자기 큰 별이 **나타났다**.
天空突然出现一个大星星。

유의어 近意词

참다 忍 ≒ 견디다 经得住

예 **참기** 어려운 통증 때문에 잠에서 깼어요.
견디기 어려운 통증 때문에 잠에서 깼어요.
因为不能忍耐的痛症醒来了。

한국어는 중국어로, 중국어는 한국어로 써 보세요.
韩国语用中文，中文用韩国语试着写一下。

1. 포장하다 __________
2. 훌륭하다 __________
3. 간단하다 __________
4. 구체적 __________
5. 기본 __________
6. 接近 __________
7. 担任 __________
8. 挑战 __________
9. 卓越 __________
10. 面试 __________

문장이 자연스럽도록 둘 중에서 알맞은 단어를 고르세요.
从下面两个中选一个最适合的单词让整个句子自然起来。

11. 핸드폰의 발달은 우리 사회에 큰 (a.변화를 / b.성화를) 가져왔습니다.

   手机的发达给我们公司带来了很大的变化。

12. 어려움을 (a.극복하면 / b.연기하면) 반드시 좋은 일이 있을 거예요.

   克服困难就会有好的事情了。

13. 동물원의 동물한테 아무 (a.거리나 / b.먹이나) 주면 안 됩니다.

   不能在动物园里随便给动物食物。

14. 나이가 어리다고 (a.무시하지 / b.담당하지) 마세요.

   不要觉得年纪小就无视。

15. 매년 태어나는 아기들 중에서 남자 아기가 차지하는 (a.효과가 / b.비율이) 높아지고 있다.

   每年出生的男孩中男孩占有的比率正在升高。

정답

1.包装　2.优秀　3.简单　4.具体的　5.基本　6.다가가다　7.담당하다　8.도전하다　9.뛰어나다　10.면접
11.a　12.a　13.b　14.a　15.b

DAY 14

확인해 보세요

빨간 시트지로 가리고 단어의 뜻을 알면, ☐ 에 ✓ 해 보세요.
用印纸将单词的意思遮挡后, 记住的单词在 ☐ 里划 ✓。

☐ 01	**비판하다**	批判	☐ 13	**에너지**	能量	☐ 25	**절약하다** 节约
☐ 02	**소설**	小说	☐ 14	**연기하다**	出演	☐ 26	**정책** 政策
☐ 03	**소재**	材料	☐ 15	**예상되다**	预想	☐ 27	**종류** 种类
☐ 04	**속**	里面	☐ 16	**온도**	温度	☐ 28	**종종** 常
☐ 05	**승객**	乘客	☐ 17	**원고**	原稿	☐ 29	**주장하다** 主张
☐ 06	**시**	诗	☐ 18	**N위**	N位	☐ 30	**주제** 主题
☐ 07	**시절**	时期	☐ 19	**의심하다**	疑心, 怀疑	☐ 31	**소식** 消息
☐ 08	**싸다**	打包	☐ 20	**이어지다**	连接	☐ 32	**중심** 中心
☐ 09	**쓰레기**	垃圾	☐ 21	**인물**	人物	☐ 33	**지나다** 过了
☐ 10	**아까**	刚才	☐ 22	**인생**	人生		
☐ 11	**앞장서다**	领先打头	☐ 23	**인식하다**	认识		
☐ 12	**약하다**	弱	☐ 24	**자유롭다**	自由的		

DAY 14

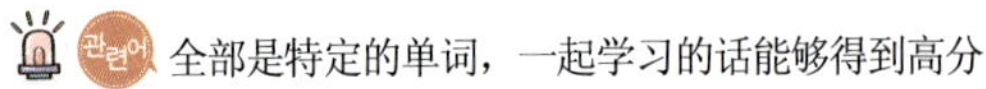

01 비판하다　　　　　　　　　　　　　　　　　　동 批判

그 사람은 자주 다른 사람의 생각을 비판하는 경향이 있다.

那个人经常会批判别人的想法。

관련어
비판 批判　　　　　　　　　비판적 批判的
비판을 받다 接受批判

02 소설　　　　　　　　　　　　　　　　　　　　명 小说

언젠가 기회가 되면 우리 어머니의 삶에 대한 소설을 쓰고 싶다.

什么时候要是有机会想写一本关于我妈妈人生的小说。

관련어
소설가 小说家

03 소재　　　　　　　　　　　　　　　　　　　　명 材料

최근 더 얇고 따뜻한 옷을 만들 수 있는 새로운 소재를 개발했다.

最近在开发更轻薄更保暖的衣服材料。

04 속　　　　　　　　　　　　　　　　　　　　　명 里面

그 사람은 겉과 속이 다르다.

那个人表里不一。

05 승객　　　　　　　　　　　　　　　　　　　　명 乘客

지하철이 도착하자 승객들이 내리기 시작했다.

地铁刚一到站乘客们就开始下车了。

06 시 명 诗

그 사람은 자연에 대한 **시**를 많이 쓴 것으로 유명하다.

那个人因为写了很多关于自然的诗所以很有名。

 관련어 시인 诗人

07 시절 명 时期

이 노래만 들으면 어린 **시절** 추억이 떠오른다.

听见那首歌就浮想起来了小时候的回忆。

08 싸다 동 打包

여행을 갈 짐을 **싸느라** 정신이 없어요.

因为要打包去旅行的行李所以忙得没有精力。

09 쓰레기 명 垃圾

쓰레기를 아무데나 버리지 마세요.

垃圾不能随便扔。

 관련어 쓰레기통 垃圾桶　　　　쓰레기 처리장 垃圾处理站

 출제 경향 出題傾向

토픽에 환경 오염에 대한 문제가 자주 출제되는데 그때 쓰레기와 관계 있는 문제가 자주 언급이 됩니다.

TOPIK里关于环境污染的问题经常出现, 这个时候和立即有关的问题经常言及。

쓰레기와 관계 있는 다양한 주제가 무엇인지 생각해 두면 도움이 되겠지요?
跟垃圾有关的多样主题有什么, 多想想就会有帮助。

 예　재활용 문제(再活用问题), 음식물 쓰레기 처리 문제(饮食垃圾处理问题),
　바다 쓰레기 문제(大海垃圾问题), 일회용품 사용 문제(一次性用品使用问题)

10 아까

图 刚才

아까 어떤 사람이 김 선생님을 찾아 왔었어요.

刚才有人来找金老师。

11 앞장서다

图 领先打头

그 사람은 다른 사람을 돕는 일이라면 누구보다 **앞장서서** 열심히 해요.

那个人只要是能够帮助别人的事情都会带头很努力的做。

12 약하다

图 弱

몸이 **약해서** 무리하면 안 됩니다.

身体很弱, 过度劳累的话不可以。

 **약화시키다** 使弱化

13 에너지

图 能量

요즘 **에너지** 절약을 위해 불필요한 전기 사용을 줄이려고 노력하고 있다.

最近为了节约能量在努力减少不必要的用电。

 **에너지원** 能量源

출제 경향 出題傾向

토픽에 출제된 '에너지' 관련 주제는 '에너지 절약' 과 '신에너지 개발' 입니다.
TOPIK里出国的与 '能量' 有关的主题是 '能量节约' 以及 '新能量开发'。

이런 지문은 배경 지식이 없으면 이해하기 어려워요.
如果没有这样的问题背景知识, 会很难理解。

14 연기하다
동 出演

이번 영화에서 **연기하면서** 가장 힘들었던 장면이 뭐예요?

最近在电影里出演的时候最累的场面是什么?

연기 出演   연기자 出演者

15 예상되다
동 预想

올해도 청년 실업자가 증가할 것으로 **예상된다**.

今年也预计会是青少年失业者增加的一年。

예상 预想   예상치 预想值
예상하다 预想

16 온도
명 温度

여름철 냉방 **온도**를 1도만 높여도 큰 에너지 절약을 할 수 있다.

夏天的时候冷气房的温度哪怕只是调高一度也会节约很多的能量。

17 원고
명 原稿

우리 출판사에 좋은 **원고**를 주셔서 감사합니다.

谢谢你给我们出版社提供了这么好的原稿。

원고지 原稿纸   원고료 原稿费

18 N위
명 N位

두 사람은 늘 1**위**를 다투는 라이벌입니다.

两个人经常是争夺第一位的竞争对手。

19 의심하다
동 疑心, 怀疑

정확한 근거 없이 남을 **의심하면** 안 된다.

没有明确的证据就怀疑别人是不对的。

의심스럽다 怀疑的

20 이어지다   图 连接

작은 충돌 사고가 미끄러운 길 때문에 대형 사고로 이어졌다.

本来只是小冲撞但是由于地面很滑导致了大型事故。

21 인물   图 人物

가장 존경하는 인물은 누구예요?

最尊敬的人是谁?

22 인생   图 人生

직업 선택은 인생에서 가장 중요한 문제 중의 하나입니다.

职业的选择是人生中最重要的问题中的一个。

23 인식하다   图 认识

미래에는 사람의 목소리를 인식할 수 있는 로봇이 실용화될 것이다.

在未来能够认知人类声音的机器人会变的实用化。

 인식 识别

24 자유롭다   图 自由的

현대인들은 누구나 자유로운 생활을 꿈꾼다.

现在的人都梦想拥有自由的生活。

 자유롭게 自由的

25 절약하다   图 节约

물을 절약하는 방법으로 뭐가 있죠?

节约水的好方法是什么?

 절약 节约

26 정책   명 政策

정부가 서민들을 위한 새로운 정책을 내놓았습니다.

政府为了市民制定了新的政策。

27 종류   명 种类

손님, 여기 여러 종류의 핸드폰이 있습니다.

客人，这里有很多种类的手机

28 종종   부 常

돌아가신 할머니가 종종 생각이 난다.

常想起去世的奶奶。

29 주장하다   동 主张

자신의 의견만 주장하지 말고 상대방의 의견도 들어야 합니다.

不要只主张自己的意见，也要听听对方的意见。

 관련어   주장 主张

출제 경향 出題傾向

토픽 듣기에서 누가 주장하는지, 무엇을 주장하는지, 주장하는 태도가 어떠한지를 고르는 문제가 자주 나옵니다. 꼭 알아두세요.

TOPIK考试听力里谁主张，主张什么，主张的态度怎么样来选择的问题经常出现，一定要了解。

30 주제   명 主题

이번 글쓰기의 주제는 '나의 인생'입니다.

这次写作的主题是'我的人生'。

고향에 돌아가면 자주 **소식**을 전해 주세요.

回老家的话请经常带去消息。

 **소식을 주고받다** 交换消息

'소식'과 '소문'은 어떤 차이가 있을까요?
'소식(消息)' 和'소문(传闻)' 有什么区别

멀리 있는 사람의 상황을 들으면 '소식'이에요. 반면에 사람들이 많이 이야기하지만 진짜인지 아닌지 모를 때는 '소문'이지요.
得到很远的人的情况的时候叫做'消息', 反面人们虽然经常说但是不知道真假的时候叫做'传闻'。

이 글의 **중심** 생각이 무엇인지 고르십시오.

这篇文章的中心思想是什么请选择一下。

한국에 온 지 1년이 **지나자** 향수병이 생겼다.

来韩国过了一年了开始有思乡病了。

 **지나가다** 过去   **지나오다** 过来

다의어 多义词

번지다

❶ (病情)蔓延

예 전쟁터에 전염병까지 **번지고** 있다고 합니다.
发生战争的地区蔓延着传染病。

❷ (传闻)蔓延

예 가수 김 모 씨에 대한 소문이 빠른 속도로 인터넷에 **번지고** 있다.
关于歌手金某人的传闻在以很快的速度在网络上蔓延。

❸ (颜色)晕染

예 잘 그린 그림인데 색깔이 조금 **번져서** 아쉬워요.
画画得很好但是因为颜色有点晕染很可惜。

DAY
14
★★

반의어 反义词

생산하다 生产 ↔ 소비하다 消费

예 이 공장에서는 에어컨을 **생산하고** 있다.
这个工厂生产着空调。

현재 우리 회사에서 에너지를 가장 많이 **소비하는** 부서가 어디입니까?
现在我们公司能量消费最多的部门是哪里?

유의어 近意词

표정 表情 ≒ 얼굴빛 脸色

예 걱정이 있는지 **표정이** 어둡다.
걱정이 있는지 **얼굴빛이** 어둡다.
因为有担心所以表情很沉重。

한국어와 중국어를 알맞게 연결해 보세요.
试着将韩国语与中文合适的联系在一起。

1. 비판하다	•	• **a.** 批判	
2. 소재	•	• **b.** 弱	
3. 약하다	•	• **c.** 主张	
4. 예상되다	•	• **d.** 种类	
5. 인식하다	•	• **e.** 材料	
6. 종류	•	• **f.** 预想	
7. 주장하다	•	• **g.** 认识	

다음 빈 칸에 알맞은 단어를 〈보기〉에서 골라 쓰세요.
像<例子>一样给下面空的地方选一个合适的单词。

〈보기〉

a. 절약하는   b. 정책을   c. 지나자   d. 의심하면

8. 정확한 근거 없이 남을 (　　　) 안 된다.
没有明确的证据就怀疑别人是不对的。

9. 물을 (　　　) 방법으로 뭐가 있죠?
节约水的好方法是什么?

10. 정부가 서민들을 위한 새로운 (　　　) 내놓았습니다.
政府为了市民制定了新的政策。

11. 한국에 온 지 1년이 (　　　) 향수병이 생겼다.
来韩国过了一年了开始有思乡病了。

정답

1a 2e 3b 4f 5g 6d 7c 8d 9a 10b 11c

DAY 15

확인해 보세요

빨간 시트지로 가리고 단어의 뜻을 알면, ☐ 에 ✓ 해 보세요.
用印纸将单词的意思遮挡后, 记住的单词在 ☐ 里划 ✓。

☐ 01	채소	蔬菜	☐ 13	공동	共同	☐ 25	당연하다	当然
☐ 02	특성	特性	☐ 14	과연	果然	☐ 26	대책	对策
☐ 03	특히	特别	☐ 15	관객	观众	☐ 27	훨씬	相当
☐ 04	평가하다	评价	☐ 16	규모	规模	☐ 28	두렵다	畏惧
☐ 05	향상시키다	使向上	☐ 17	규칙	规则	☐ 29	등장	登场
☐ 06	혹시	或许, 是不是	☐ 18	스스로	自觉	☐ 30	또한	另外
☐ 07	홍보하다	宣传	☐ 19	기부하다	募捐	☐ 31	말리다	干
☐ 08	회원	会员	☐ 20	깨다	清醒	☐ 32	맑다	清澈
☐ 09	머릿결	头发	☐ 21	나누다	分开	☐ 33	무대	舞台
☐ 10	감독	导演	☐ 22	뇌	大脑			
☐ 11	계단	楼梯	☐ 23	눕다	躺			
☐ 12	골고루	平均, 均衡, 均匀	☐ 24	다행이다	幸好			

DAY 15

01 채소 명 蔬菜

싱싱한 채소를 세일하고 있습니다.

新鲜的蔬菜正在打折。

 야채 蔬菜 채소류 蔬菜类
채소 가게 蔬菜商店

02 특성 명 特性

식물을 잘 키우려면 그 식물의 특성을 잘 파악해야 합니다.

要想好好的养植物要把握植物的特性。

03 특히 부 特别

저는 모든 과일을 좋아하지만 특히 딸기를 좋아해요.

我虽然所有水果都喜欢但是特别喜欢草莓。

04 평가하다 동 评价

자동차 전문가들이 그 차의 품질을 최고라고 평가했다.

汽车专家给那辆车的品质评价是最好的。

 평가 评价

05 향상시키다 동 使向上

한국어 실력을 향상시키기 위해 매일 뉴스를 듣고 있습니다.

为了提高韩国语水平每天听新闻。

 향상되다 向上

이렇게 늦는 걸 보니 **혹시** 무슨 일이 생긴 거 아니야?

这么晚了是不是发生了什么事情?

새 제품을 **홍보하기** 위해 무료 쿠폰을 주고 있어요.

为了给新产品做宣传提供免费优惠卷。

홍보 宣传　　　　　　　　　　홍보 행사 宣传活动
홍보 모델 宣传模特

DAY
15
★★

인터넷 홈페이지에 **회원**으로 등록해 주세요.

请在网页上登录会员。

회원모집 会员征集

출제 경향 出題傾向

다양한 분야에서 회원을 모집하는 공고문이 자주 출제되고 있습니다. 회원이 될 수 있는 자격 및 주의 사항 등을 꼼꼼하게 확인해야 합니다.

在多样的领域里征集会员的广告文经常出现在题目中, 成为会员的资格以及注意事项等一定要认真的确认。

이 샴푸로 머리를 감으면 **머릿결**이 좋아진대요.

用这个洗发水洗头发头发会变好。

머리카락 头发

10 감독 명 导演

감독에 따라 영화 분위기가 달라집니다.

根据导演的不同电影的气氛也会不同。

 감독님 导演　　　　　　　감독하다 导演

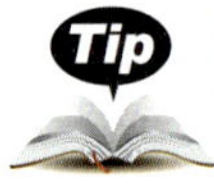
'감독'은 어떤 단어와 같이 사용할까요?
'감독(导演)' 和什么单词一起使用?

축구 감독(足球教练), 시험 감독(考试监督), 영화 감독(电影导演)

11 계단 명 楼梯

계단에서 뛰지 마십시오.

不要在楼梯上跑。

12 골고루 부 平均, 均衡, 均匀

음식을 골고루 먹었으면 좋겠다.

均衡饮食是最好的。

13 공동 명 共同

이 하숙집은 부엌을 공동으로 사용해야 합니다.

这个下宿是厨房共用的。

 공동체 共同体　　　　　　　공동주택 共同住宅

14 과연 부 果然

선의의 거짓말이라고는 하지만 거짓말을 한 것이 과연 잘한 일
일까요?

虽然说是善意的谎言，但是果然说谎是好事么?

15 관객 명 观众

영화 개봉 후 **관객**의 반응이 뜨겁습니다.

电影上映后观众们的反应很热烈。

16 규모 명 规模

그 동호회의 **규모**가 점점 커지고 있어요.

同好会聚会的规模在慢慢变大。

17 규칙 명 规则

정해진 **규칙**을 지켜야 합니다.

请遵守规则。

규칙적 规则的　　　　　　　규칙을 어기다 违背规则
규칙을 지키다 遵守规则

18 스스로 부 自觉

자기 일은 자기가 **스스로** 해야 해요.

自己的事情应该自己自觉去做。

'스스로'와 '저절로'는 어떤 차이가 있을까요?

'스스로(自觉)'和'저절로(自己)'有什么区别?

'스스로'는 다른 사람의 도움없이 자기 힘으로 한다는 뜻이에요.
그래서 사람에게 쓸 수 있어요.
'스스로(自觉)'是说即使没有别人的帮助自己用自己的力量做的意思，
所以可以对人用。

예　엄마가 깨우지 않아도 스스로 일어날 수 있어요.
　　妈妈不叫我我也能自己醒来。

반면에 '저절로'는 외부의 다른 힘이 없이 자동으로 어떤 일이
일어난다는 뜻이에요. 그래서 사람이 아닌 경우에 쓸 수 있어요.
反面'저절로(自己)' 不借助外部的力量某些事情自己发生了的意思，
所以不能用于人。

예　아무도 열지 않았는데 문이 저절로 열렸어요.
　　没有人开门们自己开了。

19 기부하다　　　　　　　　　　　　　　　　　　　동 募捐

신문에서 전 재산을 기부한 할머니의 기사를 봤어요.

在新闻里看见了把自己所有财产都捐献了的奶奶的报道。

기부 捐助　　　　　　　　　　기부금 捐助金
기부자 捐助者

20 깨다　　　　　　　　　　　　　　　　　　　　동 清醒

밖이 시끄러워서 잠이 깼어요.

外面很吵所以睡觉也清醒了。

21 나누다　　　　　　　　　　　　　　　　　　　동 分开

5명이 똑같이 식사비를 나눠서 냈어요.

5个人平均分摊了这顿餐费。

나뉘다 分开　　　　　　　　　　말씀을 나누다 交谈

22 뇌　　　　　　　　　　　　　　　　　　　　　명 大脑

인간의 뇌에 대해서 연구를 하고 있습니다.

关于人类大脑的研究正在进行。

23 눕다　　　　　　　　　　　　　　　　　　　　동 躺

침대에 누워서 창 밖을 보니 고향 생각이 난다.

躺在床上看着窗外开始想家了。

24 다행이다　　　　　　　　　　　　　　　　　　형 幸好

선물이 마음에 들어서 다행이에요.

幸好和您的心意。

다행히 幸好的

25 당연하다　　　　　　　　　　　　　　　　　　　　[형] 当然

외국 생활이 힘든 것은 당연하다.

外国生活辛苦是当然的事情。

 당연히 当然的

26 대책　　　　　　　　　　　　　　　　　　　　　　[명] 对策

실업 문제를 해결하기 위해서 여러 가지 대책을 마련하고 있습니다.

为了解决失业问题准备了各种各样的对策。

27 훨씬　　　　　　　　　　　　　　　　　　　　　　[부] 相当

시장보다 마트가 훨씬 더 비싸서 저는 주로 시장에서 장을 봐요.

比起市场超市相当的贵所以我主要都在市场里买东西。

'훨씬'은 비교하는 문장에서 '더/덜'과 같이 주로 쓰입니다.
'훨씬(相当)'在比较的文章中'더(更)', '덜(更少)', 一起使用。

28 두렵다　　　　　　　　　　　　　　　　　　　　[형] 畏惧

군인들은 죽음을 두려워하지 않고 싸웠다.

军人们不畏惧死亡战斗着。

29 등장　　　　　　　　　　　　　　　　　　　　　　[명] 登场

인터넷의 등장으로 사람들의 생활에 많은 변화가 있었습니다.

网络的登场使人们的生活发生了很大的变化。

 등장하다 登场

30 또한　　　　　　　　　　　　　　　　　　　　　　　부 另外

전기뿐만 아니라 물 또한 아껴서 사용해야 합니다.

不仅仅是电另外还有水都要节约的使用。

31 말리다　　　　　　　　　　　　　　　　　　　　　　동 干

장마철에는 옷을 말리기가 힘들어요.

梅雨季节衣服很难晾干。

32 맑다　　　　　　　　　　　　　　　　　　　　　　　형 清澈

호수가 정말 맑고 투명하네요.

湖水真的清澈透明。

33 무대　　　　　　　　　　　　　　　　　　　　　　　명 舞台

지금 무대에서 노래 부르고 있는 사람이 누구예요?

现在在舞台上唱歌的人是谁?

 무대에 서다 站在舞台上

다의어 多义词

뽑다

❶ 抽号

예 은행에서 볼 일을 보려면 먼저 번호표를 **뽑아야** 한다.
要在银行办业务要先拿号码。

❷ 倒(咖啡或饮料)

예 너무 졸려서 커피를 한 잔 **뽑아** 마셔야겠다.
太困了所以倒了杯咖啡喝。

❸ 选(人)

예 우리 회사는 능력 있는 직원을 **뽑기** 위한 여러 가지 방법을 생각 중입니다.
我们公司为了选有能力的职员在想很多方法。

반의어 反义词

늘리다 增长 ↔ 줄이다 压缩, 减少

예 내년에는 회사의 인원을 **늘릴** 계획입니다.
明年有减少公司人员的计划。

이번 달부터 생활비를 **줄일** 수밖에 없습니다.
从这个月起只有压缩生活费了。

유의어 近意词

마음껏 尽情的 ≒ 실컷 尽情的

예 다이어트 중이라서 **마음껏** 먹을 수가 없어요.
다이어트 중이라서 **실컷** 먹을 수가 없어요.
减肥中所以不能尽情的吃。

한국어는 중국어로, 중국어는 한국어로 써 보세요.
韩国语用中文，中文用韩国语试着写一下。

1.	특성	_________	6.	分开	_________
2.	평가하다	_________	7.	对策	_________
3.	홍보하다	_________	8.	相当	_________
4.	골고루	_________	9.	干	_________
5.	규칙	_________	10.	舞台	_________

문장이 자연스럽도록 둘 중에서 알맞은 단어를 고르세요.
从下面两个中选一个最适合的单词让整个句子自然起来。

11. 한국어 실력을 (a.부딪치기 / b.향상시키기) 위해 매일 뉴스를 듣고 있습니다.

为了提高韩国语水平每天听新闻。

12. 이렇게 늦는 걸 보니 (a.혹시 / b.반드시) 무슨 일이 생긴 거 아니야?

这么晚了是不是发生了什么事情?

13. 신문에서 전 재산을 (a.실천한 / b.기부한) 할머니의 기사를 봤어요.

在新闻里看见了把自己所有财产都捐献了的奶奶的报道。

14. 마음에 들어서 (a.다행이에요 / b.당연해요).

幸好和您的心意。

15. 군인들은 죽음을 (a.두려워하지 / b.무시하지) 않고 싸웠다.
军人们不畏惧死亡战斗着。

아래 단어를 보고 빈 칸에 뜻을 적어 보세요. 그리고 점선대로 접어서 적은 뜻이 맞는지
확인해 보세요. (만일 틀렸다면 뒷면의 단어 앞 □ 에 ✓ 하세요.)
将下列单词的意思写在空白处。并按虚线折起后，确认写下的单词意思是否正确。(如果错了，在
背面的单词前的 □ 里划 ✓。)

단어	뜻
평균	
현장	
현상	
낭비하다	
만족하다	
목적	
분야	
성장하다	
설득하다	
자원봉사	
포장하다	
구체적	
다가가다	
뛰어나다	
면접	
비판하다	
약하다	
예상되다	
종류	
주장하다	
평가하다	
골고루	
나누다	
대책	
무대	

▼접는선

청계천

빈 칸에 한국어 단어를 3번 적고 다시 외워 봅시다.

将韩语单词写在空格处，重复三次并背诵。

◀접는선

뜻	단어		
☐ 平均			
☐ 现场			
☐ 现象			
☐ 浪费			
☐ 满足			
☐ 目的			
☐ 领域			
☐ 成长			
☐ 说服			
☐ 自愿奉献			
☐ 包装			
☐ 具体的			
☐ 接近			
☐ 卓越			
☐ 面试			
☐ 批判			
☐ 弱			
☐ 预想			
☐ 种类			
☐ 主张			
☐ 评价			
☐ 平均, 均衡, 均匀			
☐ 分开			
☐ 对策			
☐ 舞台			

DAY 16

확인해 보세요

빨간 시트지로 가리고 단어의 뜻을 알면, ☐ 에 ✓ 해 보세요.
用印纸将单词的意思遮挡后, 记住的单词在 ☐ 里划 ✓。

☐ 01	묻다	询问	☐ 13	선호하다	更喜欢	☐ 25	여기다	认为, 看成是
☐ 02	반영하다	反映	☐ 14	소득	所得	☐ 26	영업	营业
☐ 03	밝다	明亮	☐ 15	손님	客人	☐ 27	오염되다	被污染
☐ 04	발달	发达	☐ 16	수면	睡眠	☐ 28	요구되다	要求
☐ 05	발전	发展	☐ 17	순간	瞬间	☐ 29	원래	原来
☐ 06	병	病	☐ 18	시끄럽다	吵闹	☐ 30	위하다	为了
☐ 07	보호	保护	☐ 19	실력	实力	☐ 31	음악	音乐
☐ 08	부딪치다	碰撞	☐ 20	직급	级别	☐ 32	응답자	应答者
☐ 09	비상구	非常通道	☐ 21	실천하다	实现	☐ 33	작성하다	制成
☐ 10	사귀다	交往	☐ 22	심리	心理			
☐ 11	사례	事例	☐ 23	약속	约定			
☐ 12	상관없이	没关系	☐ 24	업체	企业			

DAY 16

 全部是特定的单词，一起学习的话能够得到高分。

01 묻다

동 询问

수업 내용이 잘 이해가 안 되면 선생님께 물어 보세요.

如果上课内容没有理解请问老师。

02 반영하다

동 反映

이번에 직원들의 의견을 반영해서 회사에 쉴 수 있는 공간을 마련했습니다.

这次反映了职员们的意见在公司里设置了可以休息的地方。

 반영되다 反映了

03 밝다

형 明亮

오랜만에 만난 부모님은 얼굴이 밝아 보이셨다.

好久没见父母的面色明亮了。

밝기 亮度

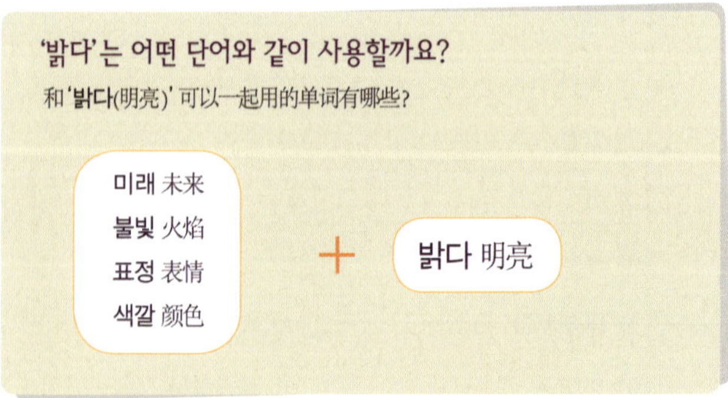

04 발달　　　　　　　　　　　　　　　　　　　　　명 发达

의학의 **발달**로 사람들의 평균 수명이 길어졌다.

随着医学的发展人们的寿命延长了。

 발달 发达　　　　　　　발달되다 发达了

발달하다 发达

05 발전　　　　　　　　　　　　　　　　　　　　　명 发展

유은이의 피아노 실력은 작년에 비해 큰 **발전**을 보이고 있습니다.

刘银的钢琴实力比起去年又有了一个新进展。

발전하다 发展　　　　　　　발전시키다 使发展

06 병　　　　　　　　　　　　　　　　　　　　　　명 病

병에 걸리면 마음도 약해지는 것 같아요.

如果生病了连心里都一起变弱了一样。

07 보호　　　　　　　　　　　　　　　　　　　　　명 保护

아이는 부모의 **보호**를 받으며 자란다.

孩子们受着父母的保护长大。

 보호시설 保护设施　　　　　　　보호하다 保护

08 부딪치다　　　　　　　　　　　　　　　　　　　동 碰撞

달려오는 자전거에 **부딪칠** 뻔했다.

差点跟飞过来的自行车碰撞到一起。

09 비상구　　　　　　　　　　　　　　　　　　　명 非常通道

불이 나면 **비상구**로 빨리 나가야 한다.

要是着火了要快从非常通道出去。

 비상금 救急金　　　　　　　비상약 急救药

10 사귀다

동 交往

유학 생활을 하면서 많은 친구를 사귀게 되었다.

留学生活中交往了很多的朋友。

11 사례

명 事例

교수님이 여러 가지 사례를 보여 주면서 설명하시니까 이해하기가 쉬웠다.

教授给我们看了很多的事例还为我们做了讲解所以很容易就理解了。

12 상관없이

부 没关系

나이나 국적에 상관없이 누구나 이 일을 할 수 있다.

龄与国际都没关系谁都能做这个工作。

상관이 없다 没关系

13 선호하다

동 更喜欢

요즘 젊은 사람들은 월급보다 복지가 좋은 회사를 선호한다.

最近年轻人比起月薪更喜欢福利好的公司。

선호도 喜欢度

14 소득

명 所得

사람들의 소득 수준이 올라가면서 문화비 지출이 늘었다.

人们的所得水准上升以后文化费的支出也增加了。

소득별 所得类别

15 손님

명 客人

오늘 우리집에 손님이 오셔서 청소를 해야 한다.

今天家里要来客人所以打扫一下。

손 客人

16 수면　　　　　　　　　　　　　　명 睡眠

아이들이 잘 자라기 위해서는 충분한 수면 시간을 갖는 것이 중요하다.

为了孩子们能好好的长大充足的睡眠很重要。

수면을 취하다 沉睡

17 순간　　　　　　　　　　　　　　명 瞬间

길이 위험하다고 생각하는 순간 사고가 나 버렸다.

一起觉得危险的瞬间事故发生了。

순간적 瞬间的

18 시끄럽다　　　　　　　　　　　　형 吵闹

밖에서 사람들이 싸워서 너무 시끄럽다.

外面的人在打架所以很吵。

19 실력　　　　　　　　　　　　　　명 实力

모두 그 사람의 실력이 최고라고 인정한다.

那个人的所有实力都被认证为最好的。

20 직급　　　　　　　　　　　　　　명 级别

직급이 높을수록 책임도 많아져요.

级别越高越要负责很多。

회사의 직급에는 어떤 것이 있을까요?

公司的级别都有什么?

인턴 사원(实习), 신입사원(新入), 대리(代理), 과장(科长), 부장(部长), 사장(社长) 등이 있어요.

21 실천하다　　　　　　　　　　　　　　　　　　　　동 实现

계획을 세웠으면 실천하세요.

做了计划就请实现。

 실천 实现　　　　　　　　　실천력 实现力

22 심리　　　　　　　　　　　　　　　　　　　　　　명 心理

어른들이 아이들의 심리를 이해하는 것은 쉬운 일이 아니다.

大人们理解孩子们的心里不是一件容易的事情。

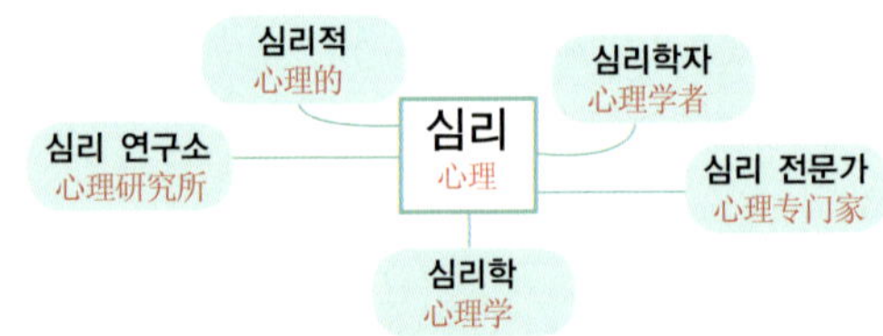

23 약속　　　　　　　　　　　　　　　　　　　　　　명 约定

그 사람은 약속을 틀림없이 지키는 사람이다.

那个人是遵守约定的人。

 약속하다 约定

24 업체　　　　　　　　　　　　　　　　　　　　　　명 企业

경쟁 업체끼리 너무 심하게 경쟁하면 결국 서로에게 피해만 주게 된다.

竞争企业之间过于严重的竞争结果只会导致互相给对方伤害。

25 여기다　　　　　　　　　　　　　　　　　　　동 认为, 看成是

나는 내 강아지를 자식처럼 여기고 있다.

我把我的狗看成是我的孩子。

26 영업

영업 시간이 어떻게 되나요?

营业到几点钟?

영업직 营业(职位)　　　　　　영업시간 营业时间
영업하다 营业

27 오염되다

오염된 물로 물고기들이 떼죽음을 당했다.

鱼在被污染的水里生活导致了灭亡。

오염 污染　　　　　　　　　오염물질 污染物质
오염시키다 使被污染

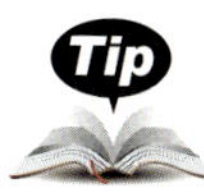

환경 오염의 종류는 무엇이 있을까요?

环境污染的种类有哪些?

'대기 오염(大气污染), 수질 오염(水质污染), 토질 오염(土质污染)' 등이 있어요.

28 요구되다

지원자에게 요구되는 자격이 어떻게 되지요?

对志愿者要求的资格是什么?

요구 要求　　　　　　　　　요구상항 要求项目
요구하다 要求

29 원래

여기에 원래 병원이 있었어요.

这里原来是医院。

30 위하다

동 为了

그 사람은 어떤 상황이든 자신보다 남을 위하는 편이다.

那个人无论在任何时候比起自己来说都先为别人的那类。

31 음악

명 音乐

저는 한국 전통 음악에 대해 연구하고 있습니다.

我对于韩国传统音乐正在研究。

 음악가 音乐家 　　　　음악회 音乐会

32 응답자

명 应答者

이번 설문의 응답자 가운데 반 이상이 반대하고 있다.

这次问卷的应答者中一半以上都是反对的。

관련어 응답 应答 　　　　응답하다 应答

출제 경향 出題傾向

다양한 분야에서 회원을 모집하는 공고문이 자주 출제되고 있습니다.
회원이 될 수 있는 자격 및 주의 사항 등을 꼼꼼하게 확인해야 합니다.
在多样的领域里征集会员的广告文经常出现在题目中,
成为会员的资格以及注意事项等一定要认真的确认。

설문조사에 자주 나오는 단어들을 정리해서 기억하세요.
이런 단어들은 반복해서 나온답니다.
整理了问卷调查里面经常出现的单词请记住。这些单词会反复出现。

응답자(应答者), 응답률(应答率), 조사 대상(调查对象),
조사 기관(调查机关), 조사 결과(调查结果)

33 작성하다

명 制成

오늘 5시까지 이력서를 작성해서 보내 주십시오.

到今天5点为止把简历写好发给我。

다의어 多义词

세우다

❶ 停(车)

예 우리 집 앞에 누가 차를 세워 놓았어요.
谁把车停在我们家前面了。

❷ 制定(计划)

예 휴가 계획을 잘 세워서 신나게 놀 거예요.
好好的制定休假计划兴奋的玩。

❸ 建建(筑物)

예 백화점 옆에 아파트 건물을 세우는 중이다.
在百货店旁边正在建楼房。

반의어 反义词

앞당기다 提前 ↔ 늦추다 推迟

예 할아버지 상태가 안 좋아져서 수술 날짜를 앞당기기로 했다.
爷爷的转台很不好所以手术日期提前了。

날씨가 안 좋으면 여행 날짜를 늦추도록 해요.
天气不好的话旅行日期要推迟。

유의어 近意词

섭섭하다 舍得 ≒ 서운하다 依依不舍

예 나는 친구에게 섭섭한 일이 생기면 바로 이야기를 하는 편이에요.
나는 친구에게 서운한 일이 생기면 바로 이야기를 하는 편이에요.
如果我跟朋友之间发生不舒服的事情马上就说出来的类型。

한국어와 중국어를 알맞게 연결해 보세요.
试着将韩国语与中文合适的联系在一起。

1. 부딪치다 ·   · **a.** 级别
2. 선호하다 ·   · **b.** 碰撞
3. 직급 ·   · **c.** 应答者
4. 오염되다 ·   · **d.** 要求
5. 요구되다 ·   · **e.** 为了
6. 위하다 ·   · **f.** 更喜欢
7. 응답자 ·   · **g.** 被污染

다음 빈 칸에 알맞은 단어를 〈보기〉에서 골라 쓰세요.
像<例子>一样给下面空的地方选一个合适的单词。

〈보기〉

a. 원래   b. 상관없이   c. 실천하세요   d. 순간

8. 나이나 국적에 (   ) 누구나 이 일을 할 수 있다.

   年龄与国际都没关系谁都能做这个工作。

9. 길이 위험하다고 생각하는 (   ) 사고가 나 버렸다.

   一起觉得危险的瞬间事故发生了。

10. 계획을 세웠으면 (   ).

    做了计划就请实现。

11. 여기에 (   ) 병원이 있었어요.

    这里原来是医院。

정답

확인해 보세요

빨간 시트지로 가리고 단어의 뜻을 알면, ☐ 에 ✓ 해 보세요.
用印纸将单词的意思遮挡后, 记住的单词在 ☐ 里划 ✓。

☐ 01	접수하다	接收	☐ 13	함부로	随便	☐ 25	공포감	恐怖感
☐ 02	정서 발달	情绪发展	☐ 14	화재	火灾	☐ 26	관련되다	有关联
☐ 03	정성	真诚	☐ 15	화제	话题	☐ 27	그립다	思念
☐ 04	정하다	定	☐ 16	활발하다	活泼	☐ 28	그만	停止
☐ 05	제한하다	限制	☐ 17	후회하다	后悔	☐ 29	근거	证据
☐ 06	짐	行李	☐ 18	흔히	常见	☐ 30	기념	纪念
☐ 07	창업하다	创业	☐ 19	부정적	否定的	☐ 31	금방	马上
☐ 08	창의력	创意力	☐ 20	연습하다	练习	☐ 32	기뻐하다	开心
☐ 09	출퇴근하다	上下班	☐ 21	상	奖	☐ 33	날개	翅膀
☐ 10	토론하다	讨论	☐ 22	가만히	静静的			
☐ 11	파악하다	把握	☐ 23	개성	个性			
☐ 12	평범하다	平凡	☐ 24	개최하다	召开			

DAY 17

 全部是特定的单词，一起学习的话能够得到高分。

01 접수하다 동 接收

이 강좌에 접수하려면 무엇이 필요합니까?

想要接收这次讲座需要什么么？

 접수 接收 　　　　접수기간 接收期间

02 정서 발달 명 情绪发展

음악은 아이의 정서 발달에 큰 도움이 된다.

音乐对孩子的情绪发展有很大的帮助。

정서 情绪 　　　　정서적으로 情绪上的

03 정성 명 真诚

그 사람으로부터 정성이 가득 담긴 선물을 받았다.

从那个人那里收到了充满真诚的礼物。

 정성껏 真诚的 　　　　정성을다하다 尽最大的真诚

04 정하다 동 定

이번 회의 일정을 다음과 같이 정했습니다.

这次会议的日程定为以下内容。

 정해지다 定的 　　　　정해놓다 定下的

05 제한하다　동 限制

행사장에 음식물 반입을 제한합니다.

活动场禁止携带食物。

 제한 限制　　　　　제한시간 限制时间

06 짐　명 行李

무거운 짐을 들고 계단을 오르는 할머니를 도와드렸어요.

帮助了拿着很重的行李上楼梯的奶奶。

07 창업하다　동 创业

요즘 대학생들은 졸업하기 전에 회사를 창업하기도 한다.

最近大学生很多都在毕业以前创业。

 창업 创业　　　　　창업지원센터 创业支援中心

08 창의력　명 创意力

창의력이 뛰어난 사람이 예술가가 될 수 있다.

创意力优秀的人能成为艺术家。

 창의성 创意性　　　　　창의적 创意的

09 출퇴근하다　동 上下班

출퇴근하는 데에 보통 얼마정도 걸리세요?

上下班的地方普通要多久?

출근 上班	퇴근 下班
출근길 上下班	퇴근길 下班路
출근 시간 上班时间	퇴근시간 下班时间
출퇴근 上下班	

10 토론하다

동 讨论

두 사람은 책을 읽고 내용에 대해 토론하고 있었다.

两个人看书以后对于内容开始讨论。

관련어

토론 讨论　　　　　　　　　　　토론회 讨论会
토론문화 讨论文化

출제 경향 出題倾向

토픽 듣기 지문에 토론하는 상황이 자주 출제됩니다.
주장의 내용, 주장하는 태도, 주장의 근거가 되는 내용을 찾는 것이 중요합니다.

TOPIK听力问题讨论的情况经常出题。
寻找主张的内容, 主张的根据的内容很重要。

11 파악하다
동 把握

그 사고의 원인을 파악하기 위해 노력하고 있다.

努力把握那个事故的原因。

관련어

파악 把握　　　　　　　　　　　파악되다 把握了

12 평범하다
형 平凡

외모는 평범하지만 그가 가진 실력은 놀랍습니다.

虽然外满很平凡，但是它所拥有的能力让人惊讶。

13 함부로
부 随便

사람의 첫인상을 보고 함부로 판단하지 마세요.

不要随便以人的第一印象判断。

14 화재
명 火灾

어젯밤 화재로 인해 많은 피해가 있었어요.

昨天晚上因为火灾受到很多伤害。

관련어

소방서 消防所　　　　　　　　　소방차 消防车
소방관 消防管　　　　　　　　　화재가 나다 发生火灾

15 화제

몡 话题

대화의 화제를 잘 찾아야 해요.

对话的话题要好好的寻找。

 화제가 되다 成为话题

16 활발하다

형 活泼

그는 활발하고 외향적인 사람입니다.

他是一个活泼外向的人。

17 후회하다

형 后悔

지금까지 살면서 가장 후회하는 일이 뭐예요?

到现在为止生活中最后悔的事是什么?

 후회 后悔

18 흔히

뷔 常见

이 꽃은 흔히 볼 수 있는 꽃이 아닙니다.

这个花不是很常见的。

19 부정적

몡 否定的

부정적인 생각은 가능한 한 하지 말고 좋게 생각하세요.

不要有负想的思想, 可以的话请正想思考。

Tip 'N적'의 형태로 쓰이는 성격은 또 뭐가 있을까요?

'N적(N的)' 形态使用的性格还有哪些?

부정적(否定的), 긍정적(积极的), 외향적(外向的), 내성적(内向的),
개방적(开放的), 보수적(保守的) 등이 있어요.

20 연습하다　　　　　　　　　　　　　　동 练习

아무리 어려운 발음도 연습하다보면 좋아질 거예요.

就算再难的发音只要练习就会变好。

 연습 练习

21 상　　　　　　　　　　　　　　　　명 奖

이번대회에서 상을 받으면 친구들에게 한턱내려고 한다.

这次大会如果能得奖打算请朋友吃饭。

출제 경향 出题倾向

토픽에는 상을 받은 인물이나 기업에 대한 지문이 출제되곤 합니다.
TOPIK中得奖的人物或者企业的问题经常出现。

이미 출제된 상의 종류로는
已经出现的奖的种类
'환경상(环境奖), 공로상(公路奖), 대상(大奖), 상품개발상(商品开发奖)' 등이 있습니다.

22 가만히　　　　　　　　　　　　　　부 静静的

가만히 앉아 있지만 말고 빨리 와서 도와 줘.

不要总是坐着快过来帮忙。

23 개성　　　　　　　　　　　　　　　명 个性

앞으로는 개성이 중요한 시대가 될 것입니다.

将来会成为个性最重要的时代。

24 개최하다　　　　　　　　　　　　　동 召开

강원도 평창에서 2018년 동계올림픽을 개최하게 되었습니다.

2018年冬季奥林匹克将会在江原道平窗市召开。

 개최 开展　　　　　　　　개최되다 开展了

25 공포감　　　　　　　　　　　　　　　　　　　　　　　　명 恐怖感

그 뉴스 기사는 사람들에게 공포감을 주었습니다.

那个新闻报道给了人一个恐怖感。

 공포 恐怖

26 관련되다　　　　　　　　　　　　　　　　　　　　　　　동 有关联

그 사건과 관련된 사람들을 모두 만나야 할까요?

只要是和那个事件有关的人都要见么？

 관련 有关　　　　　　　　　　관련하다 有关的

27 그립다　　　　　　　　　　　　　　　　　　　　　　　　형 思念

고향을 떠나온 지 20년이 넘었지만 아직도 고향이 그립습니다.

虽然已经离开家乡超过20年了但是还是很想念。

 그리워하다 思念

28 그만　　　　　　　　　　　　　　　　　　　　　　　　　부 停止

벌써 10시야! 그만 자고 일어나!

已经十点了别睡了起床。

29 근거　　　　　　　　　　　　　　　　　　　　　　　　　명 证据

그렇게 말씀하시는 근거가 있습니까?

你那么说有证据么？

30 기념　　　　　　　　　　　　　　　　　　　　　　　　　명 纪念

지금부터 기념 사진을 찍겠습니다.

现在开始要拍纪念照片了。

 기념일 纪念日　　　　　　　　기념하다 纪念
기념행사 纪念活动

기차가 금방 도착할 테니까 내릴 준비를 하세요.

火车很快就到了请准备下车。

32 기뻐하다 〔형〕开心

제가 대학에 합격했다는 소식을 듣고 부모님께서 기뻐하셨습니다.

父母听到我大学合格了的消息非常的开心。

33 날개 〔명〕翅膀

새들이 날개를 활짝 펴고 높이 날아올랐다.

小鸟们张开翅膀飞上天了。

 날갯짓 扇动(翅膀)

 다의어 多义词

쏟다

❶ 洒(水)

예 컵 안에 들어 있던 물을 모두 **쏟아** 버렸다.
水杯里的水全都洒了。

❷ 倾注(感情)

친구가 정성을 **쏟아** 만든 케이크를 선물해 줘서 너무 기뻤어요.
朋友倾注感情为我做了蛋糕做礼物送给我很开心。

DAY
17
★★

반의어 反义词

어둡다 暗 ↔ 환하다 明亮

예 방이 너무 **어두워서** 불을 켰다.
房间里很暗所以打开灯。

빛이 **환하게** 들어오는 집이 좋습니다.
有明亮的光线进入的房子最好。

유의어 近意词

염려하다 担心 ≒ 걱정하다 担心

예 이번 시험은 망쳤지만 앞으로 열심히 공부할 테니까 **염려하지** 마세요.
이번 시험은 망쳤지만 앞으로 열심히 공부할 테니까 **걱정하지** 마세요.
虽然这次考试砸了但是以后会认真的学习所以不用担心。

한국어는 중국어로, 중국어는 한국어로 써 보세요.
韩国语用中文，中文用韩国语试着写一下。

1. 정성 _______________   6. 活泼 _______________

2. 제한하다 _______________   7. 常见 _______________

3. 토론하다 _______________   8. 个性 _______________

4. 평범하다 _______________   9. 召开 _______________

5. 함부로 _______________   10. 证据 _______________

문장이 자연스럽도록 둘 중에서 알맞은 단어를 고르세요.
从下面两个中选一个最适合的单词让整个句子自然起来。

11. 이 강좌에 (a.접수하려면 / b.변경하려면) 무엇이 필요합니까?

想要接收这次讲座需要什么么?

12. 이번 회의 일정을 다음과 같이 (a.놓았습니다 / b.정했습니다).

这次会议的日程定为以下内容。

13. 그 사고의 원인을 (a.파악하기 / b.관련되기) 위해 노력하고 있다.

努力把握那个事故的原因。

14. 지금까지 생활하면서 가장 (a.오염되는 / b.후회되는) 일이 뭐예요?

到现在为止生活中最后悔的事是什么?

15. (a.가만히 / b.원래) 앉아 있지만 말고 와서 빨리 와서 도와 줘.

不要总是坐着快过来帮忙。

DAY 18

확인해 보세요

빨간 시트지로 가리고 단어의 뜻을 알면, □ **에** ✓ **해 보세요.**
用印纸将单词的意思遮挡后, 记住的单词在 □ 里划 ✓。

□ 01 날다 — 飞	□ 13 마라톤 — 马拉松	□ 25 사물 — 事物
□ 02 낮추다 — 降低	□ 14 아무 — 任何	□ 26 사업 — 事业
□ 03 넘치다 — 溢出	□ 15 막 — 刚刚	□ 27 사정 — 事情
□ 04 놀라다 — 吓一跳	□ 16 면 — 面	□ 28 속도 — 速度
□ 05 승진 — 升职	□ 17 모 — 某	□ 29 시기 — 时期
□ 06 대표 — 代表	□ 18 모기 — 蚊子	□ 30 신설하다 — 新建
□ 07 독자 — 读者	□ 19 미끄럽다 — 滑	□ 31 시대 — 时代
□ 08 돌보다 — 照看	□ 20 반복 — 反复	□ 32 심다 — 种
□ 09 동아리 — 社团	□ 21 법 — 法	□ 33 쌀 — 大米
□ 10 등산객 — 登山客	□ 22 벽 — 墙	
□ 11 땀 — 汗水	□ 23 불가 — 禁止	
□ 12 로봇 — 机器人	□ 24 비밀 — 秘密	

DAY 18

 全部是特定的单词，一起学习的话能够得到高分。

01 날다 동 飞

비행기가 바다 위를 날고 있다.

飞机在大海上面飞行。

 날아가다 飞上去　　　　날아다니다 飞着

02 낮추다 동 降低

음악 소리를 좀 낮춰 주세요.

音乐声音请小一点。

 몸을 낮추다 放低身体

03 넘치다 동 溢出

비 때문에 강물이 넘쳤다고 합니다.

因为下雨江水溢出来了。

넘쳐나다 溢出来

04 놀라다 동 吓一跳

갑자기 소리를 질러서 깜짝 놀랐어요.

突然大喊吓我一跳。

05 승진 명 升职

이번에 승진했다고 들었는데 한턱 내셔야지요?

听说升职了要请客。

06 대표 명 代表

축구 국가 대표가 되려고 매일 연습하고 있어요.

想要成为国家球队代表每天练习。

 관련어

대표팀 代表队　　　　　　대표하다 代表
대표적이다 代表的

07 독자 명 读者

이 책을 읽고 많은 독자들이 감동했다.

看过这本书的很多读者都感动了。

08 돌보다 동 照看

부모님이 안 계실 때는 제가 동생을 돌봐요.

父母不在的时候我照看弟弟。

09 동아리 명 社团

나는 연극 동아리에 가입하고 싶어.

我想加入话剧社团。

10 등산객 명 登山客

가을이 되면 산은 단풍을 구경하려는 등산객으로 가득하다.

冬天的时候山上会被看枫树叶的登山客塞得满满的。

 관련어

등산화 登山鞋

'N객'의 형태로 쓰이는 것은 또 뭐가 있을까요?

'N객(N客)' 形态使用的性格还有哪些?

관객(观客), 방청객(旁听客), 승객(乘客), 관람객(观览客) 등이 있어요.

11 땀　　　　　　　　　　　　　　　　　　　　　　　　　명 汗水

아까 땀을 많이 흘렸더니 옷에서 냄새가 난다.

刚才流太多汗衣服有味道。

12 로봇　　　　　　　　　　　　　　　　　　　　　　　명 机器人

앞으로는 로봇이 사람을 대신해서 많은 일을 하게 될 거예요.

以后机器人将会代替人类做很多事。

13 마라톤　　　　　　　　　　　　　　　　　　　　　명 马拉松

마라톤 대회에 참가해 본 적 있어요?

马拉松大会参加过么?

14 아무　　　　　　　　　　　　　　　　　　　　　　부 任何

그 사람은 아이처럼 아무나 쉽게 믿어요.

那个人像孩子一样很容易相信人。

관련어

아무거나 任何事　　　　　　　　아무데나 任何地方
아무때나 任何时候

Tip

'아무나'와 '아무도'는 어떤 차이가 있을까요?
'아무나(任何人)'和'아무도(一个人都)'有什么区别?

'아무나'는 누구나 상관없이 괜찮을 때 사용해요.
'아무나(任何人)'都没有关系的时候使用。

예 교실 청소는 아무나 해도 괜찮아요.
　　教室清扫谁干都行。

반면에 '아무도'는 보통 '안/못 A/V'과 같이 쓰고 한 명도 없다는 것을 강조할 때 사용해요.
反面'아무도(一个人都)'普通加'안/못 A/V'一起使用表示一个人都没有的时候使用。

예 일요일에 학교에 갔더니 아무도 없었어요.
　　周日去学校一个人都没有。

15 막

부 刚刚

집에 막 들어오니까 전화가 왔다.

刚到家就来电话了。

16 면

명 面

집을 살 때는 위치, 주변환경 등 여러가지 면을 고려해 봐야 한다.

买房子的时候位置周边环境等各方面都要考虑好了。

17 모

명 某

연예인 김 모 씨가 오늘 경찰서에서 조사를 받았다.

演员金某人今天在警察局接受调查。

출제 경향 出題傾向

읽기나 듣기에서 뉴스기사가 자주 출제됩니다. 뉴스 기사에서는 실명을 거론하면 곤란한 경우가 자주 있기 때문에 이름을 밝히지 않고 '김 모 씨, 박 모 씨' 등과 같이 성만 사용해서 나타냅니다.

在阅读或者听力中新闻记事经常出题。新闻记事中真实名字拿出来讨论比较困难所以名字不会被说明，一般使用 '김 모 씨(金某)'，'박 모 씨(朴某)' 等名字。

18 모기

명 蚊子

모기 때문에 잠을 잘 수가 없어요.

因为蚊子不能睡觉。

19 미끄럽다

형 滑

눈이 와서 길이 너무 미끄럽네요.

下雪了地很滑。

미끄럼틀 滑行机   미끄러지다 滑

20 반복　　　　　　　　　　　　　　　　　　명 反复

외국어를 공부할 때는 반복하는 게 제일 좋아요.

学习外语比起反复的学没有更好的了。

반복적 反复的　　　　　　　　반복하다 反复

21 법　　　　　　　　　　　　　　　　　　　　명 法

법을 지키지 않으면 처벌을 받는다.

不遵守法律就会遭到处罚。

법률 法律

22 벽　　　　　　　　　　　　　　　　　　　　명 墙

벽에 그림이 걸려 있었다.

墙上挂着画。

벽걸이 墙挂钩

23 불가　　　　　　　　　　　　　　　　　　　명 禁止

그 영화는 폭력적인 장면이 많아서 19세 미만은 관람 불가다.

那个电影因为暴力场面太多了所以未满19岁不能看。

불가하다 不可以　　　　　　　불가능 不可能

24 비밀　　　　　　　　　　　　　　　　　　　명 秘密

이건 비밀인데, 너한테만 말해 줄게.

这是秘密，只对你说。

비밀번호 密码　　　　　　　　비밀스럽다 秘密的
비밀을 지키다 遵守秘密

25 사물　　　　　　　　　　　　　　　　　　　　　명 事物

그 예술가는 사물에 대해 자세히 관찰하고 개성있게 표현하는
것으로 유명하다.

那个艺术家一观察事物之后的个性发表有名。

26 사업　　　　　　　　　　　　　　　　　　　　　명 事业

친구가 새로 사업을 시작했는데 너무 바빠서 통 얼굴을 볼 수가
없다.

朋友开始了新的事业太忙了所以根本就见不了面。

 사업가 事业者

27 사정　　　　　　　　　　　　　　　　　　　　　명 事情

사정이 있어서 그동안 학교에 못 나왔다.

因为有事情有段时间没有去学校。

사정이 생기다 出事

28 속도　　　　　　　　　　　　　　　　　　　　　명 速度

일을 하면 할수록 속도가 빨라진다.

做事情越做越快。

29 시기　　　　　　　　　　　　　　　　　　　　　명 时期

병에 걸렸을 때 치료 시기를 놓치면 치료하기 어렵다.

生病的时候错过了治病的时机就会很难治疗。

30 신설하다　　　　　　　　　　　　　　　　　　　동 新建

우리 대학에 인터넷 관련 학과를 신설했다.

我们学校新建了跟网络有关的学科。

31 시대 명 时代

요즘같은 정보화 **시대**에는 인터넷을 모르면 일을 할 수 없다.

最近一样的情报化时代要是不懂网络就没法工作。

 **시대가 변하다** 时代变了

 **출제 경향 出題傾向**

시대의 변화에 따라 달라지는 문화 현상에 대한 지문이 출제됩니다.
根据时代的变化在变化的文化现象有关的问题出题。

예 남녀의 지위(男女的地位), 이혼율의 증가(离婚率的增加),
저출산 문제(低生产问题), 고령화 사회(老龄化问题)

32 심다 동 种

산에 나무를 많이 **심어야** 해요.

山里要种很多树。

33 쌀 명 大米

쌀 소비량이 점차 줄고 있어서 농사짓는 사람들이 힘들어하고
있어요.

大米的消费量逐渐减少干农活的人们很辛苦。

다의어 多义词

잡다

❶ 定(约会)

예) 친구가 너무 바빠서 약속 한번 잡기도 힘들다.
朋友非常的忙所以很难约到她。

❷ 抓(机会)

예) 준비된 사람만이 기회를 잡을 수 있습니다.
有做好准备了的人才能够抓住机会。

DAY
18
★★

반의어 反义词

이기다 赢 ↔ 지다 输

예) 이번 축구 경기는 꼭 이겼으면 좋겠어요.
这次足球比赛一定要赢就好了。

경기를 하다보면 질 때도 있으니 속상해하지 마세요.
比赛中有时候也是要输的所以不要太伤心。

유의어 近意词

적다 写 ≒ 쓰다 写

예) 수첩에 친구들의 전화번호를 적어 놓았어요.
수첩에 친구들의 전화번호를 써 놓았어요.
把朋友的电话号码写在了手册里。

한국어와 중국어를 알맞게 연결해 보세요.
试着将韩国语与中文合适的联系在一起。

1. 낮추다 • • a. 事物
2. 넘치다 • • b. 溢出
3. 놀라다 • • c. 照看
4. 돌보다 • • d. 新建
5. 반복 • • e. 反复
6. 사물 • • f. 降低
7. 신설하다 • • g. 吓一跳

다음 빈 칸에 알맞은 단어를 〈보기〉에서 골라 쓰세요.
像〈例子〉一样给下面空的地方选一个合适的单词。

〈보기〉

a. 사정이   b. 속도가   c. 시기를   d. 심어야

8. (   ) 있어서 그동안 학교에 못 나왔다.
因为有事情有段时间没有去学校。

9. 병에 걸렸을 때 치료 (   ) 놓치면 치료하기 어렵다.
生病的时候错过了治病的时机就会很难治疗。

10. 산에 나무를 많이 (   ) 해요.
山里要种很多树。

11. 일을 하면 할수록 (   ) 빨라진다.
做事情越做越快。

정답

DAY 19

확인해 보세요

빨간 시트지로 가리고 단어의 뜻을 알면, ☐ **에 ✓ 해 보세요.**
用印纸将单词的意思遮挡后, 记住的单词在 ☐ 里划 ✓ 。

☐ 01 **아무래도** 不管怎样	☐ 13 **이사하다** 搬家	☐ 25 **절대로** 绝对
☐ 02 **양심** 良心	☐ 14 **예매하다** 预订	☐ 26 **조정하다** 调整
☐ 03 **연주하다** 演奏	☐ 15 **이익** 利益	☐ 27 **졸업** 毕业
☐ 04 **과소비** 过消费	☐ 16 **이제** 现在	☐ 28 **졸음** 困
☐ 05 **예술가** 艺术家	☐ 17 **자랑하다** 炫耀	☐ 29 **주고받다** 来回送
☐ 06 **예의** 礼仪	☐ 18 **저렴하다** 廉价	☐ 30 **증정하다** 赠送
☐ 07 **외** 外	☐ 19 **전공하다** 专业	☐ 31 **최고** 最好
☐ 08 **외모** 外貌	☐ 20 **전국** 全国	☐ 32 **출연하다** 出演
☐ 09 **외출하다** 外出	☐ 21 **전기** 电	☐ 33 **취소되다** 取消
☐ 10 **우수하다** 优秀	☐ 22 **전자** 电子	☐ 34 **가꾸다** 栽种
☐ 11 **위기** 危机	☐ 23 **전체** 全部	
☐ 12 **이내** 以内	☐ 24 **전혀** 完全(不)	

DAY 19

 关련어 全部是特定的单词，一起学习的话能够得到高分。

01 아무래도　　　　　　　　　　　　　　　뷰 不管怎样

오늘 일은 아무래도 내 잘못인 것 같다.

今天的事不管怎么看都是我不对。

02 양심　　　　　　　　　　　　　　　　　명 良心

요즘에는 양심이 없는 사람들이 많아지는 것 같다.

最近没良心的人越来越多了。

 양심적 良心的

03 연주하다　　　　　　　　　　　　　　　동 演奏

무슨 악기든 악기 하나쯤은 연주할 줄 알았으면 좋겠어요.

不管是什么乐器只要会一样乐器就好了。

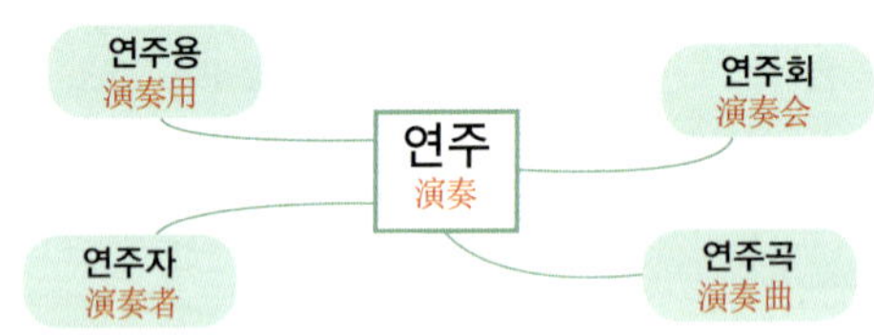

04 과소비　　　　　　　　　　　　　　　　명 过消费

젊은 세대들의 과소비가 늘고 있다.

年轻人们的过度消费在曾加，很担心。

05 예술가　　　　　　　　　　　　　　　　　　　　　　　명 艺术家

고흐는 죽은 후에 비로소 예술가로서 인정받았다.

梵高死了以后才得到艺术家的认证。

 예술 艺术　　　　　　　　　　예술 회관 艺术会馆

06 예의　　　　　　　　　　　　　　　　　　　　　　　　명 礼仪

친한 친구일수록 아무리 사소한 예의라도 지켜야 한다.

越是好朋友就越是要遵守小的礼仪。

 예의 바르다 很有礼貌

07 외　　　　　　　　　　　　　　　　　　　　　　　　　명 外

우리 회사는 현직 근무자 외에 퇴직자에게도 동일한 보험 혜택
을 드립니다.

我们公司现在上班的人以外退职者也有统一的保险福利。

08 외모　　　　　　　　　　　　　　　　　　　　　　　　명 外貌

최근 조사에 의하면 취업하는 데에 외모의 영향도 크다고 한다.

最近调查现在就业外貌也有很大的影响。

09 외출하다　　　　　　　　　　　　　　　　　　　　　　동 外出

얼마 전 다리를 다쳐 혼자 외출하는 것이 힘들어졌다.

不久以前腿受伤自己不能外出。

 외출 外出

10 우수하다　　　　　　　　　　　　　　　　　　　　　　형 优秀

그 친구는 우수한 성적으로 졸업했고 취업에도 성공했다.

那个朋友以优秀的成绩毕业就业也成功了。

 우수성 优秀性　　　　　　　　　우수 사원 优秀职员

11 위기 명危机

어려운 상황일 때는 **위기**를 기회로 삼으라는 말을 떠올렸다.

想起了困难的时候，把危机当成机会的话。

12 이내 명以内

이 일을 3일 **이내**로 끝내주실 수 있나요?

这件事3天内能结束么？

13 이사하다 동搬家

이사하는 날 비가 안 왔으면 좋겠어요.

搬家那天要是不下雨就好了。

 이삿짐 搬家时的行李　　　　이삿짐 센터 搬家中心
이사가다 搬家

14 예매하다 동预订

인터넷으로 표를 **예매하면** 할인을 받을 수 있다.

网上订票可以打折。

 예매율 预定率

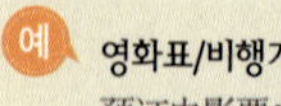

'예약하다'와 '예매하다'는 어떤 차이가 있을까요?
'예약하다(预约)'和'예매하다(预订)'的差异有哪些？

'예매하다'는 주로 표로 구입 가능한 것에 대해서만 사용합니다.
'예매하다(预订)'主要是买票的时候关于买入的可能性的时候使用。

예 영화표/비행기표를 예매했어요.
预订电影票/机票预订完成了。

반면에 '예약하다'는 표 이외에도 호텔이나 식당에 대해서도 사용 가능합니다.
反面'예약하다(预约)'是指票以外的酒店或者饭店都可以使用。

예 비행기표/호텔/식당을 예약했어요.
飞机票，酒店，饭店预约完成了。

15 이익 명 利益

회사 입장에서는 큰 이익을 보는 것이 가장 큰 목표지요.

在公司的立场看到大利益是最大的目标。

 손해 损害

16 이제 부 现在

아이를 낳아 보니 이제 부모님의 마음을 잘 알게 되었어요.

生孩子以后现在知道父母的心了。

17 자랑하다 형 炫耀

윌슨 씨가 이번에 토픽 시험에 합격했다고 자랑했다.

沃森这次炫耀自己通过了TOPIK考试。

 자랑 炫耀　　　　　　자랑거리 炫耀的东西
자랑스럽다 炫耀的

18 저렴하다 형 廉价

생필품을 저렴하게 살 수 있는 곳이 어디에 있어요?

可以便宜的买到生活用品的地方在哪里？

19 전공하다 동 专业

대학에서 무엇을 전공할지 못 정했다.

还没决定大学学什么专业。

 전공 专业　　　　　　전공자 专业者
전공 서적 专业书籍

20 전국　　　　　　　　　　　　　　　　　　　　　　　명 全国

전국에 비가 내린 지 벌써 일주일째다.

全国大雨已经下了一周了。

21 전기　　　　　　　　　　　　　　　　　　　　　　　명 电

폭우로 전기마저 끊겨 버렸다.

因为下暴雨，所以断电了

전기 밥솥 电饭锅　　　　　　　전기 소비량 电消费量

전기 요금 고지서 电费单

22 전자　　　　　　　　　　　　　　　　　　　　　　　명 电子

이 회사에서 생산되는 전자 제품은 세계로 수출되고 있다.

这个公司生产的电子制品在全世界输出。

23 전체　　　　　　　　　　　　　　　　　　　　　　　명 全部

그 사람의 죽음으로 나라 전체가 슬픔에 빠졌다.

全国人民陷入了那个人去世的痛苦中。

전체적 全体的

24 전혀　　　　　　　　　　　　　　　　　　　　　　　명 完全(不)

냉장고가 고장이 났는지 전혀 작동되지 않고 있다.

冰箱故障了现在完全不制冷了。

25 절대로　　　　　　　　　　　　　　　　　　　　　　부 绝对

이번 회의에는 절대로 늦으면 안 돼요.

这次会议决不能迟到。

절대 绝对

26 조정하다　　　　　　　　　　　　　　　　　　동 调整

출근 시간을 아침 7시로 조정했다.

上班时间调整到了早上7点。

27 졸업　　　　　　　　　　　　　　　　　　명 毕业

입학한 지가 엊그제 같은데 벌써 졸업이네요.

入学的时候还好像是前天的事就已经毕业了。

 졸업하다 毕业　　　　　　졸업식 毕业试
졸업생 毕业生

28 졸음　　　　　　　　　　　　　　　　　　명 困

따뜻한 우유를 먹으니 졸음이 오기 시작했다.

喝了温的牛奶以后开始犯困了。

 졸음 운전 疲乏驾驶

29 주고받다　　　　　　　　　　　　　　　　동 来回送

선물을 주고받으면서 즐거운 크리스마스를 보낸다.

礼物要有来有往的度过一个开心的圣诞节。

30 증정하다　　　　　　　　　　　　　　　　동 赠送

30만원 이상 구입하시면 사은품을 증정합니다.

30万以上购买的话就会有赠品。

 증정 赠送　　　　　　증정품 赠品
증정 장소 赠送场所

31 최고　　　　　　　　　　　　　　　　　명 最好

우리 나라 **최고**의 과학자를 소개합니다.

介绍一下我们国家最好的科学家。

최하 最下	최초 最初
최종 最终	최신 最新
최장 最长	

32 출연하다　　　　　　　　　　　　　　　동 出演

오늘 프로그램에 좋아하는 연예인이 **출연한다**고 해서 기대하고 있습니다.

今天的节目会有最喜欢的演员出演所以很期待。

출연자 演出人员

33 취소되다　　　　　　　　　　　　　　　동 取消

비가 와서 등산 계획이 **취소되었습니다**.

因为下雨了所以登山计划取消了。

취소하다 取消

34 가꾸다　　　　　　　　　　　　　　　　동 栽种

우리 할아버지께서는 꽃을 **가꾸시는** 게 취미다.

我爷爷的爱好是养花。

다의어 多义词

지내다

❶ 相处

예 친하게 **지내던** 친구가 고향으로 돌아가서 섭섭하다.
相处的很好朋友要回老家了很不舍得。

❷ 度过

예 생일이었지만 아무에게도 연락하지 않고 조용하게 가족들과 **지냈습니다.**
虽然是生日但是没有跟任何人联系安静的跟家人度过了。

❸ 做过

예 우리 아버지는 고등학교 축구 대표팀의 감독을 **지내셨다.**
我爸爸做过高中足球代表队的教练。

반의어 反义词

이륙하다 起飞 ↔ 착륙하다 降落

예 10분 후에 비행기가 **이륙할** 예정입니다.
十分钟以后飞机将会起飞。

비행기가 **착륙할** 때 반드시 안전벨트를 하세요.
飞机着陆的时候一定要系好安全带。

유의어 近意词

하락하다 下落 ≒ 감소하다 减小

예 경제가 어려워서 의류 제품 판매량이 **하락하였다.**
경제가 어려워서 의류 제품 판매량이 **감소하였다.**
经济不景气所以衣料制品销售量下落。

한국어는 중국어로, 중국어는 한국어로 써 보세요.
韩国语用中文，中文用韩国语试着写一下。

1. 과소비 _______________
2. 예의 _______________
3. 우수하다 _______________
4. 예매하다 _______________
5. 자랑하다 _______________

6. 专业 _______________
7. 完全(不) _______________
8. 调整 _______________
9. 搬家 _______________
10. 出演 _______________

문장이 자연스럽도록 둘 중에서 알맞은 단어를 고르세요.
从下面两个中选一个最适合的单词让整个句子自然起来。

11. 요즘에는 (a.양심 / b.적성)이 없는 사람들이 많아지는 것 같다.

最近没良心的人越来越多了。

12. 어려울 상황일 때는 (a.보호 / b.위기)를 기회로 삼으라는 말을 떠올렸다.

想起了困难的时候，把危机当成机会的话。

13. 우리 나라 (a.최고 / b.최저)의 과학자를 소개합니다.

介绍一下我们国家最好的科学家。

14. 30만원 이상 구입하시면 사은품을 (a.증정합니다 / b.선호합니다).

30万以上购买的话就会有赠品。

15. 회사 입장에서는 큰 (a.유익 / b.이익)을 보는 것이 가장 큰 목표이지요.

在公司的立场看到大利益是最大的目标。

DAY 20

확인해 보세요

빨간 시트지로 가리고 단어의 뜻을 알면, ☐ 에 ✓ 해 보세요.
用印纸将单词的意思遮挡后, 记住的单词在 ☐ 里划 ✓。

☐ 01 **친하다** 亲密	☐ 13 **가정** 家庭	☐ 25 **국가** 国家
☐ 02 **파괴하다** 破坏	☐ 14 **감각** 感觉	☐ 26 **궁금하다** 好奇
☐ 03 **피로** 疲劳	☐ 15 **강화하다** 强化	☐ 27 **귀찮다** 麻烦
☐ 04 **한꺼번에** 一次性	☐ 16 **갖추다** 具备	☐ 28 **그치다** 停止
☐ 05 **화려하다** 华丽	☐ 17 **거짓말** 假话	☐ 29 **깜빡** 一下子
☐ 06 **화면** 画面	☐ 18 **검사** 检查	☐ 30 **깜짝** 一下子
☐ 07 **화장품** 化妆品	☐ 19 **겨우** 好不容易	☐ 31 **깨닫다** 认识到
☐ 08 **횡단보도** 人行横道	☐ 20 **계산** 计算	☐ 32 **꺼내다** 拿出
☐ 09 **효율성** 效率性	☐ 21 **고속도로** 高速公路	☐ 33 **이혼** 离婚
☐ 10 **휴식** 休息	☐ 22 **공지** 公告	
☐ 11 **흔하다** 多的是	☐ 23 **공통되다** 共同	
☐ 12 **켜다** 打开	☐ 24 **구조하다** 救援	

DAY 20

 全部是特定的单词，一起学习的话能够得到高分。

01 친하다
형 亲密

이번 주말에 친한 친구들과 여행을 가려고 한다.

这周周末想跟最亲密的朋友去旅行。

02 파괴하다
동 破坏

환경을 파괴하는 개발은 멈춰져야 합니다.

破坏环境的开发要停止才可以。

 파괴 破坏　　　　　　　　　파괴되다 被破坏

03 피로
명 疲劳

피로를 푸는 데에는 목욕이 좋잖아요.

解除疲劳最好的方法是沐浴。

04 한꺼번에
부 一次性

다이어트를 하다가 한꺼번에 많이 먹으면 건강에 안 좋다.

减肥之后一次吃很多对健康不好。

05 화려하다
형 华丽

그 배우의 옷이 정말 화려하네요.

那个演员的衣服真的很华丽。

06 화면　　　　　　　　　　　　　　　　　　　　　　명 画面

텔레비전 **화면**이 보이지 않아요.

看不到电视机画面。

07 화장품　　　　　　　　　　　　　　　　　　　명 化妆品

지금 사용하는 **화장품**이 어떤 거예요?

现在使用的化妆品是什么样的?

08 횡단보도　　　　　　　　　　　　　　　　　명 人行横道

신호등이 바뀌기 전까지 **횡단보도**를 건너지 마세요.

信号灯换以前不要走人行横道。

09 효율성　　　　　　　　　　　　　　　　　　　명 效率性

효율성을 높이면 일을 빨리 끝낼 수 있어요.

提高效率就会快点结束事情。

 효율 效率　　　　　　　　효율적 有效

10 휴식　　　　　　　　　　　　　　　　　　　　명 休息

지금부터 30분 동안 **휴식** 시간입니다.

现在开始30分钟的休息时间。

11 흔하다　　　　　　　　　　　　　　　　　　　형 多的是

그 옷은 어디에서나 살 수 있는 **흔한** 옷입니다.

那件衣服是到处都能买到的多的是的衣服。

12 켜다 동 打开

텔레비전을 **켜자마자** 뉴스 속보가 나왔다.

一开电视就出现了新闻快报。

 끄다 关 　　　　　　　 틀다 开

13 가정 명 家庭

최근 한국에는 다문화 **가정**이 늘어나고 있다.

最近韩国的多文化家庭越来越多了。

 가정 문제 家庭问题 　　　　　　 가정 상담사 家庭商谈者

'다문화 가정'은 무엇을 의미하는 걸까요?

'다문화가정(多文化家庭)'是什么意思?

서로 다른 국적, 문화를 가진 남녀가 이룬 가정을 말합니다. 한국 사회에서 다문화 가정의 수가 급격히 늘어나고 있기 때문에 관련 주제에 대한 지문이 출제될 가능성이 있습니다.

互相不一样的国际, 拥有不一样文化的男女形成的家庭。韩国社会里这样的多文化家庭正在急剧增加, 同事与之相关的主题问题作为命题的可能性也有。

14 감각 명 感觉

감각 기관에 문제가 생긴 것 같습니다.

感官器官出现问题了好像。

15 강화하다 동 强化

어휘력을 **강화하기** 위해서 하루에 30개씩 어휘를 외우고 있습니다.

为了强化词汇力一天背30个单词。

 강화 强化 　　　　　　　 강화시키다 使强化

16 갖추다

동 具备

그 회사에 취직하기 위해서는 실력뿐만 아니라 인성도 **갖추어** 야 합니다.

为了去那个公司就业不光是实力还要具备任性。

17 거짓말

명 假话

어떤 조사에 의하면 **거짓말**을 할 때 사람들은 머리를 자주 만진 다고 합니다.

根据某种调查人在说谎的时候会摸头发。

18 검사

명 检查

건강을 위해서 2년에 한 번씩은 종합 **검사**를 받으세요.

为了健康请两年一次身体检查。

 검사하다 检查　　　　　　검사(를) 받다 接受检查

19 겨우

부 好不容易

밤을 새워서 그 일을 **겨우** 끝냈습니다.

通宵工作好不容易结束了。

20 계산

명 计算

계산이 틀린 것 같은데 다시 한 번 확인해 주세요.

好像计算错误，请重新确认一遍。

 계산하다 计算

계산하는 방법을 같이 읽어 볼까요?

一起读计算的方法?

더하기(加) ➕　　　　　빼기(减) ➖

곱하기(乘) ✖　　　　　나누기(除) ➗

 **21 고속도로** 　　　　　　　　　　　　　　　　　　　　　명 高速公路

고속도로가 하도 막혀서 다른 길로 갔습니다.

高速公里太堵了走别的路。

관련어　고속열차 高速火车　　　　　　　고속버스터미널 高速汽车总站

 **22 공지** 　　　　　　　　　　　　　　　　　　　　　　명 公告

오늘까지 다른 분들에게 공지를 부탁 드립니다.

到今天为止想别的人通知一下。

관련어　공지하다 公告　　　　　　　　공지 사항 公告事项

출제 경향 出題傾向

읽기 문제에 공지문이 자주 등장합니다. 공지사항을 나타낼 때
자주 사용하는 표현은 다음과 같습니다.

阅读问题公告文经常登场。公告事项出现的时候经常使用的表现跟以下相同。

예　아래 공지사항을 확인하시고 ……-기 바랍니다.
　　确认以下公告, 希望……
　　다음과 같이 공지하오니 ……-기 바랍니다.
　　公告与以下相同, 希望……
　　변경된 공지사항을 확인해 주시기 바랍니다.
　　请确认变更的公告。

 **23 공통되다** 　　　　　　　　　　　　　　　　　　　동 共同

공통된 부분은 말씀드리지 않도록 하겠습니다.

共同的地方尽量就不跟您说了。

관련어　공통적 共同的　　　　　　　공통점 共同点

24 구조하다 동 救援

불이 난 건물 안에서 사람들을 **구조했다.**

救出了困在大火建筑物中的人。

구조 救援　　　　　　　　구조대 抢救队
구조대원 抢救队员　　　　구조되다 被救援

25 국가 명 国家

유럽에는 많은 **국가**가 서로 연합하고 있습니다.

在欧洲很多国家相互联合在一起。

국가적 国家的　　　　　　국가 이미지 国家形象

26 궁금하다 형 好奇

저는 **궁금한** 것을 참지 못하는 성격이에요.

我的性格是对好奇的事情不能忍。

27 귀찮다 형 麻烦

몸이 아프니까 모든 것이 다 **귀찮아졌어요.**

身体疼所以什么都懒得麻烦。

28 그치다 동 停止

비가 **그칠** 때까지 기다렸다가 출발합시다.

我们等到雨停以后出发。

29 깜빡 부 一下子

깜빡 잊고 숙제를 안 가져왔어요.

一下子忘了没拿作业来。

깜빡하다 忘记

30 깜짝　　　　　　　　　　　　　　　　　　　　부 一下子

고양이가 갑자기 튀어나와서 깜짝 놀랐어요.

猫突然跳出来吓一跳。

31 깨닫다　　　　　　　　　　　　　　　　　　동 认识到

이제야 실수를 깨닫게 되었습니다.

现在意识到失误了。

32 꺼내다　　　　　　　　　　　　　　　　　　동 拿出

그는 아주 조심스럽게 이야기를 꺼냈다.

他很小心的说出了故事。

33 이혼　　　　　　　　　　　　　　　　　　　명 离婚

요즘 이혼을 하는 사람들이 많아지고 있어요.

最近离婚的人越来越多。

'결혼'이나 '이혼'과 관련된 단어는 뭐가 있을까요?
'결혼(结婚)'还有'이혼(离婚)'有关的单词有什么?

결혼 结婚	이혼 离婚
결혼 연령 结婚年龄	이혼율 离婚率
결혼 대상 结婚对象	이혼 사유 离婚事由
결혼 준비 结婚准备	이혼 신청 离婚申请
결혼 자금 结婚资金	

다의어 多义词

지다

❶ 日落

예 바다에서 해가 **지는** 모습을 바라보았다.
在海面看日落。

❷ 背(行李)

예 산에 올라가는 사람들을 대신해서 짐을 **지는** 직업이 있어요.
有在山间帮助上山的人背行李的职业。

❸ 负(责任)

예 누구든지 그 일에 대한 책임을 **져야지요.**
不管是谁都要对那件事情负责任。

반의어 反义词

진하다 浓 ↔ 연하다 淡

예 잠이 와서 **진한** 커피를 계속 마셔요.
因为犯困所以一直喝浓咖啡。

화장을 **연하게** 하는 것이 낫지 않아요?
化妆淡一点不好么?

유의어 近意词

연기하다 延期 ≒ 미루다 推后

예 이번 주 토요일 예정이었던 체육대회를 일주일 **연기한대요.**
이번 주 토요일 예정이었던 체육대회를 일주일 **미룬대요.**
计划在这个周六举行的体育大会延期一周。

한국어와 중국어를 알맞게 연결해 보세요.
试着将韩国语与中文合适的联系在一起。

1. 효율성	•	• **a.** 公告
2. 감각	•	• **b.** 好奇
3. 겨우	•	• **c.** 感觉
4. 공지	•	• **d.** 拿出
5. 공통되다	•	• **e.** 好不容易
6. 궁금하다	•	• **f.** 效率性
7. 꺼내다	•	• **g.** 共同

다음 빈 칸에 알맞은 단어를 〈보기〉에서 골라 쓰세요.
像<例子>一样给下面空的地方选一个合适的单词。

> 〈보기〉
>
> a. 흔한   b. 갖추어야   c. 깨닫게   d. 한꺼번에

8. 이제야 실수를 (   ) 되었습니다.
现在意识到失误了。

9. 다이어트를 하다가 (   ) 많이 먹으면 건강에 안 좋다.
减肥之后一次吃很多对健康不好。

10. 그 회사에 취직하기 위해서는 실력뿐만 아니라 인성도 (   ) 합니다.
为了去那个公司就业不光是实力还要具备任性。

11. 그 옷은 어디에서나 살 수 있는 (   ) 옷입니다.
那件衣服是到处都能买到的多的是的衣服。

정답

1f 2c 3e 4a 5g 6b 7d 8c 9d 10b 11a

아래 단어를 보고 빈 칸에 뜻을 적어 보세요. 그리고 점선대로 접어서 적은 뜻이 맞는지 확인해 보세요. (만일 틀렸다면 뒷면의 단어 앞 □ 에 ✓ 하세요.)

将下列单词的意思写在空白处。并按虚线折起后，确认写下的单词意思是否正确。(如果错了，在背面的单词前的 □ 里划 ✓。)

▼접는선

단어	뜻
부딪치다	
선호하다	
요구되다	
위하다	
응답자	
제한하다	
토론하다	
흔히	
개성	
근거	
낮추다	
넘치다	
돌보다	
반복	
신설하다	
전혀	
전공하다	
조정하다	
증정하다	
출연하다	
흔하다	
공통되다	
궁금하다	
깨닫다	
겨우	

빈 칸에 한국어 단어를 3번 적고 다시 외워 봅시다.

将韩语单词写在空格处，重复三次并背诵。

◀접는선

뜻
☐ 碰撞
☐ 更喜欢
☐ 要求
☐ 为了
☐ 应答者
☐ 限制
☐ 讨论
☐ 常见
☐ 个性
☐ 证据
☐ 降低
☐ 溢出
☐ 照看
☐ 反复
☐ 新建
☐ 完全(不)
☐ 专业
☐ 调整
☐ 赠送
☐ 出演
☐ 多的是
☐ 共同
☐ 好奇
☐ 认识到
☐ 好不容易

단어		

DAY 21

확인해 보세요

빨간 시트지로 가리고 단어의 뜻을 알면, ☐ 에 ✓ 해 보세요.
用印纸将单词的意思遮挡后, 记住的单词在 ☐ 里划 ✓。

☐ 01	꽤	相当	☐ 13	독창성	独创性	☐ 25	부럽다	羡慕
☐ 02	끊임없이	没完	☐ 14	돌	出生后的第一个生日	☐ 26	부부	夫妇
☐ 03	노동	劳动	☐ 15	동화책	童话书	☐ 27	불쾌하다	不快
☐ 04	강조되다	强调	☐ 16	마치	好像	☐ 28	비치다	照
☐ 05	길이	长度	☐ 17	못지않다	比得上	☐ 29	사연	事由
☐ 06	논리적	伦理型	☐ 18	무척	相当	☐ 30	성과	成果
☐ 07	누르다	按	☐ 19	미치다	造成	☐ 31	상하다	腐烂
☐ 08	닦다	刷	☐ 20	별	没什么	☐ 32	성분	成分
☐ 09	단위	单位	☐ 21	배	倍	☐ 33	세상	世上
☐ 10	대기하다	待机, 听侯	☐ 22	벗어나다	脱离	☐ 34	세제	洗涤剂
☐ 11	대하다	对待	☐ 23	보험	保险			
☐ 12	남기다	留下	☐ 24	복사	复印			

DAY 21

 관련어 全部是特定的单词，一起学习的话能够得到高分。

01 꽤 [부] 相当

그 학교가 생각보다 꽤 유명한 학교라고 하던데요.

那个学校比想象的有名。

02 끊임없이 [부] 没完

학생들한테 끊임없이 전화가 걸려왔다.

学生们没完没了的打电话过来。

 관련어 끊임없다 没完

03 노동 [명] 劳动

그 회사는 노동 시간이 긴 편입니다.

那个公司劳动时间属于长的类型。

 관련어

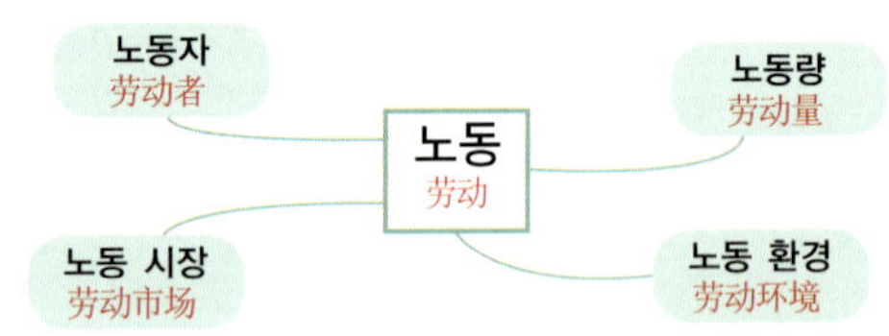

04 강조되다 [동] 强调

미래의 환경을 위해 녹색 에너지 개발이 강조되고 있다.

为了将来的环境强调研究绿色能量。

출제 경향 出題傾向

최근 한국에서는 '녹색 성장'이 화제가 되고 있습니다. '녹색 성장'이란 환경을 파괴하지 않으면서도 경제를 발전 시킬 수 있는 것에 관한 모든 걸 말합니다. 관련 어휘로는 '녹색 에너지, 녹색 공간, 녹색 공원' 등이 있습니다.

最近在韩国 '녹색 성장(绿色成长)'已经成为话题。'녹색 성장(绿色成长)'说的是不破坏环境促进经济发展的所有事情。有关的词汇有 '녹색 에너지(绿色能量)', '녹색 공간(绿色空间)', '녹색 공원(绿色公园)'。

05 길이 명 长度

머리 **길이**가 너무 길어서 자르려고요.

头发太长了打算剪。

Tip

'길이'와 같은 단위는 또 뭐가 있을까요?
和 '길이(长度)' 一样的单位都有什么?

높이(高度), 넓이(宽度), 크기(大小), 무게(轻重), 깊이(深度) 등이 있어요.

06 논리적 명 伦理型

저희 할아버지는 **논리적**이신 분이세요.

我爸爸是伦理型的人。

07 누르다 동 按

이쪽 버튼을 **누르면** 문이 열립니다.

按这边的按钮门就会打开。

08 닦다 동 刷

하루에 세 번 이를 **닦아야** 합니다.

一天要刷牙三次。

09 단위 명 单位

한국어에는 물건을 세는 **단위**가 많아요.

在韩国语里数东西的单位很多。

10 대기하다 동 待机, 听候

여기서 잠깐 **대기하시다가** 이름을 부르면 진찰실로 들어오세요.

在这里等一下一会叫到名字的时候就请去诊疗室。

대기 待机　　　　　　대기실 侯客室

11 대하다　동 对待

진심으로 사람을 대하는지 아닌지는 금방 알 수 있어요.

对人真心不真心很快就会知道。

12 남기다　동 留下

우리의 추억을 사진으로 남겨 두었어요.

我们把回忆用照片留下来。

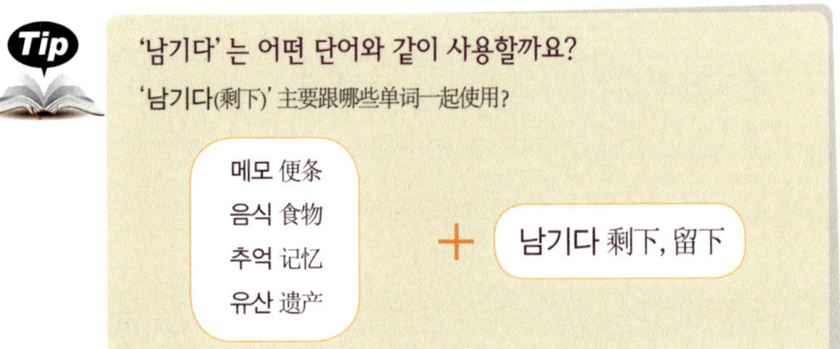

13 독창성　명 独创性

예술 분야에서 독창성은 아주 중요하다.

在艺术的领域里独创性很重要。

14 돌　명 出生后的第一个生日

한국에서는 아이가 태어난 지 1년이 된 날을 돌이라고 불러요.

在韩国出生一年的孩子叫做满月。

 돌잔치 吃满月酒

15 동화책　명 童话书

아이들이 읽을 만한 동화책 좀 추천해 주세요.

孩子们读着觉得好的童话书请推荐几本。

 동화 童话

16 마치

부 好像

동생은 내 옷을 **마치** 자기 옷처럼 자주 입는다.

妹妹把我的衣服当作是自己的衣服经常穿。

17 못지않다

형 比得上

이 집 빵도 유명한 가게 **못지않게** 맛있어요.

这家的面包比得上有名的面包店很好吃。

18 무척

부 相当

우리 아버지는 예전에 음악을 **무척** 좋아하셨다고 들었습니다.

爸爸说以前很喜欢音乐。

19 미치다

동 造成

인터넷의 발달이 우리 생활에 아주 큰 영향을 **미치고** 있다.

网络的发达对我们的生活产生了很大的影响。

20 별

관 没什么

두 제품을 다 사용해 봤는데 **별** 차이는 없었어요.

再试试两个产品没有什么大差别。

Tip '별 N' 뒤에는 주로 '없다', '아니다' 가 와요.

'별 N(没什么N)'后面主要跟 '없다(没有)', '아니다(不是)'。

예 어머니께서는 별 말씀이 없었어요.
妈妈没说什么。

그건 별 일이 아니네요.
那个不是什么事。

21 배　명 倍

돼지고기 가격이 지난 달에 비해서 2배 정도 오른 것 같다.

猪肉的价格比起上个月长了两倍。

22 벗어나다　동 脱离

꼭 1등을 해야 한다는 부담감에서 벗어날 수가 없다.

很难从一定要拿第一的负担里解脱出来。

23 보험　명 保险

만일의 경우를 대비해서 보험에 가입했어요.

比起万一发生的事情还是加入了保险。

 보험료 保险费　　　　　보험을 들다 加保险

24 복사　명 复印

복사 용지가 떨어졌나 봐요.

复印用的纸用完了。

 복사기 复印机

25 부럽다　형 羡慕

회사 동료가 과장이 됐는데 솔직히 말하면 부러워 죽겠다.

公司同事做了科长说实话羡慕死了。

26 부부　명 夫妇

부부는 살면서 서로 닮아가게 된다.

夫妻在一起生活慢慢的会互相很像。

27 불쾌하다

(형) 不快

내 사생활에 대해 다른 사람에게 말을 하다니 정말 불쾌하다.

关于我的私生活跟别人说了心情很不快。

 불쾌감 不快感

28 비치다

(동) 照

거울에 비친 내 모습을 보고 너무 피곤해 보여서 깜짝 놀랐다.

看到镜子里自己的样子看上去那么疲劳吓一跳。

29 사연

(명) 事由

라디오에 그 사람과의 사연을 써서 보냈다.

把和那个人的事由写好之后寄给了收音机广播站。

30 성과

(명) 成果

그 사람은 지금까지의 성과에 만족하지 않고 계속 열심히 노력하고 있다.

那个人很不满足现在的成果继续在努力着。

31 상하다

(동) 腐烂

여름철에는 날씨가 더워서 음식이 상하기 쉬우니까 냉장고에 보관해야 한다.

夏季天气炎热食物很容易腐烂要放在冰箱里。

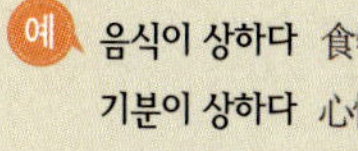

'상하다' 는 여러가지 뜻이 있습니다.

'상하다(坏)' 有很多意思。

예 음식이 상하다 食物坏了
   기분이 상하다 心情坏了
   옷이 상하다　 衣服坏了

32 성분　　　　　　　　　　　　　　　　　　　　　　　　명 成分

많은 사람들이 식중독에 걸리자 그 라면 재료의 성분에 대한 조사가 시작되었다.

因为有很多人都食物中毒了所以关于那个方便面材料的成分做一份调查。

33 세상　　　　　　　　　　　　　　　　　　　　　　　　명 世上

이 세상에는 이해할 수 없는 일들이 많이 있다.

这个世界上有很多事情是没有办法理解的。

34 세제　　　　　　　　　　　　　　　　　　　　　　　　명 洗涤剂

한국에서는 집들이 때 세제를 많이 선물한다.

在韩国去别人的新家的时候一般送的礼物都是洗衣粉。

다의어 多义词

찌다

❶ 蒸

예 저는 찐 만두를 좋아해요.
我喜欢吃蒸饺。

❷ 闷热的天气

예 이렇게 푹푹 찌는 날씨에는 더위를 먹을 수도 있어요.
这样闷热的天气很容易中暑。

❸ 长胖

예 살이 너무 많이 쪄서 다이어트를 하려고요.
长胖了很多所以要减肥。

반의어 反义词

참석하다 参加 ↔ **빠지다** 缺席

예 바쁘신데도 불구하고 참석해 주셔서 정말 감사합니다.
百忙中都来参加真的很感谢。

부상 때문에 이번 대회는 빠져야 할 것 같아요.
因为受伤了所以要退出这次大会了。

유의어 近意词

늘어나다 增加 ≒ **증가하다** 增加

예 작년에 비해서 인구가 15% 늘어났습니다.
작년에 비해서 인구가 15% 증가했습니다.
比起去年人口增加了15%。

한국어는 중국어로, 중국어는 한국어로 써 보세요.
韩国语用中文，中文用韩国语试着写一下。

1. 강조되다	________	**6.** 劳动	________
2. 독창성	________	**7.** 事由	________
3. 상하다	________	**8.** 成果	________
4. 벗어나다	________	**9.** 不快	________
5. 성분	________	**10.** 留下	________

문장이 자연스럽도록 둘 중에서 알맞은 단어를 고르세요.
从下面两个中选一个最适合的单词让整个句子自然起来。

11. 만일의 경우를 대비해서 (a.보람 / b.보험)에 가입했어요.

比起万一发生的事情还是加入了保险。

12. 동생은 내 옷을 (a.무척 / b.마치) 자기 옷처럼 자주 입는다.

妹妹把我的衣服当作是自己的衣服经常穿。

13. 인터넷의 발달이 우리 생활에 아주 큰 영향을 (a.미치고 / b.그치고) 있다.

网络的发达对我们的生活产生了很大的影响。

14. 회사 동료가 과장이 됐는데 솔직히 말하면 (a.부러워 / b.부끄러워) 죽겠다.

公司同事做了科长说实话羡慕死了。

15. 이쪽 버튼을 (a.누르면 / b.대하면) 문이 열립니다.

按这边的按钮门就会打开。

정답

1.绿色能量 2.独创性 3.腐烂 4.脱离 5.成分 6.노동 7.사연 8.성과 9.불쾌하다 10.남기다
11.b 12.b 13.a 14.a 15.a

확인해 보세요

빨간 시트지로 가리고 단어의 뜻을 알면, ☐ 에 ✓ 해 보세요.
用印纸将单词的意思遮挡后, 记住的单词在 ☐ 里划 ✓。

☐ 01	소극장	小剧场	☐ 13	씹다	嚼	☐ 25	유리창	玻璃窗
☐ 02	수상하다	受赏	☐ 14	아쉽다	可惜	☐ 26	유익하다	有益处
☐ 03	숨	喘气	☐ 15	악화되다	恶化	☐ 27	이	牙齿
☐ 04	시장	市长	☐ 16	애쓰다	吃苦受累	☐ 28	입다	遭受
☐ 05	식품	食品	☐ 17	애완동물	宠物	☐ 29	잊다	忘记
☐ 06	신제품	新商品	☐ 18	양보하다	让步	☐ 30	자꾸	经常
☐ 07	신체	身体	☐ 19	얼른	马上	☐ 31	자라다	长大
☐ 08	주인공	主人公	☐ 20	연말	年末	☐ 32	자세하다	详细
☐ 09	신호	信号	☐ 21	완성되다	完成	☐ 33	저축하다	存储
☐ 10	실외	室外	☐ 22	외면	不搭理	☐ 34	N별	N别
☐ 11	심장	心脏	☐ 23	운영하다	运营			
☐ 12	교사	教师	☐ 24	위협하다	威胁			

DAY 22

관련어 全部是特定的单词，一起学习的话能够得到高分。

01 소극장　　　　　　　　　　　　　　　　　　　　명 小剧场

저는 대학로에 있는 소극장에서 연극을 보는 것을 좋아해요.

我喜欢在大学路的小剧场看话剧。

02 수상하다　　　　　　　　　　　　　　　　　　　동 受赏

내 친구는 이번 대회에서 대상을 수상하였다.

我朋友在这次大会上受到了大奖。

관련어　수상 受赏　　　　　　　　수상자 受赏者

03 숨　　　　　　　　　　　　　　　　　　　　　　명 喘气

빨리 달리고 나니까 숨이 차서 아무 말도 할 수 없었다.

因为跑得太快了所以岔气话都说不出来了。

관련어　숨을 쉬다 喘气

04 시장　　　　　　　　　　　　　　　　　　　　　명 市长

서울시 시장의 연설을 들으러 사람들이 모였다.

为了听首尔市长的演说把人都聚集了起来。

05 식품　　　　　　　　　　　　　　　　　　　　　명 食品

전염병을 막기 위해 외국에서 들어오는 식품을 엄격하게 검사하고 있다.

为了阻止传染病从外国进来的食品严格检查。

관련어　식품 매장 食品卖场

06 신제품 명 新商品

최근에 나온 신제품 광고를 TV에서 볼 수 있어요.

在电视里可以看到最近出来的新商品。

관련어 신형 新型　　　　　　　　신기술 新技术

07 신체 명 身体

신체가 건강해야 정신도 건강하다.

身体要健康精神才会健康。

관련어 신체적 身体的　　　　　　신체 언어 身体语言
　　　　신체 증상 身体症状

08 주인공 명 主人公

이 소설은 실제 인물을 주인공으로 하고 있습니다.

这本小说实际人物就是其中的主人公。

Tip

'주인공'과 '주연'은 어떤 차이가 있을까요?

'주인공(主人公)'和'주연(主演)'有什么差异?

'주인공'은 드라마나 공연 뿐만 아니라 소설 등의 문학 작품에 나오는 등장인물에게도 사용해요. 반면에 '주연'은 드라마나 공연의 등장인물에게만 사용해요.

'주인공(主人公)' 不仅是电视剧公演, 还会在小说等的文化作品中以登场人物使用。反面 '주연(主演)' 只能使用在电视剧以及公演的登场人物。

09 신호 명 信号

신호등의 신호가 바뀌자 차들이 출발했다.

信号灯的信号换了以后汽车出发了。

10 실외 명 室外

여름에는 실외 수영장에 가는 사람이 많아요.

夏天很多人都去室外游泳场。

 실내 室内　　　　　　야외 野外

11 심장 명 心脏

내가 좋아하는 사람을 보자 심장이 빨리 뛰기 시작했다.

我看见我喜欢的那个人心跳就会加速。

 심장병 心脏病

12 교사 명 教师

교사들을 위한 워크숍을 개최하도록 하겠습니다.

为教师们展开了研讨会。

'교사'와 '선생님'은 어떤 차이가 있을까요?

'교사(教师)' 和 '선생님(老师)' 有什么差异?

'교사'는 직업의 종류고, 교사를 부르는 말이 '선생님'이에요.

'교사(教师)' 是职业的种类, 教师被称作为 '선생님(老师)'。

13 씹다 동 嚼

수업시간에는 껌을 씹지 마세요.

上课的时间不要嚼口香糖。

14 아쉽다 형 可惜

오랜만에 동창을 만났는데 이야기할 시간이 많지 않아서 아쉬웠다.

好久没见的同窗校友不能长时间聊天太可惜了。

15 악화되다 동 恶化

추운 날씨에도 밖에서 운동했더니 감기가 악화되었다.

天气冷也在外面运动这样感冒就恶化了很多。

 악화시키다 使恶化

16 애쓰다 동 吃苦受累

우리 부모님은 나를 위해 항상 애쓰신다.

我的父母为了我经常受累。

17 애완동물 명 宠物

요즘에는 애완동물을 키우는 노인들이 증가하고 있다.

最近养宠物的老人在增加。

 애완견 宠物狗

출제 경향 出題傾向

최근 한국에서는 반려 동물로서의 '애완동물(宠物)' 이 주목을 받고 있습니다.
最近在韩国的伴侣动物的 '宠物' 得到大家的瞩目。

특히 고령화 사회가 되면서 노인들이 애완동물을 키우는 경우가 늘고 있습니다.
特别老龄化社会老人们养宠物的情况在增加。

따라서 읽기나 듣기 지문으로 출제될 가능성이 있습니다.
于是会有在阅读以及听力问题中出题的可能性。

18 양보하다 동 让步

지하철에서는 나이 많으신 분들에게 자리를 양보해야 해요.

在地铁里要给年纪大的人让座。

 양보 让步

19 얼른

튀马上

날씨가 추우니까 얼른 집에 들어와서 쉬세요.

天太冷了赶快回家休息。

20 연말

명年末

연말에 모임이 많아지는데 과음하지 않도록 해야겠습니다.

年末有很多聚会不要过度喝酒。

21 완성되다

동完成

이제 조금만 더 하면 완성되니 기다려 주십시오.

现在再等一会就完成了等一下。

관련어 완성도 完成度　　　완성하다 完成

22 외면

명不搭理

그 사람에게 도와 달라고 여러 번 말했지만 외면을 당했어요.

让那个人帮我的忙说了好多遍但是那个人都不理睬。

관련어 외면 받다 不被理睬

23 운영하다

동运营

10년 안에 작은 가게를 운영하는 것이 저의 꿈입니다.

在十年以内能运营家自己的店基本上是我的梦想。

관련어 운영 运营

24 위협하다

동威胁

지나친 흡연은 건강을 위협한다.

过分的吸烟会威胁健康。

관련어 위협 威胁

25 유리창　　　　　　　　　　　　　　　명 玻璃窗

이 방의 유리창은 방음 효과가 뛰어나요.

这个房间的玻璃窗防音效果很好。

26 유익하다　　　　　　　　　　　　　형 有益处

그 사람은 아이들과 유익한 시간을 보내기 위해 노력한다.

那个人在努力为了能跟孩子们度过有益的时间。

27 이　　　　　　　　　　　　　　　　명 牙齿

사람마다 이의 개수가 다를 수도 있다고 한다.

每个人牙齿的个数都不一样。

출제 경향 出題傾向

'이'에 대한 지문으로는 치아 건강, 껌을 씹는 이유 등 과학 관련 지문이 출제가 되었습니다.

关于 '이(牙齿)' 的提问会是有关于牙齿健康, 吃口香糖的已有等科学有关的提问命题。

28 입다　　　　　　　　　　　　　　　동 遭受

이번 홍수로 농촌에서 많은 피해를 입었습니다.

这次洪水给农村带来了很大的伤害。

29 잊다　　　　　　　　　　　　　　　동 忘记

중요한 날을 잊지 않기 위해 달력에 미리 표시해 둡시다.

为了不忘记重要的日子所以在阅历上都做了标记。

30 자꾸

뷔 经常

자꾸 보고 싶은 걸 보니까 그 사람을 사랑하는게 분명해요.

经常的会想念那个人这么看来分明是爱上了那个人。

31 자라다

혱 长大

아이들이 자랄수록 부모의 책임이 더 커지기 마련이다.

孩子们越大父母就越要负责任。

32 자세하다

혱 详细

이 사용설명서는 설명이 자세해서 쉽게 이해할 수 있어요.

这个使用说明书说得很详细所以很容易就理解了。

33 저축하다

동 存储

집 마련을 위해 월급의 반 이상을 저축하고 있다.

为了准备家月薪的一半以上都存了起来。

 저축 储蓄, 存款

34 N별

명 N别

성별과 상관없이 모든 사람이 동등한 기회를 가져야 한다.

不分性别所有人都拥有同等的机会。

'N별'의 형태로 쓰이는 것은 또 뭐가 있을까요?

以'N별(N别)'形式出现的形态都有哪些?

국가별(国家别), 연령별(年龄别), 나이별(岁数别), 성별(性别) 등이 있어요.

다의어 多义词

차다

❶ 冷

예 낮에는 따뜻하지만 아침 저녁으로는 공기가 **찹니다**.
白天很暖和但是早上还有晚上空气很冷。

❷ 满

예 술잔에 술이 가득 **차** 있는데도 계속 술을 붓습니다.
酒杯里的酒是满的还倒。

❸ 踢

예 아이들이 공을 **차며** 이리저리 뛰어다닙니다.
孩子踢着球到处跑。

반의어 反义词

특별하다 特别 ↔ 평범하다 平凡

예 오늘은 친구들과 아주 **특별한** 하루를 보냈다.
今天和朋友度过了很特别的一天。

예 아주 **평범해** 보이는 그 사람이 연예인이라고요?
你说那个那么平凡的人是明星？

유의어 近意词

다투다 吵架 ≒ 싸우다 打架

예 아파트간 소음 문제로 이웃끼리 **다투는** 일이 자주 일어난다.
아파트간 소음 문제로 이웃끼리 **싸우는** 일이 자주 일어난다.
因为楼房之间的噪音问题邻居之间经常吵架。

한국어와 중국어를 알맞게 연결해 보세요.
试着将韩国语与中文合适的联系在一起。

1. 수상하다	•	•	**a.** 新商品
2. 입다	•	•	**b.** 受赏
3. 신제품	•	•	**c.** 遭受
4. 주인공	•	•	**d.** 吃苦受累
5. 아쉽다	•	•	**e.** 完成
6. 애쓰다	•	•	**f.** 主人公
7. 완성되다	•	•	**g.** 可惜

다음 빈 칸에 알맞은 단어를 〈보기〉에서 골라 쓰세요.
像〈例子〉一样给下面空的地方选一个合适的单词。

〈보기〉

a. 운영하는   b. 자세해서   c. 양보해야   d. 유익한

8. 이 사용설명서는 설명이 (   ) 쉽게 이해할 수 있어요.

这个使用说明说说得很详细所以很容易就理解了。

9. 그 사람은 아이들과 (   ) 시간을 보내기 위해 노력한다.

那个人在努力为了能跟孩子们度过有益的时间。

10. 10년 안에 작은 가게를 (   ) 것이 저의 꿈입니다.

在十年以内能运营家自己的店基本上是我的梦想。

11. 지하철에서는 나이 많으신 분들에게 자리를 (   ) 해요.

在地铁里要给年纪大的人让座。

정답

DAY 23

확인해 보세요

빨간 시트지로 가리고 단어의 뜻을 알면, ☐ 에 ✓ 해 보세요.
用印纸将单词的意思遮挡后, 记住的单词在 ☐ 里划 ✓。

☐ 01	**적성**	职性	☐ 13	**치우다**	整理, 收拾	☐ 25	**흥미**	兴趣
☐ 02	**적절하다**	恰当	☐ 14	**내**	内	☐ 26	**일상생활**	日常生活
☐ 03	**조언**	指导	☐ 15	**통행**	通行	☐ 27	**특정**	特定
☐ 04	**좌석**	坐席	☐ 16	**튼튼하다**	结实	☐ 28	**두통**	头疼
☐ 05	**중소기업**	中小企业	☐ 17	**퍼센트**	百分比	☐ 29	**이상**	以上
☐ 06	**지구**	地球	☐ 18	**한자**	汉字	☐ 30	**간식**	零食
☐ 07	**슬프다**	难受	☐ 19	**한참**	很久	☐ 31	**감동적**	感动的
☐ 08	**지적하다**	指责	☐ 20	**허락하다**	同意	☐ 32	**거칠다**	粗糙
☐ 09	**첫인상**	第一印象	☐ 21	**혜택**	优惠	☐ 33	**건설**	建筑
☐ 10	**초**	蜡烛	☐ 22	**호기심**	好奇心	☐ 34	**경향**	倾向
☐ 11	**최대한**	最多	☐ 23	**흘러가다**	流失			
☐ 12	**추천하다**	推荐	☐ 24	**늙다**	老			

DAY 23

관련어 全部是特定的单词，一起学习的话能够得到高分。

01 적성 명 职性

적성에 맞는 직업을 찾는 것이 중요하다.

找适合自己职性的工作最重要。

관련어 적성 검사 职性检查

02 적절하다 형 恰当

지위에 맞는 적절한 옷차림이 필요하다.

需要跟职位相符的适当的着装。

03 조언 명 指导

친구의 조언이 큰 도움이 됐다.

朋友的指责对我很有帮助。

04 좌석 명 坐席

좌석 번호를 확인하고 탑승하시기 바랍니다.

请确认坐席的号码以后再搭乘。

05 중소기업 명 中小企业

중소기업에 취직하려는 젊은이들이 많아지고 있다.

想要在中小企业就业的年轻人越来越多了。

관련어 대기업 大企业

06 지구명 地球

지구에는 많은 종류의 생물들이 있다.

在地球上有很多不同种类的生物。

07 슬프다형 难受

오랫동안 정이 든 친구와 이별을 해야 하다니 너무 슬프다.

要跟相处很久有感情了的朋友分开很难受。

 슬픔 难受

'슬프다-슬픔'처럼 'A/V-(으)ㅁ'의 형태로 쓰이는 것은
또 뭐가 있을까요?

像'슬프다-슬픔'一样 'A/V-(으)ㅁ'的形态的词还有哪些?

기쁘다(高兴)-기쁨(喜悦), 죽다(死)-죽음(死亡), 울다(哭)-울음(哭声),
졸다(困)-졸음(困意), 자다(睡)-잠(睡觉), 살다(生)-삶(生活),
걷다(走)-걸음(脚步) 등이 있어요.

DAY 23 ★

08 지적하다동 指责

김 과장님이 지적한 문제들을 다 수정했어요?

金科长指责的问题都改好了么?

 지적 指责

09 첫인상명 第一印象

첫인상은 쉽게 바뀌지 않아요.

一般第一印象不容易改变。

10 초 명 蜡烛

생일 케이크의 **초**는 몇 개가 필요하세요?

生日蛋糕需要几根蜡烛?

11 최대한 명 最多

손님, **최대한** 빠른 시간 안에 고쳐드리겠습니다.

客人我们将会在最快的时间内为您修好。

최대 最大	최소한 最少
최소 最小	

12 추천하다 동 推荐

이 일에 적당한 사람을 좀 **추천해** 주시겠습니까?

这件事情请推荐一个适当人。

추천 推荐	추천서 推荐书

13 치우다 동 整理, 收拾

손님들이 오기 전에 집을 좀 **치워야겠어요**.

客人们来之前要把家收拾好。

14 내 명 内

시간 **내**에 끝내 주시기 바랍니다.

希望能在时间以内结束。

> **Tip**
>
> 'N 내'는 어떤 단어와 같이 사용할까요?
>
> 和 'N내(N内)' 可以一起用的单词有哪些?
>
> | 아파트 楼房 | | |
> |---|---|---|
> | 지역 地区 | + | 내 内 |
> | 회사 公司 | | |

15 통행 명 通行

공사로 인해 차들의 **통행**을 금지하고 있습니다.

因为要施工所以禁止汽车通行。

 **통행금지** 禁止通行　　　　**통행료** 通行费

16 튼튼하다 형 结实

저 건물은 정말 **튼튼하게** 지어진 것 같습니다.

那个楼真的建的很结实。

17 퍼센트 명 百分比

유학생의 30**퍼센트** 이상이 장학금을 받고 있습니다.

留学生的百分之30以上都在拿着奖学金。

출제 경향 出题倾向

'퍼센트'는 그래프 문제에서 항상 등장하는 어휘입니다.
'퍼센트(百分比)'是在图表问题中经常登场的词汇，

'퍼센트'를 비교하고 분석해야 정보를 잘 찾을 수 있습니다.
通过'퍼센트(百分比)'的比较和分析才通找到相关的情报。

18 한자 명 汉字

한자를 알면 한국어를 배우기가 쉽습니다.

如果认识汉字学习中文就会简单得多。

19 한참 명 很久

한참 기다려도 친구가 오지 않았어요.

等了很久朋友都没来。

20 허락하다　　　　　　　　　　　동 同意

부모님께서 유학가는 것을 **허락해** 주셨다.

父母同意我去国外留学了。

 허락 同意

21 혜택　　　　　　　　　　　　명 优惠

이 보험을 가입하면 어떤 **혜택**을 받을 수 있어요?

这个保险加入的话会有什么好的优惠?

22 호기심　　　　　　　　　　　명 好奇心

그 아이는 **호기심**이 많아요.

那个孩子的好奇心很大。

23 흘러가다　　　　　　　　　　동 流失

시간이 정말 빠르게 **흘러갑니다**.

时间过得真快。

24 늙다　　　　　　　　　　　　동 老

오랜만에 뵌 부모님이 많이 **늙으신** 것 같아 가슴이 아파요.

好久没见父母老了好多心里很难受。

'늙다' 는 형용사가 아니라 동사라는 것을 주의하세요.
要注意 '늙다(老)' 这个单词不是形容词是动词。

동사와 형용사를 활용하는 문법 질문에서 실수가 많은 단어입니다.
活用动词和形容词的语法问题中经常出现失误的单词。

25 흥미 명 兴趣

그는 새로운 것보다는 전통적인 것들에 흥미가 있어요.

那个人比起新事物跟喜欢传统的东西。

26 일상생활 명 日常生活

바쁜 일상생활 속에서 여유를 가지기가 쉽지 않다.

在这么快的生活节奏中很难拥有闲暇时间。

27 특정 명 特定

비행기를 탈 때 몇 가지 특정 용품을 가지고 들어갈 수 없다.

坐飞机的时候有几种特定的用品是不可以拿进去的。

28 두통 명 头疼

두통이 심하면 약이라도 좀 먹어 보세요.

头痛很严重的话吃点药吧。

치통 齿痛　　　　　　　　복통 腹痛

29 이상 명 以上

한 달에 50만원 이상을 용돈으로 사용하고 있어요.

现在一个月要用50万以上的零用钱。

미만 未满　　　　　　　　이하 以下
초과 超过

30 간식 명 零食

군대에서 인기 있는 간식은 초코파이래요.

在军队里最有人气的零食是巧克力派。

31 감동적　　　　　　　　　　　　　　　　　　　　　　　명 感动的

한 아버지의 감동적인 이야기가 영화로 만들어졌다.

一位父亲感动的故事拍成了电影。

감동 感动　　　　　　　　　　감동을 주다 使感动

32 거칠다　　　　　　　　　　　　　　　　　　　　　　　형 粗糙

나이가 들수록 피부가 거칠어지는 것 같아요.

年龄越大皮肤就会越粗糙。

33 건설　　　　　　　　　　　　　　　　　　　　　　　　명 建筑

건설 회사들 간의 경쟁이 치열하다.

建筑公司间的竞争很热烈。

34 경향　　　　　　　　　　　　　　　　　　　　　　　　명 倾向

토픽 출제 경향을 알고 싶으시면 이 책을 보십시오.

TOPIK考试的出题趋势想知道的话就看这本书。

경향이 있다 有趋势

다의어 多义词

타다

❶ (皮肤)晒伤

> 例 휴가를 갔다가 피부가 까맣게 탔어요.
> 去休假回来皮肤晒黑了。

❷ 得到(零用钱)

> 例 취직을 못해서 아직 부모님께 용돈을 타고 있습니다.
> 找不到工作所以现在还向父母要零用钱。

❸ 受冷

> 例 저는 다른 사람들보다 추위를 잘 타는 편이에요.
> 我比别人比较容易受冷。

반의어 反义词

틀다 开 ↔ 잠그다 锁

> 例 샤워할 때 물을 계속 틀어놓지 마세요.
> 洗澡的时候不要一直开着水。
>
> 수도꼭지를 잘 잠가야 물이 새지 않아요.
> 水龙头把要锁好才不会漏水。

유의어 近意词

수리하다 修理 ≒ 고치다 改正

> 例 컴퓨터가 고장이 나서 수리하려고요.
> 컴퓨터가 고장이 나서 고치려고요.
> 电脑故障了所以打算修理。

DAY
23
★

한국어는 중국어로, 중국어는 한국어로 써 보세요.
韩国语用中文，中文用韩国语试着写一下。

1. 조언	__________	6. 中小企业	__________
2. 지적하다	__________	7. 老	__________
3. 최대한	__________	8. 整理/收拾	__________
4. 한참	__________	9. 感动的	__________
5. 혜택	__________	10. 粗糙	__________

문장이 자연스럽도록 둘 중에서 알맞은 단어를 고르세요.
从下面两个中选一个最适合的单词让整个句子自然起来。

11. (a.적성 / b.적용)에 맞는 직업을 찾는 것이 중요하다.
找适合自己职性的工作最重要。

12. 토픽 출제 (a.경향 / b.경험)을 알고 싶으시면 이 책을 보십시오.
TOPIK考试的出题趋势想知道的话就看这本书。

13. 부모님께서 유학가는 것을 (a.방해해 / b.허락해) 주셨다.
父母同意我去国外留学了。

14. 이 일에 적당한 사람을 좀 (a.추천해 / b.체험해) 주시겠습니까?
这件事情请推荐一个适当人。

15. 지위에 맞는 (a.제한한 / b.적절한) 옷차림이 필요하다.
需要跟职位相符的适当的着装。

DAY 24

확인해 보세요

빨간 시트지로 가리고 단어의 뜻을 알면, ☐에 ✔ 해 보세요.
用印纸将单词的意思遮挡后, 记住的单词在 ☐ 里划 ✔。

☐ 01	곧	马上	☐ 13	기운	力气	☐ 25	당일	当日
☐ 02	골목	胡同	☐ 14	기존	现有/现存	☐ 26	대비	防备,预备
☐ 03	곱다	漂亮	☐ 15	깎다	刮	☐ 27	덜다	盛
☐ 04	공격적	攻击型	☐ 16	깨지다	打碎	☐ 28	동네	小区
☐ 05	공급하다	供给	☐ 17	미루다	推迟	☐ 29	순서	顺序
☐ 06	명절	节日	☐ 18	껌	口香糖	☐ 30	동시	同时
☐ 07	공모하다	征召	☐ 19	꼽다	数	☐ 31	동의하다	同意
☐ 08	공사	工程	☐ 20	남녀노소	男女老少	☐ 32	둘러보다	转着看
☐ 09	과정	过程	☐ 21	널리	广泛的	☐ 33	뚜렷하다	清晰
☐ 10	구독	订阅	☐ 22	단체	团队	☐ 34	마감	结束
☐ 11	금지되다	禁止	☐ 23	달리다	跑步			
☐ 12	기관	机关	☐ 24	답답하다	郁闷			

DAY 24

관련어 全部是特定的单词，一起学习的话能够得到高分。

01 곧 　　　　　　　　　　　　　　　　　　　　　　　　　　　　　부 马上

곧 돌아올테니까 여기서 기다려.

马上就回来了在这里等等。

02 골목 　　　　　　　　　　　　　　　　　　　　　　　　　　　　　명 胡同

신당동 떡볶이 골목이 얼마나 유명한데요!

新堂洞的炒年糕胡同多有名啊。

03 곱다 　　　　　　　　　　　　　　　　　　　　　　　　　　　　　형 漂亮

디자인도 예쁠 뿐만 아니라 색도 아주 곱군요.

不仅设计好看连颜色也很漂亮。

04 공격적 　　　　　　　　　　　　　　　　　　　　　　　　　　　명 攻击型

컴퓨터 게임을 많이 한 아이일수록 공격적인 성향을 보입니다.

越是经常玩游戏的孩子越会带有攻击性。

관련어

공격 攻击 　　　　　　　공격력 攻击力

공격수 攻击手 　　　　　공격하다 攻击

05 공급하다 　　　　　　　　　　　　　　　　　　　　　　　　　동 供给

우리 농장에서는 여러 식당에 신선한 재료를 공급합니다.

在我们农场给很多饭店供给新鲜的材料。

06 명절

명 节日

명절이 되면 많은 사람들이 고향으로 돌아가서 가족과 시간을 보낸다.

过节的时候很多人回老家跟家人一起度过。

한국의 대표적인 명절로
설(음력 1월 1일)과 추석(음력 8월 15일)이 있어요.
韩国的代表性节日有春节(阴历1月1日)还有中秋节(阴历8月15日)。

07 공모하다

동 征召

서울시에서 서울 로고 디자인을 공모하고 있습니다.

在首尔市征集首尔的象征标志设计。

 공모 征集   공모전 征集展

08 공사

명 工程

건물을 지을 때 기초 공사를 꼼꼼하게 해 두어야 합니다.

建楼房的时候基础工程要很仔细的打才可以。

 공사 중 工程中

09 과정

명 过程

저희 학교의 교육 과정을 소개하겠습니다.

现在开始介绍一下我们学校的教育过程。

10 구독

명 订阅

작년부터 이 잡지를 정기 구독하게 되었습니다.

从去年开始定期的订阅这本杂志。

구독료 订阅费

11 금지되다 동 禁止

수업 시간에는 핸드폰 사용이 금지됩니다.

上课时间禁止使用手机。

 금지 禁止　　　　　　　　　금지시키다 使禁止

12 기관 명 机关

한국어 교육 기관이 늘어나고 있습니다.

韩国语的教育机关在增加。

13 기운 명 力气

밥을 먹었더니 기운이 나는 것 같아요.

吃了饭了好像有力气了。

 감기 기운 感冒气

14 기존 명 现有, 现存

기존 계획대로 하겠습니다.

会按照现有计划进行。

15 깎다 동 刮

수염을 깎았더니 깔끔해 보이네요.

刮了胡子以后看上去干净了很多。

16 깨지다 동 打碎

그릇이 깨질 수도 있으니까 조심하세요.

小心不要打碎盘子。

17 미루다 동 推迟

급한 일이 생겨서 친구와의 약속을 다음날로 미뤘어요.

发生了很急的事情把跟朋友的约会推到了第二天。

'미루다' 와 '연기하다' 는 어떤 차이가 있을까요?

'미루다(推迟)' 和 '연기하다(延期)' 有什么差异?

'약속 시간, 회의 시간' 의 경우 '미루다' 와 '연기하다' 를 모두 사용할 수 있지만 '할 일, 숙제' 는 '미루다' 만 사용할 수 있어요.

'약속 시간(约定时间), 회의 시간(会议时间)' 的情况下 , '미루다(推迟)' 和 '연기하다(延期)' 都可以使用 , '할 일(做的事情), 숙제(作业)' 只能使用 '미루다(推迟)'.

18 껌 명 口香糖

껌을 씹은 후에는 종이에 싸서 버려야지요.

口香糖吃完了要用纸包住扔掉。

출제 경향 出題傾向

토픽에서 '껌' 을 주제로 '껌을 씹는 이유', '치아 건강' 등의 지문이 출제되었습니다. 在TOPIK中 '껌(口香糖)' 主要在 '껌을 씹는 이유(吃口香糖的理由)' 以及 '치아 건강 (牙齿健康)' 等的提问中出现。

19 꼽다 동 数

외국 사람들은 한국 요리 중에서 불고기를 최고로 꼽는다.

韩国料理中的烤肉算得上外国人最喜欢的食品。

20 남녀노소 명 男女老少

떡볶이는 남녀노소 누구나 좋아하는 음식입니다.

炒年糕是无乱男女老少都喜欢的食物。

21 널리 부 广泛的

저는 한국 음식을 널리 알리고 싶습니다.

想要把韩国食品更广泛的宣传。

22 단체 명 团队

오늘 단체 사진을 찍는 줄 몰랐어요.

不知道今天会照集体照。

23 달리다 동 跑步

요즘 새벽마다 공원을 달리면서 운동하고 있습니다.

最近一到凌晨就去公园跑步运动。

 달리기 跑步

24 답답하다 형 郁闷

교실이 너무 덥고 답답한데 에어컨을 켤까요?

教室里太热了还很憋气我们开空调好么?

25 당일 명 当日

이 표로는 당일 공연만 관람이 가능합니다.

这个票只可以看当天的公演。

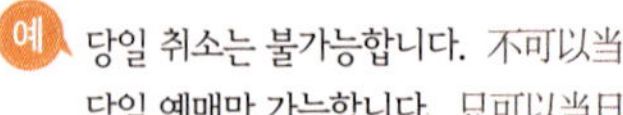

출제 경향 出題傾向

이 어휘는 '쿠폰' 이나 '티켓' 에서 볼 수 있는데 주로 다음과 같은 표현이 많습니다.
这个词汇主要在 '쿠폰(优惠卷)' 以及 '티켓(票)' 这些单词的时候能看到, 主要与以下相同。

예 당일 취소는 불가능합니다. 不可以当日取消
당일 예매만 가능합니다. 只可以当日买

26 대비 명 防备, 预备

자연 재해의 피해를 줄이려면 대비가 필요합니다.

想要减少自然灾害需要提前进行防备。

27 덜다 동 盛

밥이 많아서 빈 그릇에 덜었다.

饭太多了盛到空碗里了。

28 동네 명 小区

우리 동네에는 공원이 많아서 참 좋아요.

我们小区有很多公园真好。

29 순서 명 顺序

사람들이 모두 줄을 서서 자기 순서를 기다리고 있다.

所有人都排好队等着自己的顺序。

관련어 순서대로 按顺序

'순서'와 '차례'는 어떤 차이가 있을까요?

'순서(順序)' 和 '차례(次序)' 有什么差异?

'순서'와 '차례'는 바꿔서 사용할 수 있어요.
'순서(順序)' 和 '차례(次序)' 可以换着使用。

예 순서대로 표를 사세요. 按顺序买票
＝ 차례대로 표를 사세요. 按次序买票

반면에 '차례'에는 '순서'에는 없는 '-번'의 뜻도 있어요.
反面在 '차례(次序)' 中有 '-번(次)' 的意思的情况也有。

예 여러 차례 전화했지만 받지 않았어요. 打了很多次电话都没有接。
＝ 여러 번 전화했지만 받지 않았어요. 打了很多系电话都没有接。

이때는 '순서'와 '차례'를 바꿔서 사용할 수 없으니까 조심하세요.
这个时候 '순서(順序)' 和 '차례(次序)' 不能交换使用要多加小心。

30 동시 명 同时

두 가지 일을 동시에 하는 것은 무리입니다.

同时做两件事是很勉强的。

31 동의하다 동 同意

그 사람의 의견에 동의하기 힘듭니다.

很难同意那个人的意见。

 동의 同意

32 둘러보다 동 转着看

옷을 살 때는 여러 매장을 둘러보고 비교해 본 다음에 사는 것이 좋아요.

买衣服的时候多去家卖场转转并且比较了以后再买会比较好。

33 뚜렷하다 형 清晰

민호는 자신의 의견이나 주관이 뚜렷한 편이다.

民浩是自己的意见及想法很清晰的一个人。

34 마감 명 结束

마감 시간까지 원고를 보내드리지 못할 것 같은데 어떡하죠?

到截至时候似乎不能给您原本了 怎么办?

다의어 多义词

풀다

❶ 解开(问题)

예 이 문제를 **푸는** 데에 얼마나 시간이 걸릴까요?
解开这个问题需要多久?

❷ 缓解(压力)

예 스트레스를 **푼다는** 핑계로 다른 사람에게 피해를 주는 행동을 하지 마세요.
以减压的借口给别人带来伤害的行动不要做。

❸ 打开(包裹)

예 내 이름으로 온 소포를 룸메이트가 **풀어** 버렸다.
以我的名字来的包裹被室友打开了。

반의어 反义词

승차하다 上车 ↔ 하차하다 下车

예 손님들이 전원 **승차할** 때까지 버스는 출발하면 안 됩니다.
客人上车的时候出发是不可以的。

버스에서 **하차할** 때 넘어지지 않게 조심하세요.
下车的时候小心不要摔倒。

유의어 近意词

중단하다 中断 ≒ 멈추다 停

예 하던 일을 **중단하고** 라디오에서 나오는 이야기에 귀를 기울였다.
하던 일을 **멈추고** 라디오에서 나오는 이야기에 귀를 기울였다.
停止了正在做的事情听起来广播里的故事。

DAY
24

 한국어와 중국어를 알맞게 연결해 보세요.
试着将韩国语与中文合适的联系在一起。

1. 골목	•	• a. 节日
2. 명절	•	• b. 胡同
3. 공급하다	•	• c. 机关
4. 구독	•	• d. 订阅
5. 기관	•	• e. 供给
6. 미루다	•	• f. 盛
7. 덜다	•	• g. 推迟

 다음 빈 칸에 알맞은 단어를 〈보기〉에서 골라 쓰세요.
像<例子>一样给下面空的地方选一个合适的单词。

〈보기〉

a. 답답한데   b. 공모하고   c. 뚜렷한   d. 동의하기

8. 서울시에서 서울 로고 디자인을 (   ) 있습니다.
在首尔市征集首尔的象征标志设计。

9. 교실이 너무 덥고 (   ) 에어컨을 켤까요?
教室里太热了还很憋气我们开空调好么?

10. 그 사람의 의견에 (   ) 힘듭니다.
很难同意那个人的意见。

11. 민호는 자신의 의견이나 주관이 (   ) 편이다.
民浩是自己的意见及想法很清晰的一个人。

정답

DAY 25

확인해 보세요

빨간 시트지로 가리고 단어의 뜻을 알면, □ **에** ✓ **해 보세요.**
用印纸将单词的意思遮挡后, 记住的单词在 □ 里划 ✓。

□ 01	마땅하다	合适的	□ 13	반사되다	反射	□ 25	부작용	副作用
□ 02	마지막	最后	□ 14	발송	发送	□ 26	부지런하다	勤快
□ 03	만	满	□ 15	방안	方案	□ 27	불가능하다	不可能
□ 04	약	约	□ 16	버릇	习惯	□ 28	빨다	洗(衣服)
□ 05	멈추다	停止	□ 17	벌이다	展开	□ 29	빼다	删除
□ 06	명함	名片	□ 18	범죄	犯罪	□ 30	상승하다	上升
□ 07	몰리다	被当成	□ 19	변경하다	变更	□ 31	서투르다	不熟练
□ 08	무늬	纹理	□ 20	보람	意义	□ 32	선거	选举
□ 09	무역	贸易	□ 21	보수	报酬	□ 33	선발하다	选拔
□ 10	민속	民俗	□ 22	보상	补偿	□ 34	재학생	在校生
□ 11	바닥	地面	□ 23	입원	入院			
□ 12	바람직하다	可取	□ 24	부상	负伤			

DAY 25

 全部是特定的单词，一起学习的话能够得到高分。

01 마땅하다　　　　　　　　　　　　　　　형 合适的

마땅한 일자리를 찾는 것이 쉽지가 않네요.

想要找合适的工作不容易。

02 마지막　　　　　　　　　　　　　　　　명 最后

누가 교실에서 마지막으로 나왔어요?

谁最后出的教室？

03 만　　　　　　　　　　　　　　　　　　명 满

제 남동생은 올해로 만 27세입니다.

我弟弟今年满27岁。

04 약　　　　　　　　　　　　　　　　　　관 约

그 공연을 보기 위해 약 5천 명의 사람들이 모였다.

为了看那个公演聚集了约5000人。

Tip

'약'과 비슷한 뜻을 가진 단어는 뭐가 있을까요?

跟'약(约)'有相似意思的单词有哪些？

쯤(左右), 정도(程度), 한 N(大约), N 여(…余) 등이 있어요.

예

5천 명쯤	5千名左右
5천 명정도	5千名程度
한 5천 명	大约5千名
5천여 명	5千余名

05 멈추다 동 停止

하던 일을 멈추고 뉴스를 봤다.

停止了正在做的事情开始看新闻。

06 명함 명 名片

혹시 명함이 있으시면 한장 주시겠어요?

要是有名片的话给我一张吧。

07 몰리다 동 被当成

민호는 자신이 도둑으로 몰리자 화를 내면서 나가 버렸다.

民浩被当成小偷所以生着气出去了。

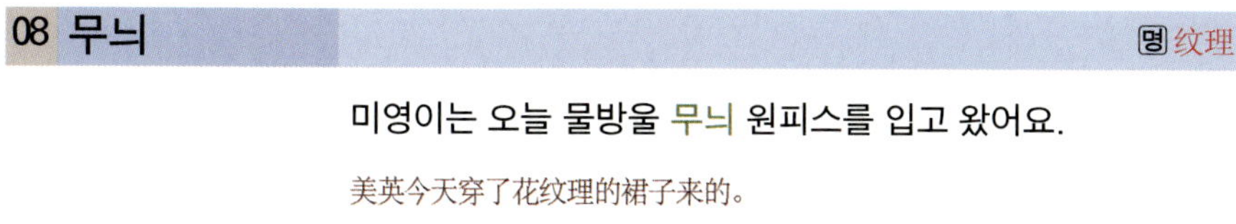

관련어 몰다 当成

08 무늬 명 纹理

미영이는 오늘 물방울 무늬 원피스를 입고 왔어요.

美英今天穿了花纹理的裙子来的。

09 무역 명 贸易

지금은 어느 나라도 무역을 하지 않고는 살 수 없는 상황이다.

现在是任何一个国家如果不贸易就不能生活的情况。

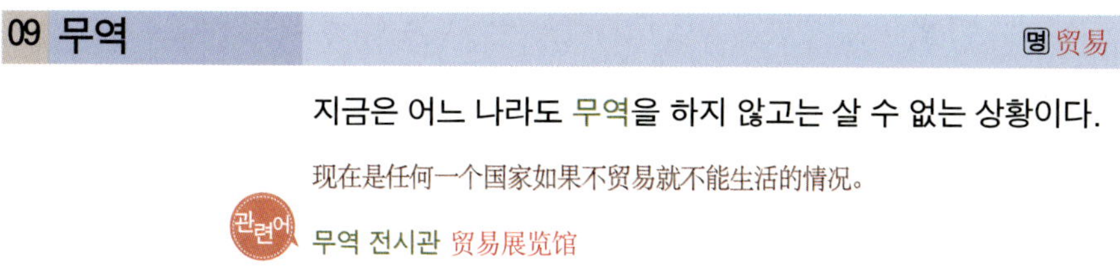

관련어 무역 전시관 贸易展览馆

10 민속 명 民俗

명절이면 사람들은 민속놀이를 즐기며 시간을 보낸다.

过节的时候大家喜欢玩民俗游戏打发时间。

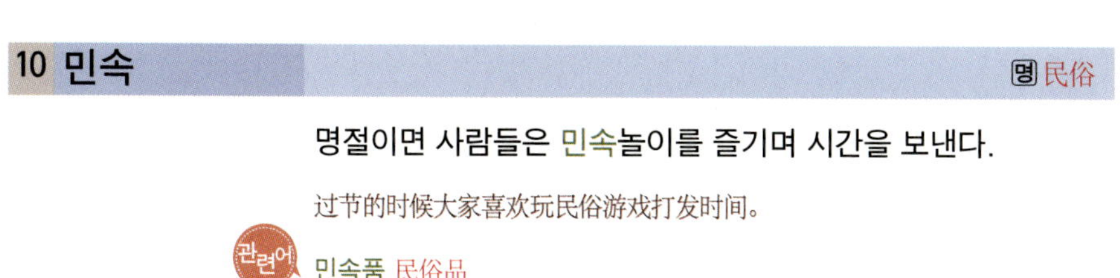

관련어 민속품 民俗品

11 바닥　　　　　　　　　　　　　　　　　명 地面

오랫동안 청소를 안 했더니 바닥이 더러워요.

很久没清扫了地面很脏。

12 바람직하다　　　　　　　　　　　　　　형 可取

건강을 위해서 금연을 하는 것이 바람직하다.

为了健康戒烟是可取的。

13 반사되다　　　　　　　　　　　　　　　동 反射

창문에 반사된 햇빛 때문에 눈을 뜰 수가 없어요.

因为窗户反射的阳光睁不开眼。

관련어　반사하다 反射

14 발송　　　　　　　　　　　　　　　　　명 发送

주문하신 상품은 내일까지 발송이 가능할 것 같습니다.

定的物品明天可以发货了。

관련어　발송하다 发送

15 방안　　　　　　　　　　　　　　　　　명 方案

문제를 해결하기 위한 여러 가지 방안이 논의되고 있다.

为了解决问题议论了很多的方案。

16 버릇　　　　　　　　　　　　　　　　　명 习惯

오래된 버릇은 고치기가 어렵다.

很难改掉很久了的习惯。

17 벌이다　　　　　　　　　　　　　　　　　　　　　　　통 展开

내 친구가 이번에 또 새로운 사업을 벌인다고 해요.

我朋友这次又开始了新的事业。

18 범죄　　　　　　　　　　　　　　　　　　　　　　　명 犯罪

올해는 작년에 비해 청소년의 범죄가 많이 줄었다고 합니다.

今年比起去年青少年的犯罪少了很多。

19 변경하다　　　　　　　　　　　　　　　　　　　　통 变更

이번 주말에 비가 온다고 해서 여행 일정을 조금 변경할 거예요.

这个周末据说会下雨所以旅行的日程会修改一下。

 변경되다 变更

20 보람　　　　　　　　　　　　　　　　　　　　　　　명 意义

이번에 봉사 활동을 하면서 많은 보람을 느꼈다.

这次的奉献活动让我感觉多很多意义。

21 보수　　　　　　　　　　　　　　　　　　　　　　　명 报酬

내일이면 일주일 동안 아르바이트한 보수를 받을 거예요.

明天就会收到一周打工的报酬了。

> **Tip**
>
> '보수' 와 비슷한 표현에는 또 뭐가 있을까요?
> 和 '보수(报酬)' 相似的表现有哪些?
>
> 월급(月薪), 봉급(薪水), 임금(工资) 등이 있어요.

22 보상　　　　　　　　　　　　　　　　　　　　명 补偿

공장의 매연 때문에 피해를 입었지만 보상을 받지 못했다.

工厂因为废气受到很大伤害但是没有得到补偿。

 보상하다 补偿

23 입원　　　　　　　　　　　　　　　　　　　　명 入院

입원 후에는 의사의 지시에 잘 따라야 합니다.

入院以后要听医生的指示。

> **'입원'과 관련된 단어는 뭐가 있을까요?**
> 和'입원(入院)'有关的单词有哪些?
>
> **퇴원**(退院), **문병**(问病), **병문안**(探病), **환자**(患者) 등이 있어요.

24 부상　　　　　　　　　　　　　　　　　　　　명 负伤

운동하다가 다리에 부상을 입었어요.

运动的时候腿受伤了。

25 부작용　　　　　　　　　　　　　　　　　　　명 副作用

모든 약을 먹을 때는 부작용을 조심해야 한다.

吃所有药的时候都要小心副作用。

26 부지런하다　　　　　　　　　　　　　　　　　형 勤快

내 친구는 부지런한 성격 때문에 매일 집을 깨끗이 청소한다.

我朋友因为勤快的性格每天都把家里打扫的很干净。

27 불가능하다 형 不可能

차가 많이 막혀서 비행기 시간 안에 공항에 도착하는 것은 불가능할 것 같다.

车很堵所以不能在飞机票的时间到达机场了。

 불가능 不可能　　　　　불가능에 가깝다 几乎不可能

28 빨다 동 洗(衣服)

이 옷은 망가지기 쉬우니까 손으로 빨아야 해요.

这个衣服很容易坏所以要用手洗。

29 빼다 동 删除

저는 매운 음식을 안 좋아하니까 고추는 빼고 요리해 주세요.

我不喜欢辣的食物所以不要放辣椒。

30 상승하다 동 上升

요즘 물가가 상승해서 생활비가 많이 든다.

最近物价上涨所以生活费花了很多。

31 서투르다 형 不熟练

아직은 운전이 서툴러서 차가 막힐 때는 운전하기 힘들다.

开车还是不太熟练所以堵车的时候特别辛苦。

 서툴다 不熟练

32 선거 명 选举

모든 사람들이 이번 선거는 깨끗하게 치러지기를 바라고 있다.

所有人都希望这次选举能够干干净净的开展。

 선거 운동 选举运动　　　　　선거일 选举日

33 선발하다 동 选拔

다음달에 세계 대회에 나갈 선수들을 선발할 예정이다.

打算选举下个月世界大会上出去的选手。

 선발되다 选拔   선발 방법 选拔方法

34 재학생 명 在校生

도서 대출은 재학생만 가능합니다.

只在校生才能借书。

'재학생' 과 관련된 단어는 뭐가 있을까요?

和 '재학생(在校生)' 有关的单词有哪些?

복학생(复学生), 자퇴생(自退生), 퇴학생(退学生), 휴학생(休学生) 등이 있어요.

다의어 多义词

붓다

❶ 倒

예 컵라면은 요리할 필요없이 뜨거울 물만 부으면 된다.
杯面不需要料理只要倒上热水就行了。

❷ 肿

예 어젯밤에 물을 많이 마시고 잤더니 오늘 아침에 얼굴이 많이 부었다.
昨天晚上水喝多了以后睡觉今天早上起来脸都肿了。

반의어 反义词

단순하다 简单 ↔ 복잡하다 复杂

예 그 업무는 알고보면 단순하다.
那业务其实很简单。

사정이 복잡하니까 다음에 설명 드릴게요.
事情很复杂下次给你解释。

유의어 近意词

부끄럽다 害羞 ≒ 창피하다 丢人

예 사람이 많은 계단에서 넘어져서 부끄러워 죽겠다.
사람이 많은 계단에서 넘어져서 창피해 죽겠다.
在很多人的台阶上摔倒很害羞。

DAY
25
★

한국어는 중국어로, 중국어는 한국어로 써 보세요.
韩国语用中文，中文用韩国语试着写一下。

1. 마땅하다	__________	**6.** 贸易	__________
2. 마지막	__________	**7.** 洗(衣服)	__________
3. 명함	__________	**8.** 反射	__________
4. 변경하다	__________	**9.** 地面	__________
5. 부지런하다	__________	**10.** 方案	__________

문장이 자연스럽도록 둘 중에서 알맞은 단어를 고르세요.
从下面两个中选一个最适合的单词让整个句子自然起来。

11. 민호는 자신이 도둑으로 (a.몰리자 / b.당하자) 화를 내면서 나가 버렸다.

民浩被当成小偷所以生着气出去了。

12. 이번에 봉사 활동을 하면서 많은 (a.준비를 / b.보람을) 느꼈다.

这次的奉献活动让我感觉多很多意义。

13. 차가 많이 막혀서 비행기 시간 안에 공항에 도착하는 것은 (a.불가능할 / b.충분할) 것 같다.

车很堵所以不能在飞机票的时间到达机场了。

14. 다음달에 세계 대회에 나갈 선수들을 (a.선발할 / b.연장할) 예정이다.

打算选举下个月世界大会上出去的选手。

15. 저는 매운 음식을 안 좋아하니까 고추는 (a.빼고 / b.팔고) 요리해 주세요.

我不喜欢辣的食物所以不要放辣椒。

아래 단어를 보고 빈 칸에 뜻을 적어 보세요. 그리고 점선대로 접어서 적은 뜻이 맞는지
확인해 보세요. (만일 틀렸다면 뒷면의 단어 앞 □ 에 ✓ 하세요.)
将下列单词的意思写在空白处。并按虚线折起后，确认写下的单词意思是否正确。(如果错了，在
背面的单词前的 □ 里划 ✓ 。)

▼접는선

단어	뜻
강조되다	
마치	
벗어나다	
성과	
상하다	
수상하다	
아쉽다	
양보하다	
완성되다	
운영하다	
적성	
조언	
추천하다	
한참	
경향	
공급하다	
미루다	
답답하다	
동의하다	
뚜렷하다	
마땅하다	
명함	
변경하다	
무역	
빠르다	

빈 칸에 한국어 단어를 3번 적고 다시 외워 봅시다.

将韩语单词写在空格处，重复三次并背诵。

◀ 접는선

뜻
☐ 强调
☐ 好像
☐ 脱离
☐ 成果
☐ 腐烂
☐ 受赏
☐ 可惜
☐ 让步
☐ 完成
☐ 运营
☐ 职性
☐ 指导
☐ 推荐
☐ 很久
☐ 倾向
☐ 供给
☐ 推迟
☐ 郁闷
☐ 同意
☐ 清晰
☐ 合适的
☐ 名片
☐ 变更
☐ 贸易
☐ 洗(衣服)

단어		

DAY 26

확인해 보세요

빨간 시트지로 가리고 단어의 뜻을 알면, □ 에 ✓ 해 보세요.
用印纸将单词的意思遮挡后, 记住的单词在 □ 里划 ✓。

□ 01	세기	世纪	□ 13	여부	与否	□ 25	의무	义务
□ 02	소화	消化	□ 14	열람	阅览	□ 26	의사소통	交流
□ 03	손쉽다	简单的	□ 15	열쇠	钥匙	□ 27	이성	异性
□ 04	근무	上班	□ 16	열차	列车	□ 28	넘어지다	摔倒
□ 05	수분	水分	□ 17	영수증	发票	□ 29	자극하다	刺激
□ 06	수출	出口	□ 18	내놓다	交出	□ 30	자동	自动
□ 07	시급하다	紧迫	□ 19	예	以前	□ 31	잠시	一会
□ 08	시키다	使唤	□ 20	올라가다	上去	□ 32	자율	自律
□ 09	신고하다	报警	□ 21	올바르다	正确的	□ 33	장난	玩笑
□ 10	신분증	身份证	□ 22	욕심	欲望			
□ 11	심사	审查	□ 23	용도	用途			
□ 12	언어	语言	□ 24	음료수	饮料			

DAY 26

关련어 全部是特定的单词，一起学习的话能够得到高分。

01 세기 명 世纪

21세기는 인터넷의 발달로 사람들이 빠르게 정보를 공유할 수 있게 되었다.

21世纪网络的发达使人们很快的可以共有情报。

02 소화 명 消化

요즘 소화가 잘 안 되는데 병원에 한번 가 봐야 할 것 같다.

最近消化不好看来要去一次医院了。

관련어   소화되다 消化   소화제 消化剂

03 손쉽다 형 简单的

컴퓨터가 있으면 사람이 하기 어려운 일을 손쉽게 끝낼 수 있다.

有了电脑人们做起来很困难的事情都可以轻易解决了。

04 근무 명 上班

그 회사는 근무 조건이 아주 좋습니다.

这个公司的上班条件很好。

관련어   근무하다 上班   근무 환경 工作环境

보통 중요하게 생각하는 '근무 조건' 으로는 뭐가 있을까요?

普通觉得重要的'上班条件'有什么?

월급(月薪), 연봉(年薪), 근무 시간(上班时间), 휴가 일수(休假日数), 복지(福利), 보너스(奖金等) 등이 있어요.

05 수분　　　　　　　　　　　　　　　　　　　명 水分

여름철을 건강하게 보내려면 충분한 수분을 섭취해야 한다.

想要健康的度过夏天就要摄取充足的水分。

06 수출　　　　　　　　　　　　　　　　　　　명 出口

수입보다 수출이 증가하면서 나라 경제가 좋아지고 있다.

进口比出口增加的同时国家的经济也随之变好了。

 수입 进口

07 시급하다　　　　　　　　　　　　　　　　　형 紧迫

그 문제의 원인을 찾는 것보다 그 문제를 해결하는 것이 더 시급하다.

比起找那件事情的愿意更着急的是解决那件事情。

08 시키다　　　　　　　　　　　　　　　　　　동 使唤

할아버지께서 심부름을 시키셨다.

爷爷把我当跑腿儿的使唤。

09 신고하다　　　　　　　　　　　　　　　　　동 报警

수상한 사람을 보면 경찰에 신고해야 한다.

看到受伤的人应该报警。

 신고를 받다 接受申报

10 신분증　　　　　　　　　　　　　　　　　　명 身份证

외부인이 우리 회사에 들어오려면 신분증을 보여줘야 한다.

外部人员想进入公司要出示身份证。

11 심사

명 审查

논문 **심사**를 통과해서 이제 곧 졸업할 거예요.

通过了论文审查现在马上就要毕业了。

 심사 위원 审查委员

12 언어

명 语言

인간은 동물과 달리 **언어**가 있다.

人类和动物不同，人类有语言

 언어 치료사 语言治疗师

13 여부

명 与否

지진이 일어나자 많은 사람들이 가족의 생사 **여부**를 확인하기 위해 애쓰고 있다.

地震以后很多人为了确认家人的生死与否很辛苦。

14 열람

명 阅览

도서관 **열람** 시간은 오전 9시부터 오후 6시까지입니다.

图书馆阅览的时间是早上9点到晚上6点。

 열람실 阅览室

15 열쇠

명 钥匙

요즘은 **열쇠**보다는 카드키나 번호키를 이용합니다.

最近都不用钥匙大多用卡或者密码门。

16 열차

명 列车

서두르지 않으면 **열차**를 놓치겠어요.

还不着急的话就会错过火车。

17 영수증 명 发票

교환이나 환불을 할 경우 영수증을 지참해 주십시오.

交换或者退货的时候要有发票。

18 내놓다 동 交出

작가들이 이번 전시회에서 많은 작품을 내놓았다.

作者们在这次展示会交出了很多作品。

Tip '내놓다'는 어떤 단어와 같이 사용할까요?
'내놓다(交出)'一般都跟哪些单词一起用?

대책 对策		
작품 制品	+	내놓다 交出
신제품 新制品		
아이디어 想法		

DAY
26
★

19 예 명 以前

예로부터 한국 사람들은 노인에 대한 공경심이 강했다.

从以前开始韩国人对老人的恭敬心很强。

20 올라가다 동 上去

지구 온난화 현상으로 극지방의 온도가 매년 올라간다고 한다.

因为地球温暖化所以极地温度每年都在增加。

21 올바르다 형 正确的

어린 아이들은 올바른 행동이 무엇인지 때로는 모를 수 있다.

小孩子有时不知道什么行为是正确的。

22 욕심 명 欲望

자기의 욕심만 생각하면 남을 배려하기 어렵다.

如果只想自己的欲望就不会照顾别人。

 욕심을 내다 产生欲望

23 용도 명 用途

이 물건은 여러 가지 용도로 쓰일 수 있어 실용적인 것 같아요.

这个东西可以有很多种用途好像很实用。

24 음료수 명 饮料

운동 후에는 음료수보다 물이 수분 보충에 좋다.

运动以后比起饮料水更能补充水份。

 음료 광고 饮料广告

25 의무 명 义务

선생님과 학생 사이에 서로 지켜야 할 의무가 있다.

老师和学生之间有要互相遵守的义务。

 의무제 义务制

26 의사소통 명 交流

외국에 가면 의사소통 문제가 가장 힘들어요.

去外国的话交流问题是最累的。

27 이성 명 异性

청소년들의 이성 교제에 대해 무조건 반대하는 것은 옳지 않다.

青少年的异性交往无条件反对是不正确的。

28 넘어지다　　　　　　　　　　　　　　　　　　　　동 摔倒

스키를 타다가 넘어져서 크게 다쳤어요.

滑雪摔倒受了很大的伤。

'넘어지다'와 비슷한 뜻을 가진 단어는 뭐가 있을까요?
和 '넘어지다(摔倒)'相似的单词有哪些?

쓰러지다 倒下	예	민호 씨가 3일 동안 잠도 안 자고 일하더니 결국 쓰러졌다. 民浩3天没有睡觉一直工作结果倒下了。
미끄러지다 滑倒	예	눈이 쌓인 길을 걷다가 미끄러졌어요. 在堆积了很多雪的路上走路滑倒了。

29 자극하다　　　　　　　　　　　　　　　　　　　　동 刺激

요즘 들어 호기심을 자극하는 유아 장난감이 많아졌다.

最近刺激孩子好奇心的幼儿玩具很多。

30 자동　　　　　　　　　　　　　　　　　　　　　　명 自动

방 안에 사람이 없으면 자동으로 꺼지는 에어컨이 발명됐다.

发明了房间里没人就会自动关上的空调。

 자동 응답 自动应答　　　　　　자동문 自动门

31 잠시　　　　　　　　　　　　　　　　　　　　　　부 一会

잠시 길 좀 여쭤봐도 될까요?

问一下路可以么?

32 자율

명 自律

1월부터 승용차 자율 요일제를 실시한다고 합니다.

从一月开始实行小轿车的星期自律制。

 자율적 自律的

출제 경향 出題傾向

토픽에서 '승용차 자율 요일제'가 주제로 출제된 적이 있습니다. '승용차 자율 요일제'란 운전자가 요일을 정해서 일주일에 한 번 정한 요일에는 본인의 차를 운전하지 않는 제도를 가리킵니다.

TOPIK中在关于 '승용차 자율 요일제(小轿车的星期自律制)' 的主题出过题。'승용차 자율 요일제(小轿车的星期自律制)' 是指驾驶者确定一星期中的一天不驾驶自己的车的制度。

33 장난

명 玩笑

장난도 심하게 치면 남의 기분을 망칠 수 있다.

玩笑如果开的过火了就会让别人不开心。

 장난감 玩具

다의어 多义词

내다

❶ 交(钱)

예 모든 회원은 회비를 **내야** 합니다.
所有会员都要交会费。

❷ 交(报告书)

예 이번 주말까지 보고서를 **내** 주세요.
到这个周末要交报告书。

❸ 发(声)

예 도서관에서는 큰 소리를 **내지** 말고 작은 소리로 대화해야 한다.
在图书馆不要发出很大的声音，要很小声的对话。

반의어 反义词

달리 不同 ↔ 마찬가지로 相同

예 그는 첫인상과는 **달리** 매우 친절한 사람이었습니다.
他是一个跟第一印象不同很亲切的一个人。

한국도 독일과 **마찬가지로** 통일을 이룰 것이다.
韩国和德国相同会统一的。

유의어 近意词

분명하다 分明 ≒ 확실하다 确实

예 지금까지 연락이 없는 것을 보니 무슨 일이 생긴 것이 **분명하다**.
지금까지 연락이 없는 것을 보니 무슨 일이 생긴 것이 **확실하다**.
到现在都没有消息确实是有什么事情。

DAY
26
★

한국어와 중국어를 알맞게 연결해 보세요.
试着将韩国语与中文合适的联系在一起。

1. 소화	•	•	a. 一会
2. 시급하다	•	•	b. 与否
3. 여부	•	•	c. 紧迫
4. 욕심	•	•	d. 义务
5. 넘어지다	•	•	e. 摔倒
6. 의무	•	•	f. 欲望
7. 잠시	•	•	g. 消化

다음 빈 칸에 알맞은 단어를 〈보기〉에서 골라 쓰세요.
像<例子>一样给下面空的地方选一个合适的单词。

〈보기〉

a. 올바른   b. 손쉽게   c. 자극하는   d. 신분증을

8. 컴퓨터가 있으면 사람이 하기 어려운 일을 (   ) 끝낼 수 있다.

有了电脑人们做起来很困难的事情都可以轻易解决了。

9. 외부인이 우리 회사에 들어오려면 (   ) 보여줘야 한다.

想进入公司要出示身份证。

10. 어린 아이들은 (   ) 행동이 무엇인지 때로는 모를 수 있다.

小孩子不知道什么行为是正确的。

11. 요즘 들어 호기심을 (   ) 유아 장난감이 많아졌다.

最近刺激孩子好奇心的幼儿玩具很多。

정답

1.g 2.c 3.b 4.f 5.e 6.d 7.a 8.b 9.d 10.a 11.c

DAY 27

확인해 보세요

빨간 시트지로 가리고 단어의 뜻을 알면, ☐ 에 ✓ 해 보세요.
用印纸将单词的意思遮挡后，记住的单词在 ☐ 里划 ✓。

☐ 01	**장사**	做生意	☐ 13	**조절하다**	调整	☐ 25	**가전제품**	家用电器
☐ 02	**재능**	才能	☐ 14	**존경하다**	尊敬	☐ 26	**취하다**	采取
☐ 03	**적용하다**	适用	☐ 15	**주택**	房产	☐ 27	**친밀하다**	亲密
☐ 04	**전 N**	全N	☐ 16	**중요성**	重要性	☐ 28	**택배**	邮递
☐ 05	**적응하다**	习惯	☐ 17	**지르다**	大喊	☐ 29	**통화하다**	通话
☐ 06	**절반**	一半	☐ 18	**진심**	真心	☐ 30	**표시하다**	标识
☐ 07	**늘**	总是	☐ 19	**차지하다**	占据	☐ 31	**풍부하다**	丰富
☐ 08	**접종**	接种	☐ 20	**비롯하다**	以…为首	☐ 32	**프린터**	打印机
☐ 09	**접하다**	接触	☐ 21	**챙기다**	拿好	☐ 33	**피부**	皮肤
☐ 10	**제거하다**	清除	☐ 22	**최신**	最新	☐ 34	**협조하다**	协助
☐ 11	**제안하다**	提议	☐ 23	**추가하다**	追加			
☐ 12	**제작하다**	制作	☐ 24	**출입**	出入			

DAY 27

 全部是特定的单词，一起学习的话能够得到高分。

01 장사 명 做生意

그 사람은 다니던 회사를 그만두고 장사를 시작하였다.

那个人辞了以前的工作开始做生意了。

02 재능 명 才能

자녀의 재능을 찾아 키워주는 것이 가장 중요하다.

子女的才能找到以后的培养是最重要的。

03 적용하다 동 适用

이 방법을 적용해서 문제를 풀어 보세요.

用这个方法试着解决一下问题。

 적용되다 适用

04 전 N 명 全N

이번 선거는 전 학생들의 투표 참가를 목표로 합니다.

这次选举的目标是全体学生都参加投票。

출제 경향 出題傾向

읽기에서 '전 학생, 전 국민, 전 기업' 등과 같은 '전 N'의 표현을 자주 볼 수 있습니다. 이 때 지문과 일치하는 내용을 찾는 문제가 자주 출제되곤 합니다. 이 때 이것이 '모든 학생, 모든 국민, 모든 기업' 이라는 뜻을 알아야 오답을 피할 수 있습니다.

在阅读中 '전 학생(全体学生), 전 국민(全体国民), 전 기업(全体企业)' 等的 '전 N 全 N' 的表现经常可以看到。这个时候找到与题目相符的答案的问题经常出现。这个时候要知道전 학생(全体学生), 전 국민(全体国民), 전 기업(全体企业) 的意思才能够答题。

05 적응하다 동 习惯

이제 혼자 사는 것에 적응해서 별로 외롭지 않아요.

现在已经适应了自己生活所以不孤单了。

06 절반 명 一半

학생들이 절반 정도밖에 오지 않았다.

学生只来了一半。

07 늘 부 总是

늘 바쁘다는 핑계로 부모님을 찾아뵙지 못하고 있습니다.

总是用忙的借口不去看父母。

Tip

'늘'과 같은 빈도 부사는 또 뭐가 있을까요?

和 '늘(总是)'一样频度的副词还有什么?

전혀(绝对), 가끔(偶尔), 자주(经常), 항상(总是) 등이 있어요.

DAY
27
★

08 접종 명 接种

아이의 예방 접종을 위해 병원을 찾았다.

去医院给孩子预防接种。

 접종비 接种费

09 접하다 동 接触

고향에서는 한국 문화를 접할 기회가 별로 없었어요.

在家乡基本没机会接触韩国文化。

 접촉 接触

10 제거하다
동 清除

악취를 제거하는 데에 양파를 이용할 수 있다.

可以用洋葱去恶臭。

11 제안하다
동 提议

그 친구에게 이번 여행을 함께 가자고 제안했다.

向朋友提议一起去旅行。

 제안 提议

12 제작하다
동 制作

작은 영화사에서 제작한 영화가 큰 성공을 거두었다.

小电影社制作的电影得到了很大的成功。

 제작 制作　　　　　　　제작진 制作组
제작되다 制作

13 조절하다
동 调整

건강을 위해 음식을 조절해야 합니다.

为了健康调整饮食。

14 존경하다
동 尊敬

내가 가장 존경하는 분은 바로 우리 아버지시다.

我最尊敬的人是我爸爸。

 존경받다 受到尊敬

15 주택
명 房产

아이들을 키우기에는 아파트보다는 주택이 낫다고 생각해요.

养孩子比起公寓我觉得住房更好。

16 중요성 명重要性

교육의 중요성을 생각할 때 더 많은 교육비가 투자되어야 합니다.

想教育的重要性的时候会投资更多的教育费。

 중요하다 重要

17 지르다 동大喊

산에 올라가 소리를 크게 지르고 나면 마음이 시원해진다.

上山然后大喊心里就舒服了。

18 진심 명真心

편지를 통해 그 사람의 진심을 느낄 수 있었어요.

可以通过信来知道那个人的真心。

19 차지하다 동占据

방의 대부분을 침대가 차지하고 있다.

房间大部分都被床占有。

20 비롯하다 동以…为首

사장님을 비롯한 모든 직원들이 열심히 일을 하고 있다.

以董事长为代表的所有职员都很努力的工作。

Tip

'비롯하다'가 '처음으로 시작한다'는 의미를 가질 때는 '비롯되다'로 바꿔 쓸 수 있어요.

这个单词有从一开始的意思的时候可以换成'비롯되다'。

> **예** 그 싸움은 작은 오해에서 비롯한 것이다.
> = 그 싸움은 작은 오해에서 비롯된 것이다.
> 那个打架是由很小的误会开始的。

DAY
27
★

21 챙기다 동拿好

짐을 잘 챙겨서 나오세요.

请拿好了行李出来。

22 최신 명最新

저는 최신 가요를 즐겨 듣습니다.

我喜欢听最近歌曲。

23 추가하다 동追加

사람이 더 와서 삼겹살 3인분을 추가했습니다.

还有人要来追加了3人份的烤肉。

관련어 추가 追加　　　　　추가 비용 追加费用

24 출입 명出入

이 건물은 사람들의 출입을 통제하고 있습니다.

这个建筑对人们的进出进行管制。

관련어 출입하다 出入

25 가전제품 명家用电器

요즘에 결혼 준비를 하는데 오늘은 가전제품을 사러 가려고 한다.

最近准备结婚，今天去买家用电器。

Tip

'가전제품'에는 뭐가 있을까요?

'가전제품(家用电器)' 还有什么?

전자레인지(微波炉), 냉장고(冰箱), 세탁기(洗衣机), 에어컨(空调),
공기청정기(空气净化机) 등이 있어요.

26 취하다 통 采取

깊은 수면을 **취하기** 위해 잠자는 습관을 고쳐야 합니다.

为了沉浸于好的睡眠要修改睡觉的习惯。

27 친밀하다 형 亲密

개는 인간과 가장 **친밀한** 동물 중의 하나입니다.

狗是和人类最亲密的动物中的一个。

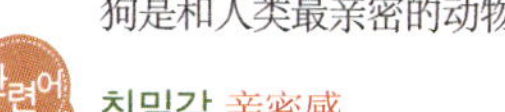 친밀감 亲密感　　　　　친밀도 亲密度

28 택배 명 邮递

오늘 **택배**를 보내면 내일 받을 수 있나요?

今天寄包裹明天能收到么?

DAY
27
★

29 통화하다 통 通话

지금 **통화하는** 사람이 누구예요?

现在通话的人是谁?

30 표시하다 통 标识

중요한 것은 빨간색으로 **표시해** 주세요.

重要的地方用红色标记一下。

 표시 标识

31 풍부하다 형 丰富

그 나라는 자원이 **풍부합니다**.

那个国家资源丰富。

32 프린터　　　　　　　　　　　　　　　　　　　　명打印机

이 컴퓨터와 연결된 프린터가 고장난 것 같아요.

这个电脑连接的打印机好像故障了。

사무용품에는 뭐가 있을까요?

办公室用品还有什么?

컴퓨터(电脑), 프린터(打印机), 팩스(扫描仪), 복사기(复印机) 등이 있습니다.

33 피부　　　　　　　　　　　　　　　　　　　　　명皮肤

피부가 정말 부드럽네요.

皮肤真的很柔软。

 피부과 皮肤科

34 협조하다　　　　　　　　　　　　　　　　　　동协助

자원봉사자들의 지시에 협조하고 있습니다.

配合奉献者的指示。

 협조 协助

다의어 多义词

들다

❶ 合心意

예 그 옷이 마음에 **들었지만** 비싸서 못 샀어요.
那件衣服很合心意但是太贵了没有买。

❷ 东西在包里

예 핸드폰이 가방에 **들어** 있는지 확인해 보세요.
手机是否在包里请确认。

❸ 产生什么想法

예 집에 가기 전에 잠깐 병원에 가야겠다는 생각이 **들었다**.
回家以前觉得应该去一下医院。

DAY
27
★

반의어 反义词

데우다 热 ↔ 식히다 冷却

예 찬 음식은 전자레인지에 **데워** 드세요.
把凉了的食物放进微波炉里热一下。

뜨거운 음식을 잘 못 먹어서 항상 **식혀** 먹어요.
不能吃太热的食物所以总是等凉了再吃。

유의어 近意词

우선 首先 ≒ 먼저 先

예 식사를 하기 전에 **우선** 손을 씻으세요.
식사를 하기 전에 **먼저** 손을 씻으세요.
吃饭以前首先洗手。

한국어는 중국어로, 중국어는 한국어로 써 보세요.
韩国语用中文，中文用韩国语试着写一下。

1. 적용하다	_________	6. 调整	_________
2. 늘	_________	7. 重要性	_________
3. 접종	_________	8. 占据	_________
4. 접하다	_________	9. 邮递	_________
5. 제안하다	_________	10. 丰富	_________

문장이 자연스럽도록 둘 중에서 알맞은 단어를 고르세요.
从下面两个中选一个最适合的单词让整个句子自然起来。

11. 이제 혼자 사는 것에 (a.적응해서 / b.적당해서) 별로 외롭지 않아요.
现在已经适应了自己生活所以不孤单了。

12. 산에 올라가 소리를 크게 (a.부르고 / b.지르고) 나면 마음이 시원해진다.
上山然后大喊心里就舒服了。

13. 자녀의 (a.단점 / b.재능)을 찾아 키워주는 것이 가장 중요하다.
子女的才能找到以后的培养是最重要的。

14. 편지를 통해 그 사람의 (a.진심 / b.명함)을 느낄 수 있었어요.
可以通过信来知道那个人的真心。

15. 개는 인간과 가장 (a.친밀한 / b.친절한) 동물 중의 하나입니다.
狗是和人类最亲密的动物中的一个。

DAY 28

확인해 보세요

빨간 시트지로 가리고 단어의 뜻을 알면, □ 에 ✓ 해 보세요.
用印纸将单词的意思遮挡后, 记住的单词在 □ 里划 ✓。

□ 01	형식	形式	□ 13	해당되다	相关的	□ 25	고집	固执
□ 02	대여하다	出租	□ 14	해소하다	解除	□ 26	도구	工具
□ 03	아예	直接干脆	□ 15	까다롭다	苛刻	□ 27	고통	痛苦
□ 04	오해	误会	□ 16	곁	旁边	□ 28	공개	公开
□ 05	원망스럽다	痛恨	□ 17	가리다	分辨	□ 29	공고	公告
□ 06	응모	应征	□ 18	간편하다	简便	□ 30	과장되다	夸张
□ 07	이동하다	移动	□ 19	강요하다	强迫	□ 31	관점	观点
□ 08	인류	人类	□ 20	객관적	客观的	□ 32	괜히	多余的
□ 09	현금	现金	□ 21	건조하다	干燥	□ 33	괴롭다	难受
□ 10	저장하다	储存	□ 22	겉	表面	□ 34	교과서	教科书
□ 11	정체	停滞	□ 23	경조사비	份子钱			
□ 12	체조	体操	□ 24	고유하다	固有			

DAY 28

 全部是特定的单词，一起学习的话能够得到高分。

01 형식 　　　　　　　　　　　　　　　　　　　　　　명 形式

보고서를 쓸 때는 형식에 맞게 써야 해요.

写报告书的时候要配合形式写。

 형식적 形式的

02 대여하다 　　　　　　　　　　　　　　　　　　　　동 出租

집 앞에 DVD를 대여해 주는 가게가 없어졌어요.

家前面没有出租影碟的地方了。

 대여 借贷　　　　　　　　　대여 기간 借贷期间

03 아예 　　　　　　　　　　　　　　　　　　　　　　부 直接干脆

담배처럼 몸에 나쁜 것은 아예 시작하지 않는 게 좋다.

像烟这种对身体完全没有好处的东西干脆不要开始最好。

04 오해 　　　　　　　　　　　　　　　　　　　　　　명 误会

서로 오해가 있어서 조금 말다툼을 했지만 곧 풀었어요.

互相有误会虽然吵架了但是很快会好的。

05 원망스럽다 　　　　　　　　　　　　　　　　　　　형 痛恨

퇴근 시간이 지나도록 일을 시키는 부장님이 정말 원망스럽다.

下班时间以后吩咐事情的部长真的很让人痛恨

06 응모

명 应征

이 이벤트에는 누구나 응모가 가능합니다.

这个活动谁都可以应征。

관련어 응모 대상 应征对象   응모 기간 应征时期

출제 경향 出題傾向

읽기에서 '응모'와 관련된 공고문이 자주 출제됩니다. 이 때 '응모 자격'을 꼼꼼히 살펴볼 필요가 있습니다. '응모 자격'을 나타내는 표현으로는 'N으로 제한하다', 'N을 포함하다' 등이 있습니다.

在阅读中与'응모(应征)'有关的公告文经常出题。这个时候'응모 자격(应征资格)'要仔细的观察。一般出现'응모 자격(应征资格)'的表现 'N으로 제한하다(为限制)', 'N을 포함하다(为…, 包含)'…等。

---

07 이동하다

동 移动

다음 장소로 이동하기 전에 인원을 점검하겠습니다.

去下一个地方之前要点好人数。

---

08 인류

명 人类

인류 문명의 발전은 여가 시간의 증가를 가져왔다.

人流文明的发展给我们带来了闲暇时间的增加。

---

09 현금

명 现金

현금이 없는데 카드로 계산해도 될까요?

没有现金用卡结账也可以么?

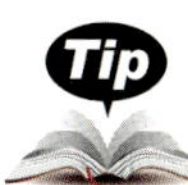

'현금'과 관련된 단어는 또 뭐가 있을까요?

和'현금(现金)'有关的单词还有哪些?

수표(支票), 신용카드(信用卡), 체크카드(银行卡),
지폐(纸币), 동전(硬币) 등이 있어요.

10 저장하다

동 储存

USB에는 많은 자료를 저장할 수 있다.

USB可以储存很多情报。

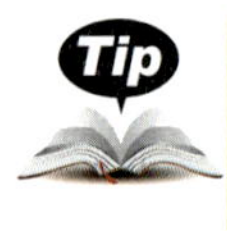

'저장하다'는 어떤 단어와 같이 사용할까요?

'저장하다(储存)'可以一起使用的单词有哪些?

파일 附件 김치 泡菜 와인 葡萄酒	**+** 저장하다 储存

11 정체

명 停滞

출근 시간이라서 교통 정체가 심하네요.

因为是上班时间所以交通停滞很严重。

12 체조

명 体操

아침 운동으로 간단히 할 만한 체조가 있는데 가르쳐 줄까?

适合早上做的简单的运动教你怎么样?

13 해당되다

동 相关的

영화표 할인은 평일만 가능하고 주말은 해당되지 않습니다.

电影票打折只有平时才会有周末不相关的。

해당 相关

14 해소하다

동 解除

빈부격차를 해소하기 위해 어떤 노력을 하고 있습니까?

为了消除贫富差距要进行什么努力?

해소 缓解

15 까다롭다　　　　　　　　　　　　　[형]苛刻

그 회사는 입사 조건이 까다로워서 들어가기가 어렵다.

那个公司的入社条件很苛刻所以不容易进去。

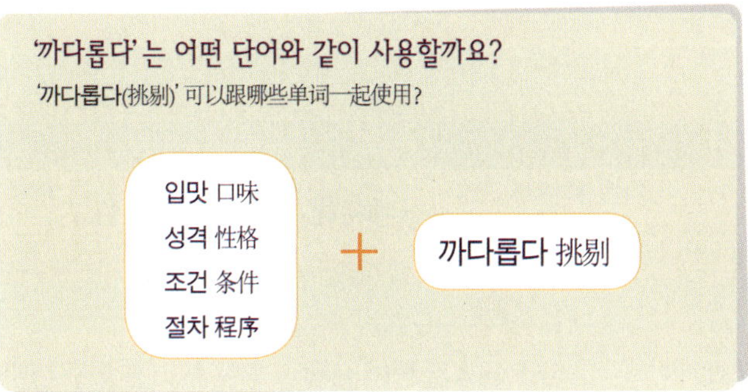

16 곁　　　　　　　　　　　　　[명]旁边

부모는 아이들 곁에서 조용히 지켜봐 주는 것이 필요합니다.

家长在孩子旁边保持安静是很重要的。

옆 旁

17 가리다　　　　　　　　　　　　　[동]分辨

음식을 가려서 먹는 것을 편식이라고 합니다.

分辨着吃东西就是挑食。

18 간편하다　　　　　　　　　　　　　[형]简便

휴대가 간편한 노트북이 인기를 끌고 있어요.

携带方便的电脑现在很有人气。

19 강요하다　　　　　　　　　　　　　[동]强迫

누구든지 다른 사람에게 선택을 강요할 수는 없습니다.

不管是谁不可以强迫别人选择。

20 객관적 명 客观的

객관적인 자료를 제시해 주십시오.

请出示客观的文件。

 주관적 主观的

21 건조하다 형 干燥

히터 때문에 눈이 너무 건조해요.

因为暖气眼睛很干涩。

 건조시키다 使干燥

22 겉 명 表面

겉과 속이 다른 사람을 조심해야 한다.

要小心表里不一的人。

 겉모양 表面摸样　　　　　겉으로 表面

23 경조사비 명 份子钱

경조사비 지출이 가계에 부담이 되고 있습니다.

随份子的钱成为家里最大的负担。

> **‘경조사비’에는 어떤 것이 있을까요?**
> ‘경조사비(份子钱)’的种类有哪些?
>
> 축의금(庆典钱), 부의금(葬礼钱), 조의금(葬礼钱) 등이 있어요.

24 고유하다 형 固有

우리의 고유한 전통 문화를 세계에 알리도록 합시다.

我们固有的传统文化向全世界宣传。

25 고집　명 固执

그 아이가 이렇게 **고집**이 센 줄 몰랐어요.

没想到那个孩子那么固执。

관련어 고집하다 固执

26 도구　명 工具

이 **도구**는 어디에 쓰는 거예요?

这个工具是用来干什么的?

27 고통　명 痛苦

고통 받는 이웃을 위해 기도해 주세요.

为了痛苦的邻居请祈祷。

관련어 고통스럽다 苦痛

28 공개　명 公开

지난 주말에 좋아하는 가수가 나온다고 해서 **공개** 방송에 갔습니다.

听说有自己喜欢的歌手的公开放送，所以上周去看了。

관련어 공개하다 公开　　　　공개적 公开型
공개 모집 公开征集

29 공고　명 公告

신입 사원 모집 **공고**를 보고 왔습니다.

看了招新人的公告来的。

30 과장되다　동 夸张

과장된 광고에 속았던 것 같아요.

好像被夸张的广告片了。

31 관점

명 观点

사람에 따라 관점의 차이는 있을 수밖에 없다.

不同的人对事物的观点也是有差异的。

32 괜히

부 多余的

어차피 지각인데 괜히 뛰어왔나 봐요.

反正已经迟到了就没必要跑了。

33 괴롭다

형 难受

친구가 내 마음을 몰라 주니까 괴롭다.

朋友不知道我的心很难受。

34 교과서

명 教科书

교과서에 없는 내용도 알아야 합니다.

即使是书上没有的内容也要知道。

다의어 多义词

떨어지다

❶ 分开

예 가족과 **떨어져** 지낸 지 벌써 2년이 넘었네요.
已经跟家人分开生活超过两年了。

❷ 变差

예 시력이 자꾸만 **떨어져서** 병원에 갔어요.
视力总是越来越坏所以去了医院。

❸ 掉下了

예 지하철 선로에 **떨어진** 아이를 구한 청년의 인터뷰를 봤어요.
看了在地铁轨道里救小孩的青年的报道。

❹ (完成度或者实力)下落

예 이 영화는 작품의 완성도가 **떨어집니다**.
这个电影制品的完成度下落。

DAY
28
★

반의어 反义词

삼키다 咽 ↔ 뱉다 吐

예 침을 **삼키기** 힘들 정도로 목이 아파요.
喉咙疼的不能咽痰。

거리에서 침을 **뱉으면** 벌금을 내야 합니다.
在街道上吐痰要交罚金。

유의어 近意词

전망 展望 ≒ 예측 预测

예 기후 변화에 대한 다양한 **전망**이 나오고 있습니다.
기후 변화에 대한 다양한 **예측**이 나오고 있습니다.
有关于气候变化的多样的展望正在出现。

 **한국어와 중국어를 알맞게 연결해 보세요.**
试着将韩国语与中文合适的联系在一起。

정답

1. 아예 · · a. 多余的
2. 저장하다 · · b. 分辨
3. 까다롭다 · · c. 观点
4. 가리다 · · d. 储存
5. 겉 · · e. 苛刻
6. 관점 · · f. 直接干脆
7. 괜히 · · g. 表面

 **다음 빈 칸에 알맞은 단어를 〈보기〉에서 골라 쓰세요.**
像<例子>一样给下面空的地方选一个合适的单词。

〈보기〉

a. 간편한   b. 해당되지   c. 이동하기   d. 형식에

8. 보고서를 쓸 때는 (   ) 맞게 써야 해요.

   写报告书的时候要配合形式写。

9. 다음 장소로 (   ) 전에 인원을 점검하겠습니다.

   去下一个地方之前要点好人数。

10. 영화표 할인은 평일만 가능하고 주말은 (   ) 않습니다.

    电影票打折只有平时才会有周末不相关的。

11. 휴대가 (   ) 노트북이 인기를 끌고 있어요.

    携带方便的电脑现在很有人气。

정답

1.f 2.d 3.e 4.b 5.g 6.c 7.a 8.d 9.c 10.b 11.a

확인해 보세요

빨간 시트지로 가리고 단어의 뜻을 알면, ☐ 에 ✓ 해 보세요.
用印纸将单词的意思遮挡后, 记住的单词在 ☐ 里划 ✓。

☐ 01	굽다	烤	☐ 13	녹다	融化	☐ 25	당분간	暂时
☐ 02	권리	权利	☐ 14	놀랍다	惊吓	☐ 26	당하다	受到
☐ 03	귀가	回家	☐ 15	놀이터	游乐园	☐ 27	당황스럽다	慌
☐ 04	동쪽	东边	☐ 16	곤란하다	困难	☐ 28	대우	待遇
☐ 05	그늘	荫凉	☐ 17	굳이	硬是	☐ 29	더구나	再加上
☐ 06	기온	气温	☐ 18	다	全部	☐ 30	어버이날	父亲节
☐ 07	까닭	缘故	☐ 19	다림질하다	熨烫	☐ 31	데려다 주다	送
☐ 08	껍질	皮	☐ 20	석식	晚餐	☐ 32	도입하다	导入
☐ 09	끼다	弥漫	☐ 21	다수	多数	☐ 33	도저히	一点都
☐ 10	나름	自有的	☐ 22	닫다	关	☐ 34	동참하다	一起加入
☐ 11	날마다	每天	☐ 23	달하다	达到			
☐ 12	내내	始终一直	☐ 24	당당하다	气语轩昂			

DAY 29

全部是特定的单词，一起学习的话能够得到高分。

01 굽다　　　　　　　　　　　　　　　　　　　　동 烤

오늘은 고기를 구워 먹읍시다.

今天吃烤肉。

02 권리　　　　　　　　　　　　　　　　　　　　명 权利

누구에게나 사랑 받을 권리가 있다.

谁都有收到爱的权利。

03 귀가　　　　　　　　　　　　　　　　　　　　명 回家

딸의 귀가 시간이 점점 늦어지고 있어서 걱정입니다.

女儿回家的时间越来越晚有点担心。

관련어 귀가하다 回家

04 동쪽　　　　　　　　　　　　　　　　　　　　명 东边

해는 동쪽에서 뜬다.

太阳从东边升起。

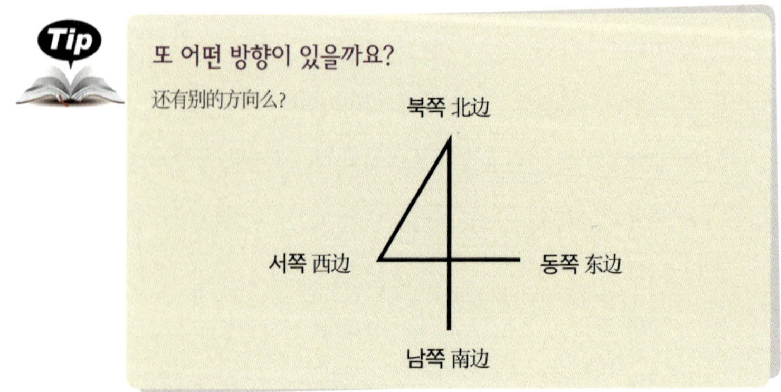

05 그늘 명 荫凉

나무 그늘 아래에서 도시락을 먹자.

在树荫下吃盒饭。

06 기온 명 气温

낮의 기온이 30도를 넘었어요.

白天的气温超过30度了。

> **Tip**
>
> '기온'과 관련된 단어는 뭐가 있을까요?
>
> 和'기온(气温)'有关的单词有什么?
>
> 영상(零上), 영하(零下), 온도(温度) 등이 있어요.

07 까닭 명 缘故

연락을 하지 않은 까닭이 있을 것입니다.

应该有不联系了的原因。

08 껍질 명 皮

이 사과는 껍질을 먹어도 돼요.

这个苹果可以吃皮。

 관련어 껍질째 皮

09 끼다 동 弥漫

하늘에 구름이 잔뜩 끼었네요.

天上弥漫了云彩。

10 나름  명 自有的

취직을 하고 못하고는 노력하기 나름이다.

能不能入职要看是不是努力。

 나름대로 自有的

11 날마다　부 每天

날마다 조금씩 운동량을 늘려가야 합니다.

每天都要适当的增加一点运动量。

12 내내　부 始终一直

여름 내내 비가 내렸어요.

一个夏天一直下雨了。

계속 继续

13 녹다　동 融化

더워서 아이스크림이 다 녹아버렸어요.

太热了冰激凌都化了。

14 놀랍다　형 惊吓

그 사람이 그런 말을 하다니 정말 놀라운데요.

那个人会说那种话真的吓到了。

15 놀이터　명 游乐园

놀이터에서 돌아오면 꼭 손을 씻도록 해.

在游乐园里玩完了回来一定要洗手。

16 곤란하다 형 困难

더 이상 행사를 연기하는 것은 곤란합니다.

这个活动再延期的话就有点儿困难了。

17 굳이 부 硬是

혼자 갈 수 있으니까 굳이 안 데려다 주셔도 돼요.

自己能去所以不用非要送我也行。

18 다 부 全部

다 끝내면 연락 드리겠습니다.

都结束以后联系你。

19 다림질하다 동 熨烫

그 옷은 다림질해서 입으면 훨씬 단정해 보일 텐데….

衣服熨烫了以后再穿看上去要整齐很多。

 다리다 熨烫   다리미 熨斗

20 석식 명 晚餐

호텔비에는 보통 석식은 포함이 안 돼 있다.

酒店费普通不包括晚餐。

또 어떤 종류의 식사가 있을까요?

还有什么餐?

조식(早餐), 중식(午餐), 간식(零食), 야식(夜宵) 등이 있어요.

21 다수 명 多数

다수의 국민들은 이번 선거에 참여하지 않을 것이다.

大部分的国民这次选举不参加了。

소수 少数　　　　　　대다수 大多数

22 닫다 동 关

약국 문을 벌써 닫았네요.

药房已经关门了。

23 달하다 동 达到

광장에 500명에 달하는 사람들이 모여들었습니다.

广场上聚集的人数已经达到了500名。

24 당당하다 형 气语轩昂

큰 목소리로 당당하게 발표하면 좋겠습니다.

大声气语轩昂的发表。

25 당분간 부 暂时

돈이 없어서 당분간 여행은 못 가겠다.

没有钱所以暂时不能去旅行了。

26 당하다 동 受到

갑자기 사고를 당해서 정신이 없었습니다.

突然发生事故很混乱。

27 당황스럽다 형 慌

그때 개인적인 질문을 해서 당황스러웠어요.

问私人的问题有点慌。

 당황하다 慌张

28 대우 명 待遇

김 대리는 대우가 더 좋은 회사로 옮기기로 결정했습니다.

金代理决定了要去待遇更好的公司。

29 더구나 부 再加上

이렇게 비가 심하게 오는데 집에 가겠다고요? 더구나 우산도 없잖아요.

这么大的雨还能回家么? 再说连雨伞都没有。

30 어버이날 명 父亲节

어버이날이 되면 아이들이 부모님께 정성이 담긴 작은 선물을 드린다.

父亲节孩子们给父母装满诚意的小礼物。

5월에는 어떤 기념일이 있을까요?

5月还有什么纪念日?

어린이날(儿童节)(5.5.), 어버이날(父母节)(5.8.), 스승의 날(教师节)(5.15)이 있어요.

31 데려다 주다 동 送

여자 친구를 집까지 데려다 주었다.

把女朋友送回家了。

 모셔다 드리다 送(敬语)

32 도입하다 동 导入

이 차는 새로운 기술을 도입해서 만든 자동차입니다.

这个车是采用新技术做成的车。

 관련어 도입 导入

33 도저히 부 一点都

속이 안 좋아서 지금은 도저히 못 먹겠어요.

消化不好所以一点都吃不了了。

34 동참하다 동 一起加入

여러분, 불우 이웃 돕기에 동참해 주세요.

大家请加入帮助有困难的人。

다의어 多义词

짓다

❶ 盖(房子)

예 은퇴하고 살 집을 지으려고요.
隐退以后打算自己盖房子。

❷ 做(药)

예 한방 병원에 가서 아이들에게 줄 한약을 지었다.
去韩方医院作给孩子们的韩药。

❸ 做(表情)

예 새로운 음식을 맛 본 사람들이 이상한 표정을 지었습니다.
尝到新食物的人做出了奇怪的表情。

반의어 反义词

선명하다 鲜明 ↔ 희미하다 模糊

예 결혼식을 한 지 10년이나 됐지만 아직도 그때가 선명하게 기억이 난다.
结婚十年了，对当时仍然记忆犹新。

시간이 지날수록 추억들이 희미해진다.
时间越久回忆越模糊。

유의어 近意词

예정 打算 ≒ 계획 计划

예 민호 씨는 내년에 결혼할 예정이라고 합니다.
민호 씨는 내년에 결혼할 계획이라고 합니다.
民浩打算明年结婚。

DAY
29
★

한국어는 중국어로, 중국어는 한국어로 써 보세요.
韩国语用中文，中文用韩国语试着写一下。

1. 굽다	______________	6. 权利	______________
2. 까닭	______________	7. 惊吓	______________
3. 내내	______________	8. 关	______________
4. 다수	______________	9. 慌	______________
5. 도입하다	______________	10. 待遇	______________

문장이 자연스럽도록 둘 중에서 알맞은 단어를 고르세요.
从下面两个中选一个最适合的单词让整个句子自然起来。

11. 더워서 아이스크림이 다 (a.녹아 / b.놓아) 버렸어요.

太热了冰激凌都化了。

12. 큰 목소리로 (a.얌전하게 / b.당당하게) 발표하면 좋겠습니다.

大声气语轩昂的发表。

13. 갑자기 사고를 (a.당해서 / b.생겨서) 정신이 없었습니다.

突然发生事故很混乱。

14. 광장에 500명에 (a.몰리는 / b.달하는) 사람들이 모여들었습니다.

广场上聚集的人数已经达到了500名。

15. 속이 안 좋아서 지금은 (a.도저히 / b.반드시) 못 먹겠어요.

消化不好所以一点都吃不了了。

정답

1.烤　2.缘故　3.始终一直　4.多数　5.导入　6.권리　7.놀랍다　8.닫다　9.당황스럽다　10.대우
11.a　12.b　13.a　14.b　15.a

DAY 30

확인해 보세요

빨간 시트지로 가리고 단어의 뜻을 알면, ☐ 에 ✓ 해 보세요.
用印纸将单词的意思遮挡后, 记住的单词在 ☐ 里划 ✓。

☐ 01 **동호회** 同好会	☐ 13 **먼지** 灰尘	☐ 25 **변환시키다** 使, 变换
☐ 02 **뒤집다** 反	☐ 14 **멋지다** 帅	☐ 26 **부르다** 叫
☐ 03 **따지다** 分辨	☐ 15 **발전소** 发电所	☐ 27 **분실하다** 遗失
☐ 04 **딱딱하다** 硬	☐ 16 **몇몇** 几个	☐ 28 **불리다** 被称作
☐ 05 **뜻밖에** 意外	☐ 17 **무려** 足有	☐ 29 **불만** 不满
☐ 06 **마치다** 结束	☐ 18 **무리** 勉强	☐ 30 **비결** 秘诀
☐ 07 **입금** 存钱	☐ 19 **물다** 咬	☐ 31 **비다** 空
☐ 08 **막상** 实际上	☐ 20 **문학** 文学	☐ 32 **기후** 气候
☐ 09 **망설이다** 犹豫	☐ 21 **물품** 物品	☐ 33 **비평문** 批评文
☐ 10 **맞벌이** 双职工	☐ 22 **밑** 下面	☐ 34 **빼앗다** 抢走
☐ 11 **매력** 魅力	☐ 23 **바탕** 基础	
☐ 12 **매출** 卖出	☐ 24 **범위** 范围	

DAY 30

 全部是特定的单词，一起学习的话能够得到高分。

01 동호회　　　　　　　　　　　　　　　　　　　명 同好会

인터넷 연극 동호회에 가입해서 활동하고 있다.

加入了网络话剧同好会。

출제 경향 出題倾向

요즘 인터넷 동호회 활동이 활발해지면서 토픽에 동호회 모집 공고문 등이 자주 출제되고 있습니다.
最近网络同好会活动变得活跃,TOPIK同好会公告文等经常出题。

동아리는 대학 안에서 학생들을 대상으로 하는 모임이라면 동호회는 나이나 성별에 크게 상관없이 같은 취미를 가진 사람들의 모임입니다.
社团是在大学里面的学生为对象的聚会, 同好会是年龄或者性别没有很大关系, 主要是拥有相同兴趣的人的聚会。

02 뒤집다　　　　　　　　　　　　　　　　　　　동 反

알고 보니 셔츠를 뒤집어 입고 있었다.

知道了以后才发现衬衫穿反了。

03 따지다　　　　　　　　　　　　　　　　　　　동 分辨

마트에서 물건을 살 때 가격을 잘 따져 보고 사는 편이에요.

在超市买东西看清楚标价再买的类型。

04 딱딱하다　　　　　　　　　　　　　　　　　　형 硬

이가 아파서 딱딱한 음식을 먹기가 힘들어요.

牙齿很疼不能吃硬的东西。

05 뜻밖에 뷔 意外

시험을 못 본 것 같아서 걱정하고 있었는데 뜻밖에 성적이 좋았다.

考试好像没考好担心的要命结果意外的成绩很好。

06 마치다 동 结束

회사 일을 마치고 친구를 만나러 약속 장소로 향했다.

结束了公司的事情去了跟朋友约好的地方。

07 입금 명 存钱

오늘 4시까지 이 계좌 번호로 입금 부탁드립니다.

截止到今天4点请给这个账号汇款。

Tip

은행에서 쓸 수 있는 단어는 뭐가 있을까요?

在银行可以使用的单词有哪些？

출금(取钱), 송금(寄钱), 예금(存款), 저금(存钱),
적금(定期存款), 무통장입금(无存折汇钱) 등이 있어요.

DAY
30
★

08 막상 뷔 实际上

맛있어 보이길래 이 케이크를 샀는데 막상 먹어 보니 별로였어.

看上去很好吃的样子所以买了这个蛋糕，结果吃了以后很一般。

09 망설이다 동 犹豫

회사를 그만둘까 말까 망설이고 있어요.

公司是辞职还是不辞职还在犹豫。

10 맞벌이 명 双职工

요즘은 **맞벌이**를 하는 부부가 많아지고 있습니다.

最近双职工夫妇越来越多。

 맞벌이 부부 双职工夫妇

출제 경향 出題傾向

최근 한국에서는 맞벌이 부부가 증가하고 있습니다. 육아 문제나 맞벌이 부부의 집 안일 분담에 관한 주제들이 앞으로도 계속 출제될 가능성이 있습니다.

最近在韩国双职工夫妇在增加。育儿问题还有双职工夫妇的家庭分工有关的 主题以后有经常出题的可能性。

11 매력 명 魅力

어떤 스타일의 남자에게 **매력**을 느껴요?

觉得哪一种类型的男人是有魅力的?

 매력적 魅力型

12 매출 명 卖出

신상품 **매출**이 지난달에 비해 30% 정도 증가했다.

新产品的卖出比起上个月增加了百分之30。

13 먼지 명 灰尘

방에 **먼지**가 너무 많아서 청소를 하지 않을 수가 없었다.

房间里有很多灰尘不得不打扫了。

14 멋지다 형 帅

민호 씨 노래 부를 때 너무 **멋지지** 않아요?

民浩唱歌的时候不帅么?

 멋 帅

15 발전소　　　　　　　　　　　　　　　　　　　　　　　명 发电所

풍력 발전소는 바람을 통해 에너지를 얻습니다.

风力发电所通过风来得到能量。

'발전소'에는 어떤 것이 있을까요?

可以得到电的方法还有哪些?

풍력발전소(风力发电所), 수력 발전소(水力发电所), 화력 발전소(火力发电所),
원자력 발전소(原子力发电所), 태양력 발전소(太阳力发电所) 등이 있어요.

16 몇몇　　　　　　　　　　　　　　　　　　　　　　　　명 几个

몇몇 학생들이 수업시간에 문자 메시지를 보냈다.

总是会有几个学生上课的时候发短信。

DAY
30
★

17 무려　　　　　　　　　　　　　　　　　　　　　　　　부 足有

대학교 학비가 작년에 비해서 무려 10%나 올랐다.

大学学费比起去年上升了百分之10.

18 무리　　　　　　　　　　　　　　　　　　　　　　　　명 勉强

이틀이나 잠을 자지 않고 공부하는 건 무리라고 생각해.

两天不睡觉的学习是很勉强的。

 무리하게 勉强的　　　　　　　　　무리하다 勉强

19 물다　　　　　　　　　　　　　　　　　　　　　　　　동 咬

개가 내 다리를 물었어요.

腿被狗咬了。

20 문학

명 文学

고등학생 때는 **문학** 작품을 자주 읽었는데 요즘에는 거의 안 읽어요.

高中的时候经常阅读文化作品现在几乎不看了。

 소설 小说　　　시 诗
수필 随笔

21 물품

명 物品

집을 청소하는 데 필요한 **물품**을 좀 사야겠다.

要清扫房间要买点需要的东西了。

22 밑

명 下面

가방을 의자 **밑**에 두세요.

请把包放在椅子下。

23 바탕

명 基础

이 영화는 실제 있었던 이야기를 **바탕**으로 만든 거래요.

这个电影是根据实际存在的故事改编的。

24 범위

명 范围

선생님께서 이번 시험 **범위**를 알려 주셨다.

老师把这次考试的范围告诉了我。

25 변환시키다

동 使, 变换

바람의 힘을 전기 에너지로 **변환시키는** 게 가능해졌다.

把风力变成电能量现在可能了。

 변환하다 变换

26 부르다　　　　　　　　　　　　　　　　동 叫

친구를 **불렀는데** 듣지 못하고 가 버렸다.

叫了朋友但是没听见就那么走了。

27 분실하다　　　　　　　　　　　　　　동 遗失

지하철에서 중요한 물건을 **분실했다**.

在地铁里丢失了重要的东西。

관련어　분실 丢失　　　　　　　분실물 丢失物

28 불리다　　　　　　　　　　　　　　　동 被称作

그 사람은 어렸을 때부터 천재라고 **불렸다**.

那个孩子从小的时候开始被叫做天才。

29 불만　　　　　　　　　　　　　　　　명 不满

회사의 정책에 대해 **불만**이 있는 사람들이 많다.

对于公司政策不满的人有很多。

관련어　불만 사항 不满意事项

30 비결　　　　　　　　　　　　　　　　명 秘诀

그렇게 빠른 시간 안에 성공하게 된 **비결**을 알려 주세요.

请告诉我可以再那么短的时间里成功的秘诀。

31 비다　　　　　　　　　　　　　　　　동 空

점심 시간이라 사무실이 텅 **비었다**.

午餐时间办公室里全空了。

32 기후 명 气候

최근 **기후** 변화 때문에 힘들어하는 사람들이 많다.

最近因为气候转换狠辛苦的人很多。

'기후'의 종류는 뭐가 있을까요?

气候的种类有哪些?

열대 기후(热带气候), 온대 기후(温带气候), 건조 기후(干性气候),
한대 기후(寒带气候), 냉대 기후(冷带气候)가 있어요.

33 비평문 명 批评文

나는 영화 **비평문**을 써서 잡지에 실을 것이다.

我写了电影的批评文刊登在了杂志上。

비평가 批评家

34 빼앗다 동 抢走

동생한테서 장난감을 **빼앗았더니** 동생이 울고 말았다.

抢了弟弟的玩具最后弟弟哭了。

뺏다 抢

다의어 多义词

빠지다

❶ 陷入(沉睡)

예 동생을 깨웠지만 깊은 잠에 **빠져서** 일어나지 않았다.
弄醒了弟弟，但是陷入了沉睡所以没有起来。

❷ 陷入(坏的一面)

예 친구를 잘못 만나면 나쁜 길에 **빠질** 수 있어요.
遇错了朋友就会走坏路。

❸ 陷入(游戏或者赌博)

예 컴퓨터 게임에 **빠져서** 아무것도 하려고 하지 않아요.
陷入游戏就会什么都干不了。

반의어 反义词

흐릿하다 糊涂 ↔ 뚜렷하다 清楚

예 할머니는 나이가 들어 모든 것이 **흐릿하다고** 하셨다.
奶奶年纪大了所有的东西都很糊涂。

아주 어릴 때 일이지만 그 일은 **뚜렷하게** 기억한다.
虽然是很小的时候的事情但是仍然很清楚的记得。

유의어 近意词

의견 意见 ≒ 생각 想法

예 사람마다 **의견**이 다른 것은 당연합니다.
사람마다 **생각**이 다른 것은 당연합니다.
每个人当然意见不同。

 ## 복습해 보세요

한국어와 중국어를 알맞게 연결해 보세요.
试着将韩国语与中文合适的联系在一起。

1. 따지다 · · a. 范围
2. 막상 · · b. 分辨
3. 맞벌이 · · c. 咬
4. 무려 · · d. 实际上
5. 물다 · · e. 空
6. 범위 · · f. 足有
7. 비다 · · g. 双职工

 **다음 빈 칸에 알맞은 단어를 〈보기〉에서 골라 쓰세요.**
像<例子>一样给下面空的地方选一个合适的单词。

> 〈보기〉
>
> a. 비결을   b. 망설이고   c. 불렸다   d. 뜻밖에

8. 회사를 그만둘까 말까 (　　　　) 있어요.

    公司是辞职还是不辞职还在犹豫。

9. 시험을 못 본 것 같아서 걱정하고 있었는데 (　　　　) 성적이 좋았다.

    考试好像没考好担心的要命结果意外的成绩很好。

10. 그 사람은 어렸을 때부터 천재라고 (　　　　).

    那个孩子从小的时候开始被叫做天才。

11. 그렇게 빠른 시간 안에 성공하게 된 (　　　　) 알려 주세요.

    请告诉我可以再那么短的时间里成功的秘诀。

정답

1.b 2.d 3.g 4.f 5.c 6.a 7.e 8.b 9.d 10.c 11.a

아래 단어를 보고 빈 칸에 뜻을 적어 보세요. 그리고 점선대로 접어서 적은 뜻이 맞는지 확인해 보세요. (만일 틀렸다면 뒷면의 단어 앞 □ 에 ✓ 하세요.)

将下列单词的意思写在空白处。并按虚线折起后，确认写下的单词意思是否正确。(如果错了，在背面的单词前的 □ 里划 ✓。)

▼접는선

단어	뜻
소화	
시급하다	
여부	
욕심	
넘어지다	
늘	
접하다	
중요성	
차지하다	
택배	
아예	
까다롭다	
가리다	
관점	
괜히	
굽다	
까닭	
권리	
당황스럽다	
대우	
따지다	
막상	
맞벌이	
무려	
범위	

서울의 야경

빈 칸에 한국어 단어를 3번 적고 다시 외워 봅시다.

将韩语单词写在空格处，重复三次并背诵。

◀접는선

뜻
☐ 消化
☐ 紧迫
☐ 与否
☐ 欲望
☐ 摔倒
☐ 总是
☐ 接触
☐ 重要性
☐ 占据
☐ 邮递
☐ 直接干脆
☐ 苛刻
☐ 分辨
☐ 观点
☐ 多余的
☐ 烤
☐ 缘故
☐ 权利
☐ 慌
☐ 待遇
☐ 分辨
☐ 实际上
☐ 双职工
☐ 足有
☐ 范围

단어		

부록 附录

끓이다 使煮　　[기본형] **끓다** 煮
커피를 마시려고 물을 끓였어요.
打算喝咖啡所以煮了水。

높이다 使高　　[기본형] **높다** 高
가격을 높이면 물건 판매량이 줄어들 거예요.
提高价格会减少物品的销售量。

먹이다 喂　　[기본형] **먹다** 吃
기침을 심하게 하면 아이에게 이 약을 먹이세요.
如果咳得很厉害给孩子吃这个要。

보이다 给看　　[기본형] **보다** 看
신분증을 보여야 이 건물로 들어갈 수 있습니다.
要出示身份证才能进入建筑物。

붙이다 给贴　　[기본형] **붙다** 贴
신청서에 꼭 사진을 붙여 주세요.
申请书一定要贴上照片。

속이다 被骗　　[기본형] **속다** 骗
다른 사람을 자주 속이는 사람과는 친구가 되고 싶지 않아요.
不想跟经常欺骗别人的人做朋友。

죽이다 杀死　　[기본형] **죽다** 死
저는 벌레를 무서워해서 죽이지 못해요.
我还怕虫子所以不能杀死它。

줄이다 减少　　[기본형] **줄다** 减少
바지가 너무 길어서 길이를 좀 줄여야겠어요.
裤子太长了帮我拔一下裤脚。

끝내다 使结束　　[기본형] **끝나다** 结束
이 일을 끝내면 좀 쉬고 싶어요.
结束这件事以后想休息。

넓히다 使宽　　[기본형] **넓다** 宽
우리 집이 좁아서 집을 넓히는 공사를 했어요.
我们家很窄所以施工把家弄大一点。

눕히다 使躺　　[기본형] **눕다** 躺
잠이 든 아이를 침대에 눕혔어요.
孩子困了躺在床上。

맞히다 使打　　[기본형] **맞다** 打
아이에게 주사를 맞히기는 쉽지가 않네요.
要给孩子打针不是一件容易的事情。

앉히다 使坐　　[기본형] **앉다** 坐
버스가 곧 출발하니까 아이를 자리에 앉혀 주세요.
车马上就出发了让孩子坐下。

읽히다 给读	기본형 읽다 读	선생님이 상희 씨에게 책을 읽혔어요. 老师给上熙读书。
입히다 给穿	기본형 입다 穿	이 옷이 잘 어울릴 것 같은데 아이에게 한번 입혀 보세요. 这个衣服很适合再让孩子穿一遍。
날리다 使飞	기본형 날다 飞	종이 비행기를 만들어서 창 밖으로 날렸어요. 做了纸飞机扔出窗外。
돌리다 使转	기본형 돌다 转	저는 세탁기를 돌릴 테니까 혜경 씨는 청소를 해 주세요. 我要洗衣服慧庆你帮助打扫一下卫生。
살리다 使活	기본형 살다 活	의사가 물에 빠진 아이를 살렸어요. 医生救了落水的孩子。
알리다 告诉	기본형 알다 知道	새로운 소식이 있으면 꼭 저에게 알려 주세요. 有什么新消息一定要告诉我。
울리다 使哭	기본형 울다 哭	저는 어렸을 때 동생을 자주 울렸어요. 我小时候经常弄哭弟弟。
감기다 给洗(头发)	기본형 감다 洗(头发)	미용실에 가면 미용사가 제 머리를 감겨 줘서 참 편해요. 去理发店理发师给我洗头很舒服。
남기다 使剩下	기본형 남다 剩	밥을 남기지 말고 다 드세요. 不要剩饭全吃了。
맡기다 交给	기본형 맡다 交	그 옷은 세탁기에 빨지 말고 세탁소에 맡겨야 해요. 那件衣服不能用洗衣机洗拿去洗衣房。
벗기다 脱下	기본형 벗다 脱	아이가 비를 맞고 집에 와서 젖은 옷을 벗겨 줬어요. 孩子淋雨以后回到家里脱了淋湿的衣服。
숨기다 使隐瞒	기본형 숨다 骗	그 사람 표정을 보니까 뭔가 숨기는 것이 있는 것 같아요. 看那个人的表情好像有什么隐瞒。
신기다 使穿	기본형 신다 穿	지금 나가야 하니까 얼른 아이에게 신발을 신겨 주세요. 现在马上要出去赶快给孩子穿上鞋。
씻기다 给洗	기본형 씻다 洗	강아지가 더러워서 좀 씻겨야겠어요. 小狗太脏了要给他洗洗。

웃기다 使笑	기본형 **웃다** 笑	전 재미있는 말로 다른 사람들을 웃기는 것을 좋아해요. 我喜欢用有趣的话逗别人开心。
깨우다 叫醒	기본형 **깨다** 醒	시간이 없으니까 빨리 상희 씨를 깨우세요. 没时间了赶快叫醒上熙。
비우다 弄空	기본형 **비다** 空	사무실 쓰레기통을 누가 비웠지요? 办公室垃圾桶谁倒掉了？
세우다 使停	기본형 **서다** 停止	친구 집 앞에 차를 세우고 기다렸어요. 在朋友家前面停下车等待。
씌우다 给戴	기본형 **쓰다** 戴	밖이 추우니까 아이에게 모자를 씌워 주세요. 外面冷所以给孩子戴上帽子。
재우다 哄	기본형 **자다** 睡	아기를 재워야하니 잠시만 조용히 해 주세요. 小孩子要哄才会安静一会。
태우다 带着	기본형 **타다** 坐	승준 씨는 여자 친구를 자전거에 태우고 소풍을 갔어요. 上郡用自行车带着女朋友去兜风。

놓이다 放着	기본형 놓다 放	저기 테이블 위에 놓여 있는 물건이 뭐예요? 那张桌子上面放的东西是什么?
바뀌다 被换	기본형 바꾸다 换	혜경 씨가 이사를 가서 주소가 바뀌었어요. 慧庆搬了家换了地址。
보이다 看见	기본형 보다 看	창문을 열면 바다가 보이는 집에 살고 싶어요. 想要在打开窗户能看见大海的房子里住。
쌓이다 积累	기본형 쌓다 堆	한동안 청소를 안 했더니 집에 먼지가 쌓여 있네요. 好久没有打扫卫生家里堆积了很多灰尘。
쓰이다 写着	기본형 쓰다 写	책에 이름이 쓰여 있으니까 주인을 찾을 수 있을 거예요. 书上写了名字所以可以找到主人。
잠기다 锁着	기본형 잠그다 锁	가게 문이 잠겨 있는 것을 보니 아무도 없나 봐요. 店里的门是锁着的看来没有人。
닫히다 被关上	기본형 닫다 关	바람 때문에 문이 저절로 닫혔어요. 因为风们自己关上了。
막히다 堵	기본형 막다 堵	출퇴근 시간에는 길이 많이 막혀요. 上下班时间路上很堵。
먹히다 被吃	기본형 먹다 吃	쥐가 고양이에게 먹혔어요. 老鼠被猫吃了。
밟히다 被踩	기본형 밟다 踩	지하철에 사람이 많아서 계속 발을 밟혔어요. 地铁里人很多所以一直被人踩脚。
업히다 被背	기본형 업다 背	어젯밤에 혜경 씨는 취해서 친구에게 업혀서 집에 왔어요. 昨天晚上慧庆喝醉了让朋友背回家的。
읽히다 给读	기본형 읽다 读	책 내용이 어려워서 잘 읽히지 않네요. 书的内容很难不好读。
잡히다 被抓	기본형 잡다 抓	지난주에 일어난 살인사건의 용의자가 잡혔대요. 上周发生的杀人事件抓到了嫌疑人。
걸리다 被挂着	기본형 걸다 挂	우리 집에는 가족 사진이 걸려 있어요. 我们家挂着家人的照片。

날리다 被放飞	기본형 날다 飞	봄에는 바람이 불면 꽃잎이 날려서 참 예뻐요. 春天一刮风花瓣到处飞所以很漂亮。
들리다 被听见	기본형 듣다 听	소리가 잘 안 들리는데 소리를 좀 크게 해 주세요. 听不清楚声音大点声。
물리다 被咬	기본형 물다 咬	여름철에 창문을 열고 자면 모기에게 많이 물려요. 夏天开着窗睡觉会被蚊子咬。
열리다 被打开	기본형 열다 开	집에 와 보니 문이 열려 있어서 깜짝 놀랐어요. 回家看见家里的门开着的吓一跳。
팔리다 被卖	기본형 팔다 卖	이 옷이 요즘 잘 팔리는 옷이에요. 这件衣服最近卖的很好。
풀리다 被解开	기본형 풀다 解开	이 수학 문제는 너무 어려워서 잘 풀리지 않네요. 这个数学问题很难解不开。
끊기다 被停止	기본형 끊다 停止	너무 늦어서 마지막 지하철마저 끊겼어요. 太晚了连最后一班地铁都结束了。
담기다 被装	기본형 담다 装	식탁 위에 있는 소금이 담긴 통을 갖다 주세요. 请把食桌上的放盐的桶给我。
빼앗기다 被抢	기본형 빼앗다 抢	집에 오는 길에 나쁜 사람에게 돈을 빼앗겼어요. 回家的路上被坏人抢钱。
안기다 被抱	기본형 안다 抱	아이가 엄마에게 안겨서 자고 있는 모습이 참 귀엽네요. 孩子被妈妈抱着睡觉的样子很可爱。
쫓기다 被追	기본형 쫓다 追	그 도둑은 경찰에게 쫓기다가 넘어졌다. 那个小偷被警察追的摔倒了。

■ **가는 날이 장날**

无巧不成的早不如来的巧

想要做一件事情的时候很意外的正巧经历更多的事情。

■ **가는 말이 고와야 오는 말이 곱다**

先要尊敬别人别人才会尊敬你

自己要先对别人说好话别人才会对你说好话。

■ **갈수록 태산이다**

越来越难

事情越做越难越做越多的时候。

■ **겉 다르고 속 다르다**

表里不一

表面的行动和心里想的不一样的时候。

■ **계란으로 바위 치기**

蛋碰石头

力量太小不管怎么挑战都不可能胜利的时候。

■ **공든 탑이 무너지랴**

皇天不负苦心人

心尽力的做了就会有好结果。

■ **그림의 떡**

画饼充饥

不管有多么想要，现实生活中是不可能的时候。

■ **긁어 부스럼 만들기**

越弄越复杂

本来事情很小但是做了以后就越来越复杂。

■ **꿩 대신 닭**

取而代之

想要的东西没有了所以没办法就找别的代替。

■ **남의 떡이 더 커 보인다**

别人的东西就是好的

上可能不是那样的但是总是觉得别人的东西好。

■ **도토리 키 재기**

矬子里头拔将军/半近八两

其实都是差不多的一群人但是还是会觉得自己好。

■ **돌다리도 두둘겨 보고 건너라**

三思而后行

不管什么事情都要好好想想慎重的决定。

- **등잔 밑이 어둡다**

  当局者迷

  越近越是感觉不到。

- **땅 짚고 헤엄치기**

  小菜一碟

  非常容易的事情。

- **말 속에 뼈가 있다**

  话里带刺

  听上去好像是很普通的话但是其实里面还有教训别人的意思。

- **모르는 게 약**

  不知道是好事

  做一些事情的时候可能会产生焦虑所以还不如什么都不知道的好。

- **믿는 도끼에 발등 찍힌다**

  错信

  相信的人和事情背叛了自己的时候。

- **밑 빠진 독에 물 붓기**

  白忙活

  不管怎么努力都不会有好结果没有用的时候。

- **배보다 배꼽이 크다**

  要付出的更多

  为了做那件事情可能要付出更多的时候。

- **보기 좋은 떡이 먹기에도 좋다**

  包装很重要

  有时候根据环境还有时机的不同做做表面功夫把表面做的光鲜一点也是很有需要的时候。

- **산 넘어 산**

  山外有山人外有人

  有些事情越做越觉得难越做越觉得累的时候。

- **쇠귀(소귀)에 경 읽기**

  对牛弹琴

  说什么都听不懂的时候。

- **수박 겉 핥기**

  做表面功夫

  只做表面的事情真正重要的事情都不做。

- **시간은 금**

  时间就是金钱

  时间像金钱一样有价值。

- **시간이 약**

  时间是最好的良药

  表示不管发生什么事情时间长了都会好的。

- **식은 죽 먹기**

  小菜一碟

  表示很简单的事情。

- **실패는 성공의 어머니**

  失败是成功之母

  必须要经历失败才会看见成功，一般用来鼓励
  不要害怕不要放弃的意思。

- **싼 게 비지떡**

  便宜无好货

  便宜的东西质量也不会好。

- **아는 길도 물어서 가라**

  小心驶得万年船

  即使是很了解的事情也要确认以后多注意的意思。

- **아니 땐 굴뚝에 연기 날까**

  凡事都有原因

  不管什么事情只要发生了就是有原因的。

- **앓던 이가 빠진 것 같다**

  一块石头终于落地了/绊脚石没有了

  自己很辛苦做的事情终于结束了心情很舒畅。

- **어깨가 무겁다**

  肩上的担子很重

  感觉到很沉重的责任以及压力的时候。

- **열번 찍어 안 넘어가는 나무 없다**

  没有努力做不成的事情

  不管事情多难都不放弃继续尝试结果总是会成
  功的。

- **오르지 못할 나무는 쳐다 보지 마라**

  量力而行

  对于自己不能胜任的事情就不要太贪心。

- **윗물이 맑아야 아랫물이 맑다**

  上梁不正下梁歪

  的行动要正确晚辈才会正确的做事。

- **입에 쓴 약이 병에는 좋다**

  良药苦口

  了解决一些事情虽然很累还有很不喜欢但是能
  得到好的结果。

- **자식 이기는 부모 없다**

  父母是拗不过孩子的

  如果孩子们很固执的想要做一件事情的时候，
  父母是阻止不了的。

- **천 리 길도 한 걸음부터**

  千里之行始于足下

  不管你多么想快点结束那件事情也要不能太贪
  心慢慢的从一开始一步一步的完成。

- **티끌 모아 태산**

  积少成多

  即使是很少慢慢的收集以后也会变多的。

- **하늘의 별 따기**

  天上摘星

  表示基本上不可能实现的事情的时候。

- **원숭이도 나무에서 떨어진다**

  人有错误，马有失蹄

  无论多熟悉的事，也有失误的时候。

단어장

单词手册

day 01 – day 30

为了大家的TOPIK中级努力吧！

DAY **01** | 일일 단어 리스트

☐ 01	**필요하다**	需要	☐ 13	**상품**	商品	☐ 25	**최근**	最近
☐ 02	**방법**	方法	☐ 14	**생기다**	发生	☐ 26	**선택하다**	选择
☐ 03	**이용하다**	利用	☐ 15	**도움**	帮助	☐ 27	**효과**	效果
☐ 04	**생각하다**	想, 想念, 思想	☐ 16	**환경**	环境	☐ 28	**문제**	问题
☐ 05	**관심**	关心, 兴趣	☐ 17	**내용**	内容	☐ 29	**자신**	自身
☐ 06	**가능하다**	可能, 可以	☐ 18	**상황**	情况	☐ 30	**찾다**	寻找
☐ 07	**결과**	结果	☐ 19	**바로잡다**	纠正	☐ 31	**관계**	关系
☐ 08	**늘다**	增加, 增长	☐ 20	**사회**	社会	☐ 32	**기간**	期间
☐ 09	**바꾸다**	换	☐ 21	**생활**	生活	☐ 33	**전문가**	专家
☐ 10	**노력하다**	努力	☐ 22	**이상하다**	奇怪			
☐ 11	**느끼다**	感觉	☐ 23	**경험**	经验			
☐ 12	**경우**	情况	☐ 24	**다양하다**	多样			

DAY **02** | 일일 단어 리스트

☐ 01	**행사**	活动	☐ 13	**편하다**	舒服	☐ 25	**버리다**	扔掉
☐ 02	**대상**	对象	☐ 14	**성공하다**	成功	☐ 26	**경력**	经验
☐ 03	**설명하다**	说明	☐ 15	**영향**	影响	☐ 27	**계획**	企划
☐ 04	**연구**	研究	☐ 16	**걱정하다**	担心	☐ 28	**끝나다**	结束
☐ 05	**직접**	直接	☐ 17	**교통**	交通	☐ 29	**어리다**	幼小的
☐ 06	**대부분**	大部分	☐ 18	**모으다**	存	☐ 30	**직원**	职员
☐ 07	**물건**	物品	☐ 19	**세계**	世界	☐ 31	**관리**	管理
☐ 08	**안내하다**	指引, 向导	☐ 20	**신청**	申请	☐ 32	**사실**	其实, 事实
☐ 09	**직장**	职场	☐ 21	**오히려**	反而	☐ 33	**불편하다**	不便
☐ 10	**참여하다**	参与	☐ 22	**지역**	地方, 地域			
☐ 11	**시작하다**	开始	☐ 23	**판매하다**	销售			
☐ 12	**변화**	变化	☐ 24	**계속**	继续			

DAY 03 | 일일 단어 리스트

□ 01	**소비**	消费	□ 13	**통하다**	通过	□ 25	**기회**	机会
□ 02	**실제로**	实际上	□ 14	**참가하다**	参加	□ 26	**무료**	免费
□ 03	**충분하다**	充分	□ 15	**문화**	文化	□ 27	**상대방**	对方
□ 04	**표현하다**	表现, 表达	□ 16	**받다**	收到	□ 28	**색**	颜色
□ 05	**해결하다**	解决	□ 17	**발생**	发生	□ 29	**알려주다**	告诉, 通知
□ 06	**개인**	个人	□ 18	**심하다**	严重	□ 30	**포함되다**	包含
□ 07	**경제**	经济	□ 19	**장소**	场所	□ 31	**힘**	力气
□ 08	**늦다**	晚的	□ 20	**제대로**	应当的	□ 32	**대회**	大会
□ 09	**따라하다**	跟着	□ 21	**개발하다**	开发	□ 33	**발표**	发表
□ 10	**인기**	人气	□ 22	**구입하다**	买入			
□ 11	**장단점**	优缺点	□ 23	**기분**	心情			
□ 12	**지키다**	遵守	□ 24	**기억**	记忆			

DAY 04 | 일일 단어 리스트

□ 01	**소개하다**	介绍	□ 13	**들어오다**	进来	□ 25	**차이**	差异
□ 02	**역할**	角色	□ 14	**사고**	事故	□ 26	**책임**	责任
□ 03	**일반적**	一般型	□ 15	**소리**	声音	□ 27	**행동하다**	行动
□ 04	**입장**	入场	□ 16	**연락하다**	联系	□ 28	**확인하다**	确认
□ 05	**자료**	材料	□ 17	**모습**	样子	□ 29	**광고**	广告
□ 06	**제품**	产品	□ 18	**오래되다**	很久了	□ 30	**급하다**	着急
□ 07	**주변**	周边	□ 19	**원인**	原因	□ 31	**실시하다**	实施
□ 08	**주의 사항**	注意事项	□ 20	**인간**	人类	□ 32	**작품**	作品
□ 09	**피해**	被害	□ 21	**잃다**	丢失	□ 33	**적극적**	积极的
□ 10	**부탁**	拜托	□ 22	**자리**	位置			
□ 11	**고르다**	挑选	□ 23	**조사하다**	调查			
□ 12	**돌아가다**	回去	□ 24	**주민**	居民			

☐ 01	**정보**	情报	☐ 13	**따르다**	跟随	☐ 25	**이해하다**	理解
☐ 02	**할인되다**	打折	☐ 14	**모집**	招揽	☐ 26	**정리하다**	整理
☐ 03	**활용하다**	活用	☐ 15	**믿다**	相信	☐ 27	**방식**	方式
☐ 04	**꿈**	梦	☐ 16	**부족하다**	不足	☐ 28	**감정**	感情
☐ 05	**노인**	老人	☐ 17	**상태**	状态	☐ 29	**과학**	科学
☐ 06	**반면**	反面	☐ 18	**시민**	市民	☐ 30	**나타나다**	出现
☐ 07	**자기**	自己	☐ 19	**공연**	公演	☐ 31	**따로**	另外
☐ 08	**키우다**	调大(声音)	☐ 20	**여성**	女性	☐ 32	**밝히다**	发现
☐ 09	**해외**	海外	☐ 21	**역사**	历史	☐ 33	**벌써**	已经
☐ 10	**각종**	各种	☐ 22	**예전**	以前			
☐ 11	**고민**	苦闷	☐ 23	**원하다**	想要			
☐ 12	**글**	文章	☐ 24	**유지하다**	维持			

☐ 01	**삶**	人生	☐ 13	**기능**	技能	☐ 25	**동료**	同僚
☐ 02	**성격**	性格	☐ 14	**꾸준히**	一直的	☐ 26	**떠나다**	离开
☐ 03	**습관**	习惯	☐ 15	**맛**	味道	☐ 27	**그만두다**	停止不做了
☐ 04	**업무**	业务	☐ 16	**신경**	神经	☐ 28	**무조건**	无条件
☐ 05	**위험하다**	危险	☐ 17	**심각하다**	严重	☐ 29	**물론**	当然
☐ 06	**자녀**	子女	☐ 18	**인정하다**	认证	☐ 30	**바라다**	希望
☐ 07	**자연스럽다**	自然的	☐ 19	**진행되다**	进行	☐ 31	**발명되다**	发明
☐ 08	**치료하다**	治疗	☐ 20	**하루**	一天	☐ 32	**방문**	访问
☐ 09	**함께**	一起	☐ 21	**행복하다**	幸福	☐ 33	**방송**	放松
☐ 10	**혼자**	自己	☐ 22	**적당하다**	适当			
☐ 11	**등등**	等等	☐ 23	**정부**	政府			
☐ 12	**국내**	国内	☐ 24	**내리다**	下			

☐ 01	**붙다**	贴着	☐ 13	**조건**	条件	☐ 25	**거의**	几乎
☐ 02	**비슷하다**	相似的	☐ 14	**조심하다**	小心	☐ 26	**결국**	结果
☐ 03	**상담하다**	商谈	☐ 15	**즐기다**	享受	☐ 27	**공공장소**	公共场所
☐ 04	**시설**	设施	☐ 16	**증가하다**	增加	☐ 28	**관광객**	观光客
☐ 05	**실수**	失误	☐ 17	**취업하다**	就业	☐ 29	**기대하다**	期待
☐ 06	**안전하다**	安全的	☐ 18	**팔다**	卖	☐ 30	**대신하다**	代替
☐ 07	**없애다**	消灭	☐ 19	**프로그램**	项目, 栏目	☐ 31	**대중교통**	大众交通
☐ 08	**자격**	资格	☐ 20	**피하다**	避开	☐ 32	**미리**	预先, 提前
☐ 09	**작가**	作家	☐ 21	**넘다**	超过	☐ 33	**반응**	反映
☐ 10	**전하다**	转	☐ 22	**발길**	脚步			
☐ 11	**제공하다**	提供	☐ 23	**가득하다**	充满			
☐ 12	**제시하다**	出示	☐ 24	**가지다(=갖다)**	带着, 拥有			

☐ 01	**봉사하다**	奉献	☐ 13	**지나치다**	过分的	☐ 25	**담다**	盛, 装
☐ 02	**서비스**	服务	☐ 14	**지원하다**	志愿	☐ 26	**도시**	城市
☐ 03	**스트레스**	压力	☐ 15	**청소년**	青少年	☐ 27	**뛰다**	跑
☐ 04	**시청**	视听	☐ 16	**추억**	回忆	☐ 28	**분위기**	氛围, 气氛
☐ 05	**신문**	新闻	☐ 17	**현재**	现在	☐ 29	**빛**	光
☐ 06	**움직이다**	活动, 移动	☐ 18	**활동하다**	活动	☐ 30	**생명**	生命
☐ 07	**가격**	价格	☐ 19	**희망하다**	希望	☐ 31	**세탁하다**	洗(衣服)
☐ 08	**전통**	传统	☐ 20	**관람하다**	参观	☐ 32	**안정**	安定
☐ 09	**젊다**	年轻	☐ 21	**기준**	基准	☐ 33	**어울리다**	合适
☐ 10	**점**	点	☐ 22	**감상하다**	感想			
☐ 11	**정확하다**	正确	☐ 23	**경쟁**	竞争			
☐ 12	**주문하다**	点菜	☐ 24	**공기**	空气			

☐ 01	**연장하다**	延长	☐ 13	**다치다**	受伤	☐ 25	**음식**	食物
☐ 02	**옮기다**	移动	☐ 14	**마침**	正好	☐ 26	**의미**	意义
☐ 03	**유행하다**	流行	☐ 15	**물질**	物质	☐ 27	**일시적**	一时的
☐ 04	**일부**	一部	☐ 16	**미래**	未来	☐ 28	**일으키다**	引起
☐ 05	**전시회**	展示会	☐ 17	**미술**	美术	☐ 29	**자신감**	自信感
☐ 06	**처리하다**	处理	☐ 18	**별로**	不是很	☐ 30	**재산**	财产
☐ 07	**처음**	第一次	☐ 19	**분석하다**	分析	☐ 31	**정신**	精力
☐ 08	**선배**	前辈	☐ 20	**비교하다**	比较	☐ 32	**얻다**	得到
☐ 09	**고생**	辛苦	☐ 21	**사무실**	办公室	☐ 33	**제도**	制度
☐ 10	**구매하다**	购买	☐ 22	**살펴보다**	观察			
☐ 11	**기업**	企业	☐ 23	**어른**	大人			
☐ 12	**남**	别人	☐ 24	**예방하다**	预防			

☐ 01	**제출하다**	交出	☐ 13	**기술**	技术	☐ 25	**실패하다**	失败
☐ 02	**지속되다**	继续	☐ 14	**나중에**	以后	☐ 26	**실험**	实验
☐ 03	**집중하다**	集中	☐ 15	**드러내다**	露出	☐ 27	**아무리**	不论如何
☐ 04	**체험하다**	体验	☐ 16	**디자인**	设计	☐ 28	**아이디어**	想法
☐ 05	**최선**	最大的努力	☐ 17	**마찬가지**	一样	☐ 29	**안타깝다**	可惜
☐ 06	**평소**	平时	☐ 18	**초대하다**	招待	☐ 30	**알아보다**	了解, 认出来
☐ 07	**학습하다**	学习	☐ 19	**목표**	目标	☐ 31	**연결되다**	连接
☐ 08	**고객**	顾客	☐ 20	**방해하다**	妨碍	☐ 32	**예**	例子
☐ 09	**고려하다**	考虑	☐ 21	**보내다**	寄, 送	☐ 33	**변하다**	变化
☐ 10	**고장나다**	故障	☐ 22	**빌리다**	借			
☐ 11	**교환**	交换	☐ 23	**설문조사**	问卷调查			
☐ 12	**그냥**	就那样	☐ 24	**사건**	事情			

<table>
<tr><td colspan="3">

DAY 11 | 일일 단어 리스트

</td></tr>
</table>

□ 01 **운전**	驾驶	□ 13 **현장**	现场	□ 25 **능력**	能力
□ 02 **이미**	已经	□ 14 **홈페이지**	网页	□ 26 **단**	只
□ 03 **조용하다**	安静	□ 15 **환영하다**	欢迎	□ 27 **안심하다**	安心
□ 04 **주로**	主要	□ 16 **양**	量	□ 28 **대형**	大型
□ 05 **주차장**	停车场	□ 17 **걸리다**	得病	□ 29 **대화**	对话
□ 06 **직업**	职业	□ 18 **경기**	竞技	□ 30 **도로**	返回, 还给
□ 07 **특징**	特征	□ 19 **기타**	其他	□ 31 **떠오르다**	浮现
□ 08 **평균**	平均	□ 20 **긴장**	紧张	□ 32 **만족하다**	满足
□ 09 **끌다**	吸引	□ 21 **깊다**	深	□ 33 **멀리하다**	疏远
□ 10 **포기하다**	放弃	□ 22 **낭비하다**	浪费		
□ 11 **현상**	现象	□ 23 **낮잠**	午觉		
□ 12 **현실**	现实	□ 24 **농사**	农事		

<table>
<tr><td colspan="3">

DAY 12 | 일일 단어 리스트

</td></tr>
</table>

□ 01 **목적**	目的	□ 13 **설득하다**	说服	□ 25 **전달하다**	传达, 转达
□ 02 **문의**	问询	□ 14 **본**	本	□ 26 **점점**	渐渐
□ 03 **및**	与	□ 15 **성장하다**	成长	□ 27 **정기적**	定期的
□ 04 **바라보다**	看	□ 16 **소중하다**	重要, 珍贵	□ 28 **정작**	说真的
□ 05 **발견하다**	发现	□ 17 **숲**	林	□ 29 **정치**	政治
□ 06 **보고서**	报告书	□ 18 **시각**	视觉	□ 30 **즐겁다**	快乐, 愉快
□ 07 **부담**	负担	□ 19 **영양**	营养	□ 31 **진정하다**	冷静
□ 08 **부분**	部分	□ 20 **옛**	以前	□ 32 **집안일**	家务事
□ 09 **분야**	领域	□ 21 **운동**	运动	□ 33 **축제**	庆典
□ 10 **상상력**	想象力	□ 22 **일정하다**	固定		
□ 11 **서두르다**	着急	□ 23 **자원봉사**	自愿奉献		
□ 12 **서류**	文件	□ 24 **재료**	材料		

☐ 01	**편**	篇	☐ 13	**극복하다**	征服	☐ 25	**무시하다**	无视
☐ 02	**포장하다**	包装	☐ 14	**기름**	油	☐ 26	**바닷가**	海边
☐ 03	**품질**	品质	☐ 15	**먹이**	食物	☐ 27	**밤새우다**	通宵
☐ 04	**화**	(发)火	☐ 16	**기본**	基本	☐ 28	**배달**	外卖
☐ 05	**훌륭하다**	优秀	☐ 17	**기사**	记事	☐ 29	**벌다**	赚
☐ 06	**이웃**	邻居	☐ 18	**냄새**	味道	☐ 30	**보관하다**	保管
☐ 07	**고등학교**	高中	☐ 19	**다가가다**	接近	☐ 31	**부드럽다**	柔软
☐ 08	**가장**	家长	☐ 20	**담당하다**	担任	☐ 32	**불러일으키다**	引起
☐ 09	**가져오다**	拿来	☐ 21	**도전하다**	挑战	☐ 33	**비율**	比率
☐ 10	**간단하다**	简单	☐ 22	**뛰어나다**	卓越			
☐ 11	**거리**	距离	☐ 23	**면접**	面试			
☐ 12	**구체적**	具体的	☐ 24	**목소리**	声音			

☐ 01	**비판하다**	批判	☐ 13	**에너지**	能量	☐ 25	**절약하다**	节约
☐ 02	**소설**	小说	☐ 14	**연기하다**	出演	☐ 26	**정책**	政策
☐ 03	**소재**	材料	☐ 15	**예상되다**	预想	☐ 27	**종류**	种类
☐ 04	**속**	里面	☐ 16	**온도**	温度	☐ 28	**종종**	常
☐ 05	**승객**	乘客	☐ 17	**원고**	原稿	☐ 29	**주장하다**	主张
☐ 06	**시**	诗	☐ 18	**N위**	N位	☐ 30	**주제**	主题
☐ 07	**시절**	时期	☐ 19	**의심하다**	疑心, 怀疑	☐ 31	**소식**	消息
☐ 08	**싸다**	打包	☐ 20	**이어지다**	连接	☐ 32	**중심**	中心
☐ 09	**쓰레기**	垃圾	☐ 21	**인물**	人物	☐ 33	**지나다**	过了
☐ 10	**아까**	刚才	☐ 22	**인생**	人生			
☐ 11	**앞장서다**	领先打头	☐ 23	**인식하다**	认识			
☐ 12	**약하다**	弱	☐ 24	**자유롭다**	自由的			

☐ 01	**채소**	蔬菜	☐ 13	**공동**	共同	☐ 25	**당연하다**	当然
☐ 02	**특성**	特性	☐ 14	**과연**	果然	☐ 26	**대책**	对策
☐ 03	**특히**	特别	☐ 15	**관객**	观众	☐ 27	**훨씬**	相当
☐ 04	**평가하다**	评价	☐ 16	**규모**	规模	☐ 28	**두렵다**	畏惧
☐ 05	**향상시키다**	使向上	☐ 17	**규칙**	规则	☐ 29	**등장**	登场
☐ 06	**혹시**	或许, 是不是	☐ 18	**스스로**	自觉	☐ 30	**또한**	另外
☐ 07	**홍보하다**	宣传	☐ 19	**기부하다**	募捐	☐ 31	**말리다**	干
☐ 08	**회원**	会员	☐ 20	**깨다**	清醒	☐ 32	**맑다**	清澈
☐ 09	**머릿결**	头发	☐ 21	**나누다**	分开	☐ 33	**무대**	舞台
☐ 10	**감독**	导演	☐ 22	**뇌**	大脑			
☐ 11	**계단**	楼梯	☐ 23	**눕다**	躺			
☐ 12	**골고루**	平均, 均衡, 均匀	☐ 24	**다행이다**	幸好			

☐ 01	**묻다**	询问	☐ 13	**선호하다**	更喜欢	☐ 25	**여기다**	认为, 看成是
☐ 02	**반영하다**	反映	☐ 14	**소득**	所得	☐ 26	**영업**	营业
☐ 03	**밝다**	明亮	☐ 15	**손님**	客人	☐ 27	**오염되다**	被污染
☐ 04	**발달**	发达	☐ 16	**수면**	睡眠	☐ 28	**요구되다**	要求
☐ 05	**발전**	发展	☐ 17	**순간**	瞬间	☐ 29	**원래**	原来
☐ 06	**병**	病	☐ 18	**시끄럽다**	吵闹	☐ 30	**위하다**	为了
☐ 07	**보호**	保护	☐ 19	**실력**	实力	☐ 31	**음악**	音乐
☐ 08	**부딪치다**	碰撞	☐ 20	**직급**	级别	☐ 32	**응답자**	应答者
☐ 09	**비상구**	非常通道	☐ 21	**실천하다**	实现	☐ 33	**작성하다**	制成
☐ 10	**사귀다**	交往	☐ 22	**심리**	心理			
☐ 11	**사례**	事例	☐ 23	**약속**	约定			
☐ 12	**상관없이**	没关系	☐ 24	**업체**	企业			

☐ 01	**접수하다**	接收	☐ 13	**함부로**	随便	☐ 25	**공포감**	恐怖感
☐ 02	**정서 발달**	情绪发展	☐ 14	**화재**	火灾	☐ 26	**관련되다**	有关联
☐ 03	**정성**	真诚	☐ 15	**화제**	话题	☐ 27	**그립다**	思念
☐ 04	**정하다**	定	☐ 16	**활발하다**	活泼	☐ 28	**그만**	停止
☐ 05	**제한하다**	限制	☐ 17	**후회하다**	后悔	☐ 29	**근거**	证据
☐ 06	**짐**	行李	☐ 18	**흔히**	常见	☐ 30	**기념**	纪念
☐ 07	**창업하다**	创业	☐ 19	**부정적**	否定的	☐ 31	**금방**	马上
☐ 08	**창의력**	创意力	☐ 20	**연습하다**	练习	☐ 32	**기뻐하다**	开心
☐ 09	**출퇴근하다**	上下班	☐ 21	**상**	奖	☐ 33	**날개**	翅膀
☐ 10	**토론하다**	讨论	☐ 22	**가만히**	静静的			
☐ 11	**파악하다**	把握	☐ 23	**개성**	个性			
☐ 12	**평범하다**	平凡	☐ 24	**개최하다**	召开			

☐ 01	**날다**	飞	☐ 13	**마라톤**	马拉松	☐ 25	**사물**	事物
☐ 02	**낮추다**	降低	☐ 14	**아무**	任何	☐ 26	**사업**	事业
☐ 03	**넘치다**	溢出	☐ 15	**막**	刚刚	☐ 27	**사정**	事情
☐ 04	**놀라다**	吓一跳	☐ 16	**면**	面	☐ 28	**속도**	速度
☐ 05	**승진**	升职	☐ 17	**모**	某	☐ 29	**시기**	时期
☐ 06	**대표**	代表	☐ 18	**모기**	蚊子	☐ 30	**신설하다**	新建
☐ 07	**독자**	读者	☐ 19	**미끄럽다**	滑	☐ 31	**시대**	时代
☐ 08	**돌보다**	照看	☐ 20	**반복**	反复	☐ 32	**심다**	种
☐ 09	**동아리**	社团	☐ 21	**법**	法	☐ 33	**쌀**	大米
☐ 10	**등산객**	登山客	☐ 22	**벽**	墙			
☐ 11	**땀**	汗水	☐ 23	**불가**	禁止			
☐ 12	**로봇**	机器人	☐ 24	**비밀**	秘密			

DAY **19** │ 일일 단어 리스트

☐ 01	**아무래도**	不管怎样	☐ 13	**이사하다**	搬家	☐ 25	**절대로**	绝对
☐ 02	**양심**	良心	☐ 14	**예매하다**	预订	☐ 26	**조정하다**	调整
☐ 03	**연주하다**	演奏	☐ 15	**이익**	利益	☐ 27	**졸업**	毕业
☐ 04	**과소비**	过消费	☐ 16	**이제**	现在	☐ 28	**졸음**	困
☐ 05	**예술가**	艺术家	☐ 17	**자랑하다**	炫耀	☐ 29	**주고받다**	来回送
☐ 06	**예의**	礼仪	☐ 18	**저렴하다**	廉价	☐ 30	**증정하다**	赠送
☐ 07	**외**	外	☐ 19	**전공하다**	专业	☐ 31	**최고**	最好
☐ 08	**외모**	外貌	☐ 20	**전국**	全国	☐ 32	**출연하다**	出演
☐ 09	**외출하다**	外出	☐ 21	**전기**	电	☐ 33	**취소되다**	取消
☐ 10	**우수하다**	优秀	☐ 22	**전자**	电子	☐ 34	**가꾸다**	栽种
☐ 11	**위기**	危机	☐ 23	**전체**	全部			
☐ 12	**이내**	以内	☐ 24	**전혀**	完全(不)			

DAY **20** │ 일일 단어 리스트

☐ 01	**친하다**	亲密	☐ 13	**가정**	家庭	☐ 25	**국가**	国家
☐ 02	**파괴하다**	破坏	☐ 14	**감각**	感觉	☐ 26	**궁금하다**	好奇
☐ 03	**피로**	疲劳	☐ 15	**강화하다**	强化	☐ 27	**귀찮다**	麻烦
☐ 04	**한꺼번에**	一次性	☐ 16	**갖추다**	具备	☐ 28	**그치다**	停止
☐ 05	**화려하다**	华丽	☐ 17	**거짓말**	假话	☐ 29	**깜빡**	一下子
☐ 06	**화면**	画面	☐ 18	**검사**	检查	☐ 30	**깜짝**	一下子
☐ 07	**화장품**	化妆品	☐ 19	**겨우**	好不容易	☐ 31	**깨닫다**	认识到
☐ 08	**횡단보도**	人行横道	☐ 20	**계산**	计算	☐ 32	**꺼내다**	拿出
☐ 09	**효율성**	效率性	☐ 21	**고속도로**	高速公路	☐ 33	**이혼**	离婚
☐ 10	**휴식**	休息	☐ 22	**공지**	公告			
☐ 11	**흔하다**	多的是	☐ 23	**공통되다**	共同			
☐ 12	**켜다**	打开	☐ 24	**구조하다**	救援			

□ 01	**꽤**	相当	□ 13	**독창성**	独创性	□ 25	**부럽다**	羡慕
□ 02	**끊임없이**	没完	□ 14	**돌**	出生后的第一个生日	□ 26	**부부**	夫妇
□ 03	**노동**	劳动	□ 15	**동화책**	童话书	□ 27	**불쾌하다**	不快
□ 04	**강조되다**	强调	□ 16	**마치**	好像	□ 28	**비치다**	照
□ 05	**길이**	长度	□ 17	**못지않다**	比得上	□ 29	**사연**	事由
□ 06	**논리적**	伦理型	□ 18	**무척**	相当	□ 30	**성과**	成果
□ 07	**누르다**	按	□ 19	**미치다**	造成	□ 31	**상하다**	腐烂
□ 08	**닦다**	刷	□ 20	**별**	没什么	□ 32	**성분**	成分
□ 09	**단위**	单位	□ 21	**배**	倍	□ 33	**세상**	世上
□ 10	**대기하다**	待机, 听侯	□ 22	**벗어나다**	脱离	□ 34	**세제**	洗涤剂
□ 11	**대하다**	对待	□ 23	**보험**	保险			
□ 12	**남기다**	留下	□ 24	**복사**	复印			

□ 01	**소극장**	小剧场	□ 13	**씹다**	嚼	□ 25	**유리창**	玻璃窗
□ 02	**수상하다**	受赏	□ 14	**아쉽다**	可惜	□ 26	**유익하다**	有益处
□ 03	**숨**	喘气	□ 15	**악화되다**	恶化	□ 27	**이**	牙齿
□ 04	**시장**	市长	□ 16	**애쓰다**	吃苦受累	□ 28	**입다**	遭受
□ 05	**식품**	食品	□ 17	**애완동물**	宠物	□ 29	**잊다**	忘记
□ 06	**신제품**	新商品	□ 18	**양보하다**	让步	□ 30	**자꾸**	经常
□ 07	**신체**	身体	□ 19	**얼른**	马上	□ 31	**자라다**	长大
□ 08	**주인공**	主人公	□ 20	**연말**	年末	□ 32	**자세하다**	详细
□ 09	**신호**	信号	□ 21	**완성되다**	完成	□ 33	**저축하다**	存储
□ 10	**실외**	室外	□ 22	**외면**	不搭理	□ 34	**N별**	N别
□ 11	**심장**	心脏	□ 23	**운영하다**	运营			
□ 12	**교사**	教师	□ 24	**위협하다**	威胁			

DAY 23 | 일일 단어 리스트

☐ 01	**적성**	职性	☐ 13	**치우다**	整理, 收拾	☐ 25	**흥미**	兴趣
☐ 02	**적절하다**	恰当	☐ 14	**내**	内	☐ 26	**일상생활**	日常生活
☐ 03	**조언**	指导	☐ 15	**통행**	通行	☐ 27	**특정**	特定
☐ 04	**좌석**	坐席	☐ 16	**튼튼하다**	结实	☐ 28	**두통**	头疼
☐ 05	**중소기업**	中小企业	☐ 17	**퍼센트**	百分比	☐ 29	**이상**	以上
☐ 06	**지구**	地球	☐ 18	**한자**	汉字	☐ 30	**간식**	零食
☐ 07	**슬프다**	难受	☐ 19	**한참**	很久	☐ 31	**감동적**	感动的
☐ 08	**지적하다**	指责	☐ 20	**허락하다**	同意	☐ 32	**거칠다**	粗糙
☐ 09	**첫인상**	第一印象	☐ 21	**혜택**	优惠	☐ 33	**건설**	建筑
☐ 10	**초**	蜡烛	☐ 22	**호기심**	好奇心	☐ 34	**경향**	倾向
☐ 11	**최대한**	最多	☐ 23	**흘러가다**	流失			
☐ 12	**추천하다**	推荐	☐ 24	**늙다**	老			

DAY 24 | 일일 단어 리스트

☐ 01	**곧**	马上	☐ 13	**기운**	力气	☐ 25	**당일**	当日
☐ 02	**골목**	胡同	☐ 14	**기존**	现有/现存	☐ 26	**대비**	防备, 预备
☐ 03	**곱다**	漂亮	☐ 15	**깎다**	刮	☐ 27	**덜다**	盛
☐ 04	**공격적**	攻击型	☐ 16	**깨지다**	打碎	☐ 28	**동네**	小区
☐ 05	**공급하다**	供给	☐ 17	**미루다**	推迟	☐ 29	**순서**	顺序
☐ 06	**명절**	节日	☐ 18	**껌**	口香糖	☐ 30	**동시**	同时
☐ 07	**공모하다**	征召	☐ 19	**꼽다**	数	☐ 31	**동의하다**	同意
☐ 08	**공사**	工程	☐ 20	**남녀노소**	男女老少	☐ 32	**둘러보다**	转着看
☐ 09	**과정**	过程	☐ 21	**널리**	广泛的	☐ 33	**뚜렷하다**	清晰
☐ 10	**구독**	订阅	☐ 22	**단체**	团队	☐ 34	**마감**	结束
☐ 11	**금지되다**	禁止	☐ 23	**달리다**	跑步			
☐ 12	**기관**	机关	☐ 24	**답답하다**	郁闷			

<table>
<tr><td colspan="2">DAY 25 | 일일 단어 리스트</td></tr>
</table>

☐ 01 **마땅하다**	合适的	☐ 13 **반사되다**	反射	☐ 25 **부작용**	副作用
☐ 02 **마지막**	最后	☐ 14 **발송**	发送	☐ 26 **부지런하다**	勤快
☐ 03 **만**	满	☐ 15 **방안**	方案	☐ 27 **불가능하다**	不可能
☐ 04 **약**	约	☐ 16 **버릇**	习惯	☐ 28 **빨다**	洗(衣服)
☐ 05 **멈추다**	停止	☐ 17 **벌이다**	展开	☐ 29 **빼다**	删除
☐ 06 **명함**	名片	☐ 18 **범죄**	犯罪	☐ 30 **상승하다**	上升
☐ 07 **몰리다**	被当成	☐ 19 **변경하다**	变更	☐ 31 **서투르다**	不熟练
☐ 08 **무늬**	纹理	☐ 20 **보람**	意义	☐ 32 **선거**	选举
☐ 09 **무역**	贸易	☐ 21 **보수**	报酬	☐ 33 **선발하다**	选拔
☐ 10 **민속**	民俗	☐ 22 **보상**	补偿	☐ 34 **재학생**	在校生
☐ 11 **바닥**	地面	☐ 23 **입원**	入院		
☐ 12 **바람직하다**	可取	☐ 24 **부상**	负伤		

<table>
<tr><td colspan="2">DAY 26 | 일일 단어 리스트</td></tr>
</table>

☐ 01 **세기**	世纪	☐ 13 **여부**	与否	☐ 25 **의무**	义务
☐ 02 **소화**	消化	☐ 14 **열람**	阅览	☐ 26 **의사소통**	交流
☐ 03 **손쉽다**	简单的	☐ 15 **열쇠**	钥匙	☐ 27 **이성**	异性
☐ 04 **근무**	上班	☐ 16 **열차**	列车	☐ 28 **넘어지다**	摔倒
☐ 05 **수분**	水分	☐ 17 **영수증**	发票	☐ 29 **자극하다**	刺激
☐ 06 **수출**	出口	☐ 18 **내놓다**	交出	☐ 30 **자동**	自动
☐ 07 **시급하다**	紧迫	☐ 19 **예**	以前	☐ 31 **잠시**	一会
☐ 08 **시키다**	使唤	☐ 20 **올라가다**	上去	☐ 32 **자율**	自律
☐ 09 **신고하다**	报警	☐ 21 **올바르다**	正确的	☐ 33 **장난**	玩笑
☐ 10 **신분증**	身份证	☐ 22 **욕심**	欲望		
☐ 11 **심사**	审查	☐ 23 **용도**	用途		
☐ 12 **언어**	语言	☐ 24 **음료수**	饮料		

DAY **27** | 일일 단어 리스트

☐ 01	**장사**	做生意	☐ 13	**조절하다**	调整	☐ 25	**가전제품**	家用电器
☐ 02	**재능**	才能	☐ 14	**존경하다**	尊敬	☐ 26	**취하다**	采取
☐ 03	**적용하다**	适用	☐ 15	**주택**	房产	☐ 27	**친밀하다**	亲密
☐ 04	**전 N**	全N	☐ 16	**중요성**	重要性	☐ 28	**택배**	邮递
☐ 05	**적응하다**	习惯	☐ 17	**지르다**	大喊	☐ 29	**통화하다**	通话
☐ 06	**절반**	一半	☐ 18	**진심**	真心	☐ 30	**표시하다**	标识
☐ 07	**늘**	总是	☐ 19	**차지하다**	占据	☐ 31	**풍부하다**	丰富
☐ 08	**접종**	接种	☐ 20	**비롯하다**	以…为首	☐ 32	**프린터**	打印机
☐ 09	**접하다**	接触	☐ 21	**챙기다**	拿好	☐ 33	**피부**	皮肤
☐ 10	**제거하다**	清除	☐ 22	**최신**	最新	☐ 34	**협조하다**	协助
☐ 11	**제안하다**	提议	☐ 23	**추가하다**	追加			
☐ 12	**제작하다**	制作	☐ 24	**출입**	出入			

DAY **28** | 일일 단어 리스트

☐ 01	**형식**	形式	☐ 13	**해당되다**	相关的	☐ 25	**고집**	固执
☐ 02	**대여하다**	出租	☐ 14	**해소하다**	解除	☐ 26	**도구**	工具
☐ 03	**아예**	直接干脆	☐ 15	**까다롭다**	苛刻	☐ 27	**고통**	痛苦
☐ 04	**오해**	误会	☐ 16	**곁**	旁边	☐ 28	**공개**	公开
☐ 05	**원망스럽다**	痛恨	☐ 17	**가리다**	分辨	☐ 29	**공고**	公告
☐ 06	**응모**	应征	☐ 18	**간편하다**	简便	☐ 30	**과장되다**	夸张
☐ 07	**이동하다**	移动	☐ 19	**강요하다**	强迫	☐ 31	**관점**	观点
☐ 08	**인류**	人类	☐ 20	**객관적**	客观的	☐ 32	**괜히**	多余的
☐ 09	**현금**	现金	☐ 21	**건조하다**	干燥	☐ 33	**괴롭다**	难受
☐ 10	**저장하다**	储存	☐ 22	**겉**	表面	☐ 34	**교과서**	教科书
☐ 11	**정체**	停滞	☐ 23	**경조사비**	份子钱			
☐ 12	**체조**	体操	☐ 24	**고유하다**	固有			

☐ 01 **굽다**	烤	☐ 13 **녹다**	融化	☐ 25 **당분간**	暂时
☐ 02 **권리**	权利	☐ 14 **놀랍다**	惊吓	☐ 26 **당하다**	受到
☐ 03 **귀가**	回家	☐ 15 **놀이터**	游乐园	☐ 27 **당황스럽다**	慌
☐ 04 **동쪽**	东边	☐ 16 **곤란하다**	困难	☐ 28 **대우**	待遇
☐ 05 **그늘**	荫凉	☐ 17 **굳이**	硬是	☐ 29 **더구나**	再加上
☐ 06 **기온**	气温	☐ 18 **다**	全部	☐ 30 **어버이날**	父亲节
☐ 07 **까닭**	缘故	☐ 19 **다림질하다**	熨烫	☐ 31 **데려다 주다**	送
☐ 08 **껍질**	皮	☐ 20 **석식**	晚餐	☐ 32 **도입하다**	导入
☐ 09 **끼다**	弥漫	☐ 21 **다수**	多数	☐ 33 **도저히**	一点都
☐ 10 **나름**	自有的	☐ 22 **닫다**	关	☐ 34 **동참하다**	一起加入
☐ 11 **날마다**	每天	☐ 23 **달하다**	达到		
☐ 12 **내내**	始终一直	☐ 24 **당당하다**	气语轩昂		

☐ 01 **동호회**	同好会	☐ 13 **먼지**	灰尘	☐ 25 **변환시키다**	使, 变换
☐ 02 **뒤집다**	反	☐ 14 **멋지다**	帅	☐ 26 **부르다**	叫
☐ 03 **따지다**	分辨	☐ 15 **발전소**	发电所	☐ 27 **분실하다**	遗失
☐ 04 **딱딱하다**	硬	☐ 16 **몇몇**	几个	☐ 28 **불리다**	被称作
☐ 05 **뜻밖에**	意外	☐ 17 **무려**	足有	☐ 29 **불만**	不满
☐ 06 **마치다**	结束	☐ 18 **무리**	勉强	☐ 30 **비결**	秘诀
☐ 07 **입금**	存钱	☐ 19 **물다**	咬	☐ 31 **비다**	空
☐ 08 **막상**	实际上	☐ 20 **문학**	文学	☐ 32 **기후**	气候
☐ 09 **망설이다**	犹豫	☐ 21 **물품**	物品	☐ 33 **비평문**	批评文
☐ 10 **맞벌이**	双职工	☐ 22 **밑**	下面	☐ 34 **빼앗다**	抢走
☐ 11 **매력**	魅力	☐ 23 **바탕**	基础		
☐ 12 **매출**	卖出	☐ 24 **범위**	范围		